期货投资者必读系列丛书

主编　胡俞越

股指期权

刘宏 胡娜 曹博源／编著

中国财政经济出版社

图书在版编目（CIP）数据

股指期权 / 刘宏，胡娜，曹博源编著 .—北京：中国财政经济出版社，2015. 10

（期货投资者教育系列丛书 / 胡俞越主编）

ISBN 978 - 7 - 5095 - 6381 - 6

Ⅰ. ①股… Ⅱ. ①刘…②胡…③曹… Ⅲ. ①股票指数期货 - 期货交易 Ⅳ. ①F830. 91

中国版本图书馆 CIP 数据核字（2015）第 215561 号

责任编辑：郁东敏　　责任校对：胡永立

封面设计：田　晗　　版式设计：董生平

中国财政经济出版社 出版

URL：http：// www. cfeph. cn

E - mail：cfeph @ cfeph. cn

社址：北京市海淀区阜成路甲 28 号　邮政编码：100142

发行处电话：88190406　财经书店电话：64033436

北京财经印刷厂印刷　各地新华书店经销

880 × 1230 毫米　32 开　9. 25 印张　287 000 字

2016 年 3 月第 1 版　2016 年 3 月北京第 1 次印刷

定价：22. 00 元

ISBN 978 - 7 - 5095 - 6381 - 6/F · 5140

（图书出现印装问题，本社负责调换）

打击盗版举报热线：010 - 88190492、QQ：634579818

目　录

第一章

股票期权和股指期权的产生和现状

本章主要介绍期权的产生和发展历程，介绍股票期权、股指期权等权益类期权的产生和主要权益类期权市场的现状以及我国期权市场状况。

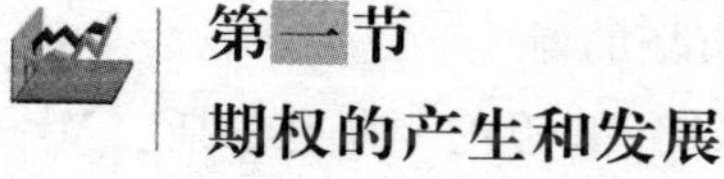

第一节 期权的产生和发展

与期货相比，期权经历了更为漫长和曲折的发展历程。

早在公元前3500年，古罗马人和腓尼基人在商品交易合同中就已经使用了与期权类似的条款。不过，有史料记载的最早的期权交易是由古希腊哲学家萨勒斯进行的。萨勒斯运用占星术对星象进行了研究，预测来年橄榄的收成会很好，因此，他与农户协商，预定了来年春天以特定价格使用榨油机的权利。正如他预料，橄榄实现丰收，榨油机供不应求，萨勒斯行使了自己的权利，然后再以更高的价格将这种权利转卖出去，从中获取了可观的收入。

17世纪荷兰郁金香事件，就是人们疯狂炒作郁金香球茎期权引发的。在17世纪的荷兰，郁金香更是贵族社会身份的象征，荷兰上至王公贵族，下到平民百姓，开始变卖他们的财产炒作郁金香和郁金香球茎，郁金香价格暴涨。批发商从郁金香种植者那里购买未来以约定价格买入郁金香的期权，同时出售远期交割的郁金香获取利润。当郁金香的需求扩大到世界范围时，又出现了郁金香球茎期权的二级市场。随后荷兰经济开始衰退，郁金香价格暴跌。由于当时并无任何机制来保障合约双方的权利，违约现象大量发生，引发了1636年荷兰的郁金香泡沫。

18世纪至19世纪，在工业革命和运输贸易的刺激下，欧洲和美国相继出现了有组织的场外期权交易市场，标的物以农产品为主。在英国，以证券为标的物的期权交易一度被宣布为非法。但即便如此，期权交易也从未停止过。

进入20世纪，美国股票市场还没有被纳入监管之中，期权交易因为投机者的滥用声誉更为不佳。1929年的股灾发生以后，美国证券交易委员会建议国会取缔期权交易。在激烈的辩论后，国会认为期权交易方式仍有经济价值，但必须加强监管。

1973年4月26日，期权市场发生了历史性的变化，一个以股票为标的物的期权交易所——芝加哥期权交易所（CBOE）成立。这是期权发展史中具有划时代意义的事件，标志着现代意义期权市场的诞生。

1973年7月，费希尔·布莱克（Fisher Black）和迈伦·斯克尔斯（Myron Scholes）发表在《政治经济学》杂志上的《期权的定价与公司负债》（《The Pricing of Options and Corporate Liabilities》），推导出了以不分红股票作为标的物的欧式看涨期权定价公式。同年，罗伯特·墨顿（Robert Merton）推出了标的资产不支付红利的股票期权的定价公式。不久，德克萨斯仪器公司推出了装有计算期权价值程序的计算器。理论和技术上的突破以及期权场内交易和其自身的优越性使芝加哥期权交易所迅速成长，成立仅1个月，其日交易量已经超过了场外交易市场，1974年全年成交的合约所代表的股数已超过美国证券交易所（AMEX）全年股票的成交量。之后，芝加哥期权交易所期权交易量一直呈稳步增长态势。

20世纪70年代末，伦敦证券交易所开辟了LTOM（London Traded Op-

tions Market)，荷兰成立了 EOE (European Option Exchange)，1982 年芝加哥期货交易所推出了美国长期国债期货期权合约，标志着金融期货期权的诞生，引发了期货交易的又一场革命。同年，新加坡的 DIMEX 开始交易期权合约，此后，费城股票交易所 (PHLX) 推出了外汇期权交易，加拿大、瑞典、法国、瑞士、日本、马来西亚和我国香港也先后推出了期权交易。而德国、比利时、新加坡等国，更是在期货交易所成立 3—5 年的时间内，推出了期权交易。期权交易从最初的股票扩展到目前已有近百个品种，包括债券、股指、外汇等金融产品，以及大宗农副产品、能源产品、普通金属、黄金白银等贵金属等。

自芝加哥期权交易所成立之后，全球期权市场的发展速度超过了期货。1999 年全球交易所交易的期权量突破了 10 亿张大关，2000 年突破 15 亿张，2001 年突破 25 亿张，超过当年全球期货的总交易量。近十几年来，期权交易量超过期货交易量已经成为常态。

期权交易之所以受到交易者的欢迎，与该交易方式自身特点有关。20 世纪 80 年代末，金融工程师们对传统期权的内容进行了改造，创造出一大批新型期权，形成了数百种期权组合。从理论上说，任何金融产品都可以分解成若干期权组合，通过期权的组合可以构建任意一种金融产品，从而为投资者提供了广阔的选择空间，使得金融产品构架发生深刻变革，推动金融市场的快速发展。

第二节　股票期权和股指期权的产生

股票期权及股指期权统称为权益类期权，股票期权的标的资产有单只股票和股票组合，股指期权的标的资产有股票价格指数和股指期货合约。

1973 年 4 月 26 日芝加哥期权交易所成立，交易品种为个股期权。交易所开业之初推出了 16 只股票的看涨期权，1977 年才开始引入看跌期权。该交易所的成立标志着场内期权交易的开始。

芝加哥期权交易所对期权市场最重要的贡献是制定了标准执行价格和到期日。这一做法大大提升了期权交易的流动性，也促进了交易所期权的快速发展。此后，芝加哥期权交易所逐步推出了固定收益证券、货币、股指以及其他金融期权品种。芝加哥期权交易所场内期权交易的问世为期权市场的发展奠定了基础，推动了期权市场快速发展。不同标的、不同类型的期权相继问世，不仅繁荣了期权市场，也为金融市场的发展注入了特别的金融工具，提供了发展契机。

美国证券交易所（AMEX）、费城证券交易所（PHLX）和太平洋证券交易所（PCX）于 1974 年、1975 年和 1976 年相继推出了个股期权交易，纽约证券交易所于 1982 年开始个股期权交易。

由于一只股票可以有看涨和看跌两个品种，而一个标的股票的看涨期权和看跌期权可以同时有几十个甚至几百个不同执行价格的期权，所以期权问世后金融衍生工具的交易规模得到了巨大的发展。

20 世纪 80 年代初期，股票期权交易规模越来越大，芝加哥期权交易所每日交易的期权合约总数超过了纽约证券交易所的日交易量。

1983 年 3 月 11 日，芝加哥期权交易所推出了全球第一只股指期权产品——S&P100 指数期权，随后全球其他主要交易所也相继推出了股指期权。虽然股指期权产生时间晚于股指期货，但其方便、灵活、可操作性强等特点受到投资者尤其是套期保值者的青睐。

经过二十几年的发展，股指期权市场无论是品种、交易量还是在地域上都获得了长足发展。目前，世界上股指期权的交易量已经超过了股指期货、个股期货和个股期权等其他金融衍生产品，成为当今金融衍生品市场最重要的金融衍生工具。

截至 2014 年末，有 30 多个国家和地区的近 40 家交易所推出了 200 多个股票价格指数期权品种和近 200 个股指期货期权品种，每家交易所至少有 1 个股指期货期权品种或股票价格指数期权品种。

相对单只股票期权和股指期权，股票组合期权问世时间较短。股票组合期权的标的不是简单的几只或几十只股票的组合。自第一只股票组合期权诞生至今，全球各交易所的股票组合期权的标的都是以某些成分股为投资对象的交易型开放式指数基金（ETF），所以也称 ETF 期权。

由于某指数基金是通过购买该指数的成分股构建投资组合，通过 ETF 期权，可以实现与股指涨跌相关的收益，因此，如果某指数期权产品同时推出了 ETF 期权和股指期权，则两种期权产品的损益状况应该相近，在构建组合时可考虑相互替代。

第一只 ETF 期权诞生于 1998 年的原美国股票交易所（American Stock Exchange，AMEX，后被 NYSE Euronext 收购，现为 NYSE Amex Equities），标的为中盘 SPDRs（Mid Cap SPDRs）ETF 期权。ETF 期权问世受到美国投资者的追捧，之后欧洲及亚洲市场也先后推出了相关的 ETF 期权产品。

第三节 股票期权和股指期权市场概况

自芝加哥期权交易所推出标准化股票期权合约以来，美国一直是全球主要的股票期权市场和股指期权市场。依据世界交易所联合会（WFE）的统计，2014 年全球股票期权成交量排名前 5 位的交易所中，有 4 家是美国的，分别是 CBOE、ISE、NASDAQ OMX（US）和 NYSE Liffe（US），成交量分别为 4.88 亿张、6.06 亿张、6.95 亿张和 5.34 亿张；另一家是巴西圣保罗证券期货交易所（BM&FBOVESPA）。以上 5 家美洲交易所成交量占全球总量的 83.75%。从交易额看，巴西圣保罗证券期货交易所位居世界首位，个股期权成交量超过主要期权交易所交易额的 20%。

虽然美国推出 ETF 期权后，欧洲和亚洲各主要市场也相继推出了 ETF 类期权，但与市场上其他衍生品的市场规模相比，欧洲和亚洲市场的 ETF 期权占比极小。目前，ETF 期权交易规模主要集中在美国市场，交易规模最大的 ETF 期权产品是 SPDR S&P 500 ETF Options、iShares Russell 2000 ETF Options、Powershares QQQ ETF Options iShares 和 MSCI Emerging Markets ETF Options。以上四只 ETF 期权的交易规模占全球 ETF 期权交易规模的 98%。

股指期权问世后也一直以美国为主，芝加哥商品交易所（CME）集团是美国也是全球股指期权最主要的市场。该交易所交易的股指期权主要有

S&P 500 指数系列期货合约为标的的期权，包括正常合约期权（S&P 500 Options）、周期权（S&P 500 Weekly Options Wk1、S&P 500 Weekly Options Wk2，Wk1 和 Wk2 分别为第一周末和第二周末到期的期权）和月末期权（S&P 500 EOM Options）、E-mini 合约期权（E-mini S&P 500 Options）及周期权（E-mini S&P 500 Weekly Options Wk2、E-mini S&P 500 Weekly Options Wk1），E-mini NASDAQ 100 Options、E-mini Dow（$5）Options 等。以上期权的合约标的全部为相关股指期货合约。交易规则最大的是 E-mini S&P 500 Options，交易规模超过该交易所全部股指期权的 40%，加上两只周期权，交易规模合计超过该交易所全部股指期权的 80%。

欧洲市场中的 EUREX 和 OMX Nordic Exchange 交易所的股票期权交易也比较活跃，成交量占全球总量的 5.65%。EUREX 是全球范围内以欧元计价的金融衍生品交易的主要场所，其上市的股票期权品种繁多，遍布欧洲各国，包括德国（95 只）、瑞士（65 只）、芬兰（13 只）、荷兰（29 只）、法国（79 只）、意大利（37 只）等 13 个国家。2014 年 EUREX 股票期权成交量为 1.76 亿张，比 2013 年下降了 13%。相比美国的股票期权市场，欧洲股票期权市场发展较为缓慢，而且近几年呈逐步下滑趋势。2010 年到 2014 年，EUREX 股票期权成交量下降了 42.89%，而同期美国几大交易所股票期权成交量平均增长了 7.59%。

股指期权问世后也一直以欧美国家为主，但自韩国 KOSPI（韩国综合股价指数）200 指数期权诞生之后这一格局发生了改变。1996 年 6 月，韩国证券交易所推出了 KOSPI200 指数期权，期权合约标的为 KOSPI200 股票价格指数（采用现金交割）。该合约推出后立刻受到市场追捧，以接近 150% 的速度增长。至 2000 年，该交易所便凭借 KOSPI200 指数期权合约的交易量挤入世界前五强，而该期权合约的交易量也开始跃居世界首位。目前 KOSPI 200 指数期权已经连续数年成为全球成交量最大的指数期权。受韩国期权市场的影响，亚洲其他国家的股指期权市场也得到了迅速发展。

亚太地区股票期权交易主要集中在澳大利亚、中国香港以及印度。虽然亚太市场成交量份额占比较少，但增长势头较为迅猛。澳大利亚衍生品交易所（ASX Derivatives Trading）、印度证券交易所（National Stock Exchange India）和香港交易所（Hong Kong Exchanges），成交量占全球总量的 7.12%。

截至2015年1月，香港交易所股票期权共有80只。其中，76只为单只股票期权；有4只为ETF期权，分别是CSOP富时中国A50ETF、ishares安硕富时A50中国指数ETF、标智沪深300中国指数基金和华夏沪深300指数ETF。另有5只股票价格指数期权产品，分别是恒生指数期权和该指数自订条款期权［Hang Seng Index Options（Including Flexible Index Options）］、H股指数期权和该指数自订条款期权［Hang Seng Index Options（Including Flexible Index Options）］，以及迷你恒生指数期权（Mini－Hang Seng Index Options）。该交易所股指期权的合约标的为上述股票价格指数。

第四节 我国期权市场概况

最近二十几年来，我国在证券和期货交易方面已经取得了很大的成就，但期权发展相对缓慢。

2011年2月14日国家外汇管理局出台了《关于人民币对外汇期权交易有关问题的通知》，同年4月1日在银行间外汇市场推出人民币对外汇的期权交易，标志着我国期权市场的诞生。

场内期权以股票期权的问世为标志，2015年2月9日股票期权在上海证券交易所正式上市，合约标的是以上证50指数成分股为标的的上证50ETF指数基金，50只标的股票中有70%是蓝筹股。在此之前，上海证券交易所于2012年6月推出了个股期权模拟交易、中国金融期货交易所分别于2013年11月8日和2014年3月28日推出了沪深300股指期权和上证50股指期权仿真交易。此外，国内证券交易所上市交易的股票权证和可转换债券，也具有期权交易特征，不过国内A股权证从2006年8月23日第一只股改权证宝钢认购权证上市，到2011年8月11日最后一只权证长虹权证结束交易，A股市场权证的特定使命已宣告结束。

第二章
期权基础

本章主要介绍期权的含义和基本要素，期权特点、功能以及与相关金融工具的比较，期权的基本类型，期权合约等期权基础知识。

第一节 期权的含义和基本要素

一、期权、股票期权和股指期权的含义

（一）期权和期权交易

期权（Options）也称选择权，是指期权的买方支付一定的期权费后，获得在约定的期限内，按照事先确定的价格，买入或卖出一定数量标的资产的权利；期权的卖方在得到期权费后，便必须承担履约义务。

期权交易即权利的买卖，包括买入标的资产的权利和卖出标的资产的权利。买入标的资产的权利称为买权，也称看涨期权；卖出标的资产的权利称

为卖权，也称看跌期权。所以，期权交易是针对某种具体权利，即买权或卖权的买卖。

期权的买方在买入期权后，便取得了买入或卖出标的资产的权利，在约定的期限内既可以行权买入或卖出标的资产，也可以放弃行使权利，所以称期权为选择权。当买方选择行权时，卖方必须履约。如果在到期日之后买方没有行权，则期权作废，买卖双方权利义务随之解除。

期权和期权交易的含义也表明，期权的选择权不是指买方有权利选择购买或出售标的资产，而是指买方有权利选择行权或放弃行权，即买方具有买或不买、卖或不卖标的资产的权利。

【例 2 -1】 2014 年 12 月 25 日某交易者以 71.25 点（每点 $ 50）的价格购买了 10 手 CME 上市的 Mar 15（2015 年 3 月到期）、执行价格为 2055 点的 E-mini S&P 500 股指期货期权的买权（看涨期权）。该交易者便拥有了在合约规定的行权时间内，以 2055 点的价格，购买 10 手 E-mini S&P 500 股指期货合约的权利，但不承担必须购买的义务。在行权期内，如果标的期货合约的价格一直在 2055 点以下，该交易者不会行权，直至到期日期权作废。如果期权作废，交易者将损失全部权利金。该交易者也可以在期权到期前将期权卖出平仓，以获得权利金价差收入或减少权利金损失。

【例 2 -2】 交易者以 47.5 点的价格购买了 10 手与例 2 -1 中买权相同的卖权（看跌期权）。则该交易者便拥有了在合约规定的行权时间内，以 2055 点的价格，出售 10 手 E-mini S&P 500 股指期货合约的权利，但不承担必须卖出的义务。在行权期内，如果标的期货合约的价格一直在 2055 点以上，该交易者不会行权，直至到期日期权作废。如果期权作废，交易者将损失全部权利金。该交易者也可以在期权到期前将期权卖出平仓，以获得权利金价差收入或减少权利金损失。

（二）股票期权和股指期权

1. 股票期权和股指期权的标的资产。股票期权、股指期权统称“权益类期权”。股票期权的标的资产是单只股票（也称为个股期权）或股票组合，股指期权的标的资产是股票价格指数或股票价格指数期货合约。

在第一章我们已经了解了，股票组合期权的标的不是简单的几只或几十只股票的组合。目前国际市场上的股票组合期权的标的均为以某指数成分股为标的的交易型开放式指数基金，也称 ETF 期权。

交易型开放式指数基金（Exchange Traded Funds，ETF）为交易所交易的开放式指数基金，是既可以在场外申购和赎回也可以在交易所上市交易的基金。

上海证券交易所于 2012 年 6 月推出的股票模拟期权是个股期权，该交易所 2015 年 2 月 9 日正式挂牌上市的股票期权是上证 50ETF 期权，合约标的是以上证 50 指数成分股为标的的交易型开放式指数基金，属于股票组合期权。这也是目前为止国内交易所推出的唯一的期权品种。香港交易所目前的股票期权中有 76 只单只股票期权和 4 只 ETF 期权。

中国金融期货交易所推出的仿真期权合约标的分别是沪深 300 和上证 50 股票价格指数，属于股票价格指数期权。

2. 股票期权和股指期权的基本特征。股票期权、股指期权基于标的资产的特征，与其他标的的期权相比，具有如下基本特征：

第一，权益类期权均在交易所上市交易，属于交易所期权或场内期权。

第二，股票价格指数期权的标的资产为某价格指数，ETF 期权的标的资产为某些成分股构成的股票价格指数的交易所开放式基金，即 ETF。前者属于股指期权，后者属于股票期权，在交易和交割方面存在一定差异。

股指期货期权和股票期权，包括单只股票期权和 ETF 期权，通常采用实物交割，即买方行权时以股指期货合约、标的股票和 ETF 进行交割；股票价格指数期权采用现金交割，即行权结算时，交易所直接以现金结算交易者的行权盈亏。

第三，权益类产品自身以及与其他金融工具具有诸多相近的特点，与国民经济相关性高、价值分析和影响因素分析有效性高。所以，利用权益类产品进行风险管理有效性更高、投机和套利更加便利，利用此类期权构筑其他金融工具更加容易实现。这也是股票期权和股指期权深受市场追捧并得以快速发展的根源所在。

第四，与 ETF 期权和股指期权相比，个股期权标的股票波动幅度相对较大，且受股票除权除息影响较大，股票价格指数的稳定性相对较好。作为风险管理的工具，个股期权可以规避标的股票的风险，而 ETF 期权和股指

期权可用于规避标的资产的系统性风险，所以目的和效应不同。

第五，股票价格指数期权的标的是股价指数，股指期货期权的标的是股指期货合约。由于股票价格指数期权和股票价格指数期货均采用现金交割，期权到期时，股票价格指数期权和股票价格指数期货期权的结算效果应该相同。所以，对于股票价格指数期权，如果标的指数有期货合约的话，期货合约可以视同股票价格指数期权的标的。

二、期权的基本要素

期权基本要素是指期权所涉及的最基本的因素。通过对期权含义的分析，期权基本要素应该包括如下内容：

（1）期权的价格，又称权利金（Premium）、期权费、保险费，是期权买方为获得按约定价格购买或出售标的资产的权利而支付给卖方的费用。

（2）标的资产（Underlying），又称标的物，是买方行使权利时所购买或出售的资产。

依据标的资产性质的不同，期权可以分为商品期权和金融期权、现货期权和期货期权等。

股指期权中，标的资产为股票价格指数的期权属于股指现货期权；标的资产为股指期货合约的期权属于股指期货期权。为以后分析便利，本书将股票价格指数现货期权称为股票价格指数期权，股票价格指数期货期权称为股指期货期权。

例如上海证券交易所推出的股票期权的合约标的是上证 50 交易型开放式指数基金，即上证 50ETF；中国金融期货交易所的上证 50 股指期权仿真交易合约和沪深 300 股指期权仿真交易合约的标的为上证 50 指数和沪深 300 指数；香港交易所上市交易的股指期权有恒生指数期权（包括自订条款指数期权）、H 股指数期权（包括自订条款指数期权）和小型恒生指数期权。以上两家交易所的期权均为股票价格指数期权。CME 集团的股指期权，标的资产为相关股指期货合约，属于股指期货期权。

（3）合约规模，也称“合约单位”，是指每张期权合约代表的权利数量，即买方行权时能够买进或卖出标的资产的数量，期权价格乘以合约规模等于合约价值。

例如，上证 50ETF 期权的合约规模为 10 000 份，如果某执行价格的看涨期权的价格为 0.120 元，则合约价值为 1 200 元。即每张期权拥有按执行价格买进 10 000 份标的基金的权利，购买每份基金的价格为 0.120 元，10 000的购买金额为 1 200 元。

（4）执行（Exercise）和执行价格（Exercise Price）。执行也称行权，是指期权买方行使权利的行为；执行价格又称履约价格、行权价格，是期权合约中约定的、买方行使权利时购买或出售标的资产，如标的指数或标的股指期货合约的价格。

通常情况下，同一到期月份的看涨和看跌期权，交易所会推出几个、几十个甚至几百个不同执行价格的期权，而且不同时期同一期权合约执行价格的数量也可能不同。

以 CME 集团交易量最大的 E-mini S&P 500 期权为例，2015 年 2 月 5 日，该期权分别有 2015 年 2 月、3 月、4 月、5 月、6 月、9 月、12 月共 7 个不同到期月份的期权。

而每个到期月份的期权又有 100 多个不同执行价格的看涨和看跌期权。

【例 2－3】2015 年 2 月 5 日，E-mini S&P 500 Mar 2015（2015 年 3 月到期）的期权分别有 260 个执行价格从 725 点至 3100 点的看涨和看跌期权，该日标的期货合约的价格为 2053 点。同日，该标的 2015 年 3 月合约分别有 240 个执行价格从 750 点至 3100 点的看涨和看跌期权。

2015 年 2 月 5 日，香港交易所 Mar 2015 恒生指数期权分别有 89 个执行价格从 10000 点至 32000 点的看涨和看跌期权，该日，香港恒生指数为 24679 点。

根据交易所期权交易规则的规定，上证 50ETF 期权合约挂牌时，推出 5 个不同执行价格的期权，包括 1 个平值合约、2 个虚值合约和 2 个实值合约。

通常情况下，执行价格的多少与执行价格区间，即起始值和执行价格间距有关。执行价格数量的多少及执行价格间距的大小是影响期权合约交易活跃程度的重要因素，由交易所和期权合约规定，与合约剩余期限、标的资产波动程度以及交易所相关制度规定有关。

通常情况下，交易所会根据需要实时增加执行价格的数量。如上海证券交易所在上证 50ETF 期权上市的第二个交易日，每个到期月份的期权便增加了 1 个执行价格。1 个执行价格分别有 4 个到期月份的看涨和看跌期权，所以共增加了 8 个期权。

（5）行权方向，是指期权买方权利的方向。买方权利的方向有两种：一是买入标的资产的权利，即买权；二是卖出标的资产的权利，即卖权。所以，行权方向也是期权买方行权时的操作方向，由期权类型是买权还是卖权决定。

（6）行权方式，是指对期权买方执行期权的时间限定。对期权买方执行期权时间限定的基本情形有两种：一是买方可以在期权有效期内的任何时间执行期权，此类期权为美式期权；二是买方只能在到期时执行期权，此类期权为欧式期权。所以，行权方式由期权是美式期权还是欧式期权决定。

例如，E-mini S&P 500 股指期权的行权方式为美式，在合约到期日及之前的任何交易日，期权买方均有权利执行期权；该标的的周期权（E-mini S&P 500 Weekly Options）和月末期权（E-mini S&P 500 EOM Options）的行权方式为欧式，期权买方只能在合约到期日行权。

（7）最后交易日和到期日。最后交易日是指期权合约能够在交易所交易的最后日期，为合约月份的某一天；到期日是指期权多头可以执行期权的最后日期。

【例 2－4】 与例 2－1 相关的期权要素如下：期权价格为 71.25 点，标的资产为 E-mini S&P 500 股指期货合约，执行价格为 2055 点，权利类型为买权，即看涨期权，行权方式为美式，最后交易日和到期日为 2015 年 3 月 20 日（合约到期月的第三个星期五）。

根据以上条件可知，交易者在 2015 年 3 月 20 日前的任何交易日，包括 3 月 20 日，都有权利按约定价格，即执行价格 2055 点购买 1 张 E-mini S&P 500 股指期货合约。

【例 2－5】 与例 2－2 相关的期权要素如下：期权价格为 47.5 点，权利类型为卖权，即看跌期权，其他因素与例 2－1 相同。

根据以上条件可知，交易者在 2015 年 3 月 20 日前的任何交易日，包括 3 月 20 日，都有权利按 2055 点卖出 1 张 E-mini S&P 500 股指期货合约。

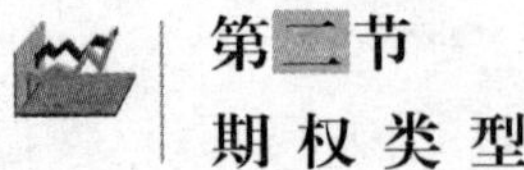

第二节 期权类型

一、期权的基本分类

期权可以从多个角度进行分类，常见的分类方式如下：

第一，按行权时间规定的不同，期权分为欧式期权、美式期权和百慕大式期权。

第二，按标的资产性质的不同，期权分为商品期权和金融期权或现货期权和期货期权。

第三，按交易场所的不同，期权可分为场内期权和场外期权。

第四，按期权买方权利的不同，期权分为看涨期权和看跌期权。

（一）美式期权、欧式期权和百慕大式期权

依据行权时间规定的不同，期权可以分为美式期权和欧式期权，也有少数百慕大式期权。

1. 美式期权（American Options）。美式期权是指期权买方在期权到期日前（含到期日）的任何交易日都可以行使权利的期权。

2. 欧式期权（European Options）。欧式期权是指期权买方只能在期权到期日行使权利的期权。

无论是欧式期权还是美式期权，在期权到期日之后买卖双方权利义务均消除。

美式期权与欧式期权的划分并无地域上的区别，市场上交易最多的是美式期权，欧式期权多用于现金结算的期权。

目前国际上各主要交易所的股票期权多为美式期权，股指期权有美式期权也有欧式期权。

香港交易所的股票期权为美式期权，上海证券交易所的上证 50ETF 期

权、中国金融期货交易所的上证50和沪深300仿真股指期权和恒生股指期权均为欧式期权。

CME集团交易的股指期权多为美式期权，也有少数欧式期权。如E-mini S&P 500股指期权为美式期权，而该标的的周期权（E-mini S&P 500 Weekly Options）和月末期权（E-mini S&P 500 EOM Options）为欧式期权。

通常情况下，一种标的资产的期权行权规定只有一种，即美式或欧式。但也有同一种标的既有美式也有欧式，如CME集团的欧元、英镑等外汇期货合约，同时推出了美式和欧式期货期权。

3. 百慕大式期权（Bermuda Options）。百慕大式期权，也称大西洋式期权，是指可以在到期日前所规定的一系列时间行权的期权，是修正的美式期权。比如，期权可以有3年的到期时间，但只有在3年中每一年的最后一个月才被执行，常常应用于固定收益市场。百慕大式期权可以被视为美式期权与欧式期权的混合体，是修正的美式期权。

我国证券交易所上市的权证，多为百慕大式。

（二）商品期权和金融期权、现货期权和期货期权

商品期权也称实物期权，期权的标的资产是实物资产，可以是商品现货资产，也可以是商品期货合约。标的资产为商品现货资产的期权称为商品现货期权，标的资产为商品期货合约的期权称为商品期货期权。

金融期权的标的资产是金融资产或金融指标，如股票价格指数，可以是金融现货资产，也可以是金融期货合约。标的资产为金融现货资产的期权称为金融现货期权，标的资产为金融期货合约的期权称为金融期货期权。

金融期权有股票期权、利率期权、外汇期权、股指期权等，如果相关标的为期货合约，则属于金融期货期权。

国际上，发达国家期货交易所上市的期货合约，几乎都推出了相应的期权合约。如在CME集团上市的金融期货合约和商品期货合约，几乎都有相应的期权合约。

CME集团上市的股指期权产品的标的资产为1张相关股指期货合约，属于金融期货期权。标的资产有E-mini S&P 500股指期货合约、S&P 500股指期货合约和E-mini NASDAQ 100股指期货合约等。

香港交易所上市的股指期权产品为 Hang Seng 指数期权，合约标的为 Hang Seng 股票价格指数，属于金融现货期权。

中国金融期货交易所的仿真期权合约标的为上证 50 股票价格指数和沪深 300 股票价格指数，属于金融现货期权；上海证券交易所推出的首只上证 50ETF 期权也属于金融现货期权；国家外汇管理局推出的人民币外汇期权属于金融现货期权。

（三）场内期权和场外期权

与期货交易不同，期货合约只能在交易所交易，而期权合约既可以在交易所交易，也可以在场外交易。

场外期权（Over – the – Counter Options，OTC Options）是指在非集中性的交易场所交易的期权，也称店头市场期权或柜台期权。

国家外汇管理局推出的人民币外汇期权在银行间市场交易，属于场外期权。

场内期权也称交易所期权，是指由交易所设计并在交易所集中交易的标准化期权。场内交易采用标准化和集中交易，再加上结算机构提供了交易双方可靠的履约保证，有利于市场流动性的提高。

采用实物交割的权益类期权，为履约便利，期权上市场所应与标的资产上市场所为同一交易所。

例如，以 CME 集团上市的股指期货合约、香港交易所上市交易的招商银行 H 股股票、上海证券交易所上市交易的上证 50ETF 等为标的的期权合约，均采用实物交割方式，期权合约与标的期货合约、标的股票或标的基金等在同一交易所上市。香港交易所目前的四只 ETF，虽然标的指数基金对应的指数均为境内交易所指数，但指数基金均为香港交易所上市产品，包括中国 A50ETF、A50 中国指数 ETF、沪深 300 中国指数基金和华夏沪深 300 指数 ETF 等。

股票价格指数期权的合约标的虽然为某交易所指标，但由于指标并非商品，所以采用现金交割，因此期权合约对交易场所没有严格的要求，而且一家交易所的价格指数，可以是另一家交易所的期权品种。

例如，上证 50 仿真股指期权，指数的成分股并非为中国金融期货交易

所的上市品种，而是上海证券交易所的相关指数。

即便已经推出了期货合约的股票价格指数，所推出的相关股指期权合约的标的也可以是相关股票价格指数而非股指期货合约，如沪深 300 股指期权和恒生指数期权，标的指数有沪深 300 股指期货合约和恒生指数期货合约，但期权标的为相应的股票价格指数，为股指现货期权。

但无论是股票价格指数期权还是股指期货期权，均在交易所上市交易，即股指期权均属于场内期权。而场内期权，即交易所期权并非都是期货期权。

与场内期权相比，场外期权具有如下特点：

第一，合约非标准化。交易所期权合约是标准化的，场外期权不要求合约标准化，多数期权合约都是买卖双方根据意愿自行拟定条款，是非标准化合约。

第二，交易品种多样、形式灵活、规模巨大。由于场外交易双方可以直接商谈，期权品种、交易形式和交易规模等均可以按交易者的需求定制，所以场外期权更能够满足投资者的个性化需求，场外期权交易也促进了新的复杂产品的诞生和交易。场外期权交易更活跃、交易规模更大、交易形式更多样化和复杂化。

第三，交易对手机构化。场外期权交易多在机构投资者之间进行，对于一般法人和机构投资者，其交易对手多为经验丰富的投资银行、商业银行等专业金融机构，期权合约的内容、交易方式等均由经验丰富的交易对手设计。

第四，流动性风险和信用风险大。交易所期权随时可以转让，结算机构可以保证卖方履约，而场外期权交易以上两点都无法保证。因此，场外交易具有较高的流动性风险和信用风险。

（四）看涨期权和看跌期权

按照期权买方权利或期权选择权方向的不同，期权可以分为看涨期权和看跌期权。

1. 看涨期权（Call Options）。看涨期权是指期权的买方向卖方支付一定数额的期权费后，便拥有了在合约有效期内或特定时间，按执行价格向期权卖方买入一定数量标的物的权利。

看涨期权的买方享有选择购买标的资产的权利，所以也称买权、认购期权。

交易者预期标的物市场价格上涨而买入看涨期权，标的物市场价格上涨越多，对看涨期权多头越有利。买方可通过执行期权，以执行价格买入标的物，以较高的市场价格将标的物出售获利，也可以通过将期权合约平仓获利。当然，如果标的物市场价格下跌，期权的价格也将下跌，看涨期权多头发生亏损，最大的损失为购买期权的费用。

【例2-6】2014年8月26日，mini S&P 500 2014年12月期货合约的收盘价为1987点，某交易者看涨美国股市，决定通过投资股指期权获利。该日以22.25点的价格购买了10手执行价格为1990点的该标的的看涨期权。该交易者便拥有了在2014年12月的某日（合约到期日）前（含到期日）的任何交易日，以1990指数点，购买10手mini S&P 500期货合约的权利，但不付有必须购买的义务。如果在合约有效期内标的期货合约一直低于1990点，该交易者可放弃行使权利，其最大损失为购买该期权的费用22.25点，他也可以在期权到期前将期权卖出，可以部分冲抵买入期权的权利金损失。

2014年10月17日，标的期货合约下跌至1881点，执行价格为1990点的看涨期权的价格下跌至8.25点，该交易者认为指数还会进一步下跌，于是决定止损，以8.25点将看涨期权平仓。

该笔交易的损益 = （8.25 - 22.25） × 50 × 10 = - 7 000（美元）

注：该指数期货的合约乘数为每点50美元，不考虑交易成本，以后分析损益，在不说明的情况下，均为不考虑交易成本的情形。

2. 看跌期权（Put Options）。看跌期权是指期权的买方向卖方支付一定数额的期权费后，便拥有了在合约有效期内或特定时间，按执行价格向期权卖方出售一定数量标的物的权利。

看跌期权的买方享有选择卖出标的资产的权利，所以也称卖权、认沽期权。

交易者预期标的物市场价格下跌而买入看跌期权，标的物市场价格下跌越多，对看跌期权多头越有利。买方可以较低的价格购买标的物，执行期权，以较高的执行价格将标的物卖出，从而获得行权收益。当然，多头也可以通过将期权合约平仓获利。同样，如果标的物市场价格上涨，期权的价格

将下跌，看跌期权多头发生亏损，最大的损失为购买期权的费用。

【例2－7】 续例2－6，如果交易者看跌美国股票市场，决定通过投资股指期权获利。以17.5点的价格购买了10手执行价格为1990点的2014年12月mini S&P 500看跌期权。该交易者便拥有了在2014年12月某日（合约到期日）前（含到期日）的任何交易日，以1990点卖出10手mini S&P 500期货合约的权利，但不付有必须卖出的义务。如果在合约有效期内mini S&P 500期货合约的价格一直高于1990点，该交易者可放弃行使权利，其最大损失为购买该期权的费用17.5点。他也可以在期权到期前将期权卖出，可以部分冲抵买入期权的权利金损失。

2014年10月17日，当标的期货合约价格下跌至1881点，执行价格为1990点的看跌期权的价格上涨至62.75点，该交易者决定将期权了结。如果行权了结期权，以市场价格1881点买入期货合约，以1900点行权卖出，则：

该交易者行权收益＝（1 990－1 881－17.5）×50×10＝45 750（美元）

交易者也可以将期权平仓，则：

平仓收益＝（62.75－17.5）×50×10＝22 625（美元）

行权收益大于平仓收益，所以，该交易者选择行权将期权了结。

二、奇异期权

奇异期权是近年来迅速发展起来的。与以上基础期权分类方式不同，奇异期权的分类方式主要依据的是期权损益的决定因素，奇异期权大致可归为以下两类：

第一，路径依赖型期权。此类期权的损益取决于期权有效期内标的资产的价格，而不只是期权到期日或行权期标的资产的价格，主要有亚式期权、阶梯形期权、棘轮期权、回望期权、呼叫期权。

第二，多因素型期权。此类期权的损益取决于两种或两种以上标的资产的价格，主要有彩虹期权、一篮子期权、互换期权、双币种期权、复合期权。

（一）路径依赖型期权

1. 亚式期权（Asian Options）。亚式期权与欧式和美式期权相似，均以地域命名，却与地域无关。欧式和美式期权是按执行期权的时间分类的，亚式期权与以上两种期权不同，并不根据执行期权的时间来区分。

亚式期权又称平均价格期权，是在股票期权的基础上发展起来的。最早由美国银行家信托公司（Bankers Trust）在日本东京推出。它是当今金融衍生品市场上交易最活跃的奇异期权之一，与通常意义上股票期权的差别在于对执行价格的限制或行权时确定收益的方式。

亚式期权在到期日确定期权收益时，不是采用标的资产当时的市场价格，而是用期权合同期内某段时间标的资产价格的平均值，这段时间被称为平均期。在对价格进行平均时，采用算术平均或几何平均。按照计算基础价格的不同，亚式期权可分为平均价格期权和平均执行价格期权。

（1）平均价格期权，其收益为执行价格与标的资产在有效期内的平均价格之差。平均价格期权比标准期权廉价，因为标的资产价格在一段时间内平均值的变动比时点价格的变动程度要小，这就减少了期权风险，从而降低了其时间价值，并且可能更适合客户的需求。

（2）平均执行价格期权，将预定平均期的标的资产价格平均值作为执行价格，期权的收益为执行时的即期价格与标的资产平均价格之差。平均执行价格期权可以保证购买在一段时间内频繁交易的资产所支付的平均价格低于最终价格。另外，也能保证销售在一段时间内频繁交易的资产所收取的平均价格高于最终价格。

2. 阶梯形期权（Step Options）。阶梯形期权是指事先确定了一系列执行价格，并约定当标的资产价格达到下一个价格水平时，就需重新约定执行价格。

3. 棘轮期权（Ratchet Options）。棘轮期权又称履约价期权，是指事先约定一系列执行价格，并预定在未来某些日期根据届时的标的资产价格对执行价格进行调整。

4. 回望期权（Lookback Options）。回望期权是指执行价格或标的资产的结算价格并非事先确定，而是在到期时通过回望最优价格来确定的期权。该期权的执行价格依赖于整个“回望期”内标的资产的价格，回望期权的收益依附于期权有效期内标的资产达到的最高或最低价格。欧式回望看涨期权的收益等于最后标的资产价格超过期权有效期内标的资产达到的最低价格值。

同时，在期权定价问题中，由于市场的不稳定性，即便是短期利率也是

不断变化的。因此，假定利率在期权有效期内不变，就不足以满足实际要求，从而必须考虑利率的不确定性对衍生资产价格的影响。

5. 呼叫期权（Shout Options）。呼叫期权也称叫停期权，是指由期权购买人自行判断，在其认为最有利的时候通过“呼叫”（即叫停）来重新约定执行价格的期权。

此类期权是一种特殊的欧式期权，这种期权的持有者有权在期权有效期内的某一时间锁定一个最小盈利。

（二）多因素型期权

1. 彩虹期权。彩虹期权也称极大或极小值期权，是指收益取决于两个或多个基础资产的最高价或最低价与执行价格的差的期权。

2. 一篮子期权。一篮子期权是指期权的收益是由一篮子标的资产的加权平均价格与执行价格或执行价格的加权平均价格的差来决定的期权。

3. 互换期权。互换期权也称为价差期权，是指标的资产是利率互换，其收益来自互换交易中资产的利息之差的期权。

4. 双币种期权。双币种期权是指标的资产以货币 A 计价而以货币 B 结算，其收益取决于非本币资产价格与其执行价格的差，但其风险来源还包括本币与标的资产货币之间的汇率变动的期权。

5. 复合期权。复合期权是指以期权为标的资产的期权。

第三节 期权特点以及与期货交易的比较

一、期权的特点

与其他交易形式和金融工具相比，期权交易的最大特点是买卖双方的权利、义务不同，收益和风险特征不同，而且具有独特的非线性损益结构。具体分析如下：

第一，买卖双方的权利义务不同。通常情况下，权利和义务是不分离的，在享有权利的同时要承担相应的义务。但期权交易不同，期权交易是权利的买卖，期权买方支付了期权费，便拥有了在约定期限内购买或出售标的资产的权利，但不赋有必须执行期权的义务；期权的卖方在获得期权费后，即出售了选择权，从而必须承担履约义务。当买方执行期权时，卖方必须履约，按约定价格将标的资产出售给买方或按约定价格购买买方出售的标的资产。

第二，买卖双方损益特征不同。由于期权的买方未来从期权卖方处买卖标的资产的价格是约定好的，所以当标的资产价格变化对买方有利时，买方可能获得非常高的收益，而标的资产价格变化对买方不利时，买方可放弃行权，其最大的损失为购买期权的费用；而期权卖方最大的收益是卖出期权所得到的期权费，但标的资产价格变化对其不利时，则可能遭受非常大的损失。

但是，就买卖双方支付和收取的权利金而言，如果买方持有期权至到期并不行权，则损失全部权利金，所以买方最大损失可达 100%，而收益可以远超过 100%；卖方如果获得全部权利金的话，在不考虑交易成本和保证金占用的资金成本的情况下，卖方的收益可以说是零成本收益，但亏损额度也可能远远超过收益。

所以，在期权交易中，买方的最大损失为权利金，潜在收益巨大；卖方的最大收益为权利金，潜在损失巨大。

【例 2 - 8】 2015 年 1 月，某交易者看好境内股票市场，而且认为沪港通题材还有待进一步挖掘、境内金融股估值仍然偏低，但又担心前期上涨过大而导致股价下跌，于是决定利用期权交易赚取上涨利润，同时规避下跌风险。

由于当时境内交易所尚未推出期权交易，于是决定购买香港交易所的股票期权。2015 年 1 月 22 日，该交易者以当日收盘价购买了 100 张 2015 年 3 月到期的执行价格为 18.5 港元的招商银行 H 股股票的买权，即看涨期权（每张合约的合约规模为 500 股），购买价格为 1.12 港元。1.12 港元为购买 1 股股票的权利，1 张期权可以购买 500 张股票。则：

100 张期权的权利金总投入为 $100 \times 500 \times 1.12 = 56\ 000$（港元）

招商银行 H 股的收盘价为 18.32 港元，香港交易所股票期权为美式期权，

最后交易日和到期日为合约月份的最后第二个营业日（2015 年 3 月 30 日）。

根据以上条件可知，该交易者在 2015 年 3 月 30 日前的任何交易日，包括 3 月 30 日，都有权利按约定价格，即执行价格 18.5 港元购买 5 万股（100 × 500）招商银行 H 股股票。

交易者通过期权持有股票的成本 = 18.5 + 1.12 = 19.62（港元）

该成本比当日该银行股票每股高出 1.3 港元（19.62 − 18.32），这也是交易者看涨股票后市而持有看涨期权所付出的时间成本。如果未来标的股票价格上涨 1.3 港元以上，上涨越多，交易者盈利就越多。

如果招商银行股票价格在 3 月 30 日前一直低于 18.5 港元，交易者将不会执行期权，在最后交易日之前他可以将期权平仓，所以交易者最大损失为购买期权的费用 1.12 港元，如果权利金全部损失的话，会损失全部权利金投入 56 000 港元，损失率为 100%。

如果在期权有效期内招商银行股票价格上涨至 50 港元，交易者行权买进股票，并将股票按市场价格卖出，不考虑交易成本的情况下：

交易者每股行权损益 = 50 − 18.5 − 1.12 = 30.38（港元）

收益率 = 30.38/1.12 × 100% = 2 712.5%

对于期权卖方，卖出 1 股股票的买权收入 1.12 港元，如果买方放弃行权的话，1.12 港元便是其最大的收益。如果标的股票上涨至 50 港元，卖方被要求行权时，其从市场上买进股票并按执行价格将股票卖给买方

履约损益 = 18.5 − 50 + 1.12 = −30.38（港元）

损失是最大收益的 27.13 倍。

第三，对买卖双方缴纳保证金的要求不同。期权卖方需要缴纳保证金，而买方无需缴纳。期权交易中，由于买方的损失是锁定的，即最大的损失为已经支付的期权费，所以无需缴纳保证金；而卖方的损失有可能远高于其获取的权利金。因此，为保证交易履约，交易所向无担保的期权卖方收取保证金，对于有担保期权，如果担保充足，则卖方也无需缴纳保证金，如果担保不足，对于不足部分仍需缴纳保证金。

第四，买卖双方的损益结构是非线性的。与其他交易方式相比，期权损益具有独特性，即在一定的价格范围内，期权买卖双方的损益不随标的资产价格涨跌而变化。所以，期权买卖双方的损益是非线性的。

如图 2－1（a）看涨期权到期或最大损益结构图所示，当标的资产价格小于执行价格 K 时，期权多头亏损，且最大损失不变，为期权费 C；标的资产价格在执行价格以上时，随着标的资产价格的涨跌，损益呈线性状态变化；标的资产在平衡点以上，期权多头盈利，且盈利随着标的资产价格上涨而增加。

以上情况表明，期权交易者的损益并不随标的资产价格的变化呈线性变化，其最大损益状态图是折线而不是一条直线，即在执行价格位置发生转折；其他大部分交易方式，买卖双方的损益随着标的资产价格的涨跌而变化，即损益状态是线性的。如图 2－1（b）所示，图 2－1（b）为期货多头损益结构图。

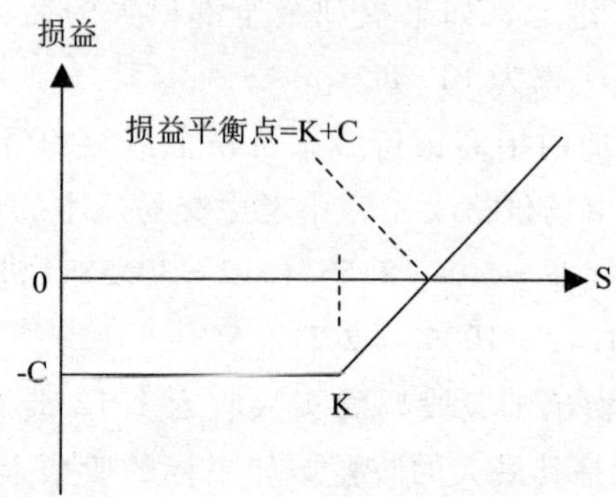

图 2－1（a） 看涨期权多头损益状态

注：S 为标的资产价格，C 为看涨期权价格，K 为期权的执行价格。

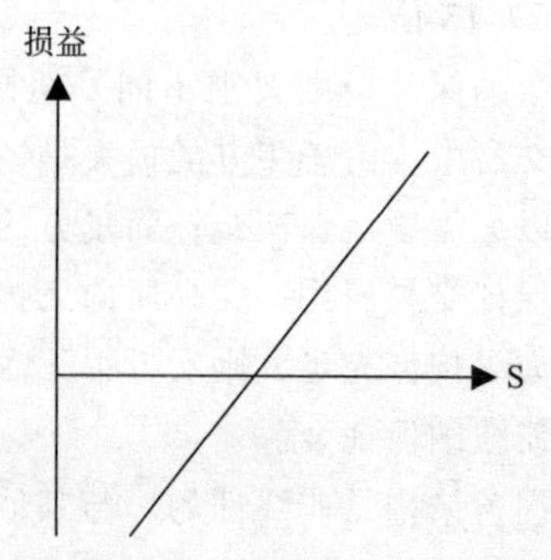

图 2－1（b） 期货多头损益状态

注：S 为标的资产价格。

【例 2-9】 例 2-8 中，如果到期时，标的股票价格在 18.5 港元以下，交易者损失 1.12 港元，且不会随标的股票价格变化而变化，在损益状态图中显示为亏损的直线段；如果标的股票价格超过 18.5 港元，但低于 19.62 港元(18.5+1.12)，交易者可以执行期权，但仍处于亏损状态，且亏损会随股票价格高低而改变；如果股票价格超过 19.62 港元，交易者行权并盈利，股票价格越高、交易者盈利越大。所以，股票价格超过执行价格 18.5 港元后，交易者的损益状态为线性的斜线。

【例 2-10】 2014 年 4 月至 8 月，E-mini S&P 500 Sep 2014 期货合约的价格从 1810 点上升至 1990 点，上涨了 180 点，涨幅接近 10%，而以该期货合约为标的、执行价格在 2200 点的看涨期权，执行价格远远高于标的资产市场价格，所以期权价格并没有随标的期货合约价格的上涨而上涨。此外，执行价格为 1600 点的看跌期权，价格也没有随标的期货合约价格的上涨而下跌。

正是期权独特的非线性损益结构，使其在风险管理、组合投资等方面具有明显优势。期权的非线性损益结构能够使其在规避标的资产价格风险时，起到为标的资产保险的目的；而期货等金融工具在规避标的资产风险时，其作用是对冲标的资产价格风险。此外，通过不同期权、期权与其他投资工具的组合，投资者可以构造出不同风险和损益状况的组合策略。可以说，期权能够成为构建几乎所有金融资产的基石。例如，一个看涨期权多头和一个相同标的资产的看跌期权空头，可以构建一个该标的资产空头头寸；一个看跌期权多头和一个相同标的资产的看涨期权空头，可以构建一个该标的资产多头头寸。

二、期权与期货交易比较

（一）交易方向比较

在交易所进行期权交易，无论是证券交易所还是期货交易所，交易方向均与期货交易相同，建仓时既可以开仓买入，也可以开仓卖出，然后再对冲平仓，卖出或买入之前所建仓的头寸。而证券交易所上市交易的股票和股票基金等产品，只能开仓买入，虽然可以融券卖出，但必须是先借入股票然后卖出，而不能直接开仓卖出。

与期货交易不同的是，期权是选择权交易，既有交易方向的选择，即买入或卖出，也有选择权类型的选择。

1. 买入建仓。买入建仓也称做多，包括开仓买入看涨期权和开仓买入看跌期权。

2. 卖出建仓。卖出建仓也称做空，包括开仓卖出看涨期权和开仓卖出看跌期权。

（二）交易对象、合约价格、标的资产和交易结果比较

期货交易的对象是期货合约，期货合约的价格是交易者未来买卖标的资产的价格。合约标的是指期货合约到期交割时买方要购买的资产，或卖方要出售的资产。

与期货交易相似，期权交易的对象是期权合约，但合约价格与合约标的的内涵不同。期货交易者在交易所买入（或卖出）期货合约，就意味着按成交价格买入（或卖出）了标的资产，且必须履约，只是在合约到期时才进行交割。当然，交易者可以在期货合约到期前将合约在交易所卖出（或买进），即对冲平仓，且大部分交易者都是在期货合约到期前将合约对冲平仓的，从而了结未来交割的义务。

期权交易与期货交易不同，期权交易的对象是权利，期权的价格只是买方为取得购买或出售标的资产的权利而支付给卖方的费用。期权合约的标的是指买方行权时可以买进或卖出的资产。期权合约到期时，买方可以选择行权或放弃行权，买方放弃行权时期权作废，此时期权没有任何价值。

（三）交割涵义和交割方式比较

期权交易的交割与期货合约的交割内涵不同。期货合约的交割，指期货合约到期时，合约的买方支付交割结算价得到标的资产，卖方得到交割结算价交付标的资产。同时，期货交割环节只有在期货合约到期时才可履行且必须履行。

期权交割，指期权买方行权、卖方履约时双方交付货款和标的资产的行为。看涨期权的买方支付执行价格得到标的资产、卖方卖出标的资产得到执行价格；看跌期权的买方按执行价格卖出标的资产、卖方支付执行价格得到

标的资产的行为。

与期货交割不同的是：

第一，期权交割时价格是确定的，即在期权成交时交割价格已确定，为执行价格；期货交易中交割结算价格不是一个确定价格，通常情况下，不同的交易所、不同的交割方式，交割结算价的选取也不尽相同。有的期货合约采用该合约自交割第一个交易日起至最后交易日所有成交价的加权平均价；有的采用期货合约最后交易日的结算价；股指期货交割结算价为最后交易日沪深 300 指数最后两小时所有指数点算术平均价。总之，交割后结算价与期货合约进入交割月或最后交易日标的资产价格有关。

第二，期货交易中买卖双方必须履约，从而期货合约到期后必须交割；而期权交易中如果期权合约到期买方不行权，则期权作废，此情形不存在交割问题。

第三，期货交易的交割在期货合约到期后进行；而期权不同，如果是美式期权，买方在合约到期日及之前的任何交易日均可行权，行权时买卖双方即进行标的资产和货款的交割。

股指期货和股指期权的交割方式也有一定差异：股指期货合约的标的资产为股票价格指数，由于股票价格指数并非商品，所以股指期货采用现金交割，即期货合约到期时，交易所按交割结算价结算交易者的盈亏，不涉及合约标的转让。

股票价格指数期权采用现金交割，对于实值期权，或实值额大于行权费的期权，买方行权时，交易所按行权价与交割结算价的差结算期权多头和空头的盈亏。

股指期货期权采用实物交割，如果期权买方在合约到期前行权，以标的股指期货合约进行交割，但如果期权到期，则采用现金交割。

单只股票期权、ETF 期权通常采用实物交割，即买方行权时以标的股票、ETF 等合约标的进行交割；合约标的为股指期货合约的股指期权，通常也采用实物交割方式，即以标的期货合约进行交割，如果在期权到期日行权，则采用现金交割。如 CME 集团的股指期货期权为美式期权，采用实物交割，买方行权时，以标的股指期货合约进行交割。但该交易所相关股权期货期权合约规定，在期权到期，交易所会自动执行实值期权，按现金结算交易者的盈亏。

上海证券交易所的上证50ETF期权采用实物交割，买方行权时，以上证50ETF进行交割，中国金融期货交易所的上证50股指仿真期权和沪深300股指仿真期权采用现金交割。

香港恒生指数期权采用现金交割方式。该交易所的单只股票期权和ETF期权均采用实物交割，买方行权时以标的股票或标的指数基金进行交割。

现金交割与实物交割相比，行权更便利，交割成本更低，但不能通过期权持有标的资产或出售标的资产，与标的资产共建组合产品时存在一定障碍。

（四）期权交易和期货交易规避标的资产价格风险的特征比较

通过期货交易可以对冲标的资产价格风险，买进期货合约可以对冲标的资产价格上涨风险，卖出期货合约可以对冲标的资产价格下跌风险，但在利用期货合约对冲标的资产价格风险时，也失去了标的资产价格有利变化的盈利机会。

通过期权交易可以规避标的资产价格风险，但与期货交易表现形式不同。买进期权在规避标的资产价格风险时表现出的是保险特征，而不是对冲特征。买进看跌期权可以为拥有的标的资产多头保险，买进看涨期权可以为拥有的标的资产空头，或为未来能够低价买入标的资产保险。例如，交易者持有股票而买进股票看跌期权，可以达到为所持有的标的股票保险的目的；或计划购入股票而买进看涨期权，可以达到实现按约定价格或更低价格购买股票的目的。

如果标的资产价格不利于交易者时，如持有的股票价格下跌，看跌期权多头可执行期权，按执行价格卖出所持有的标的股票；或计划购买股票而价格上涨，看涨期权买方可行权按执行价格买进标的股票。如果股票价格变化方向有利于交易者，即价格风险没有发生，交易者可放弃执行期权，其最大损失为购买期权的费用。但此情形下，期权买方可享受标的资产价格有利变化的好处。看跌期权买方可享受标的资产价格上涨的好处，如标的股票价格上涨而导致看跌期权作废，但所持股票价格上涨为交易者带来的收益可能更高；看涨期权买方可享受标的资产价格下跌的好处，如标的股票价格下跌，

看涨期权作废，但交易者可以更低的价格买进标的股票，其成本降低可能更多。

所以，买入期权意味着为标的资产购买了保险，能够保证交易者在标的资产价格变化方向不利时规避风险，而风险没有发生时仅损失期权费。因此，期权费也称为保险费。卖出期权则不具备上述功能。

与期货交易相比，利用期权规避标的资产价格风险可能更有利。其原因在于，期权多头的损失是可控的，而期货交易的损失是不可控的。期权多头即可实现规避标的资产价格风险的目的，又不会丢失标的资产价格向有利于交易者变化时的盈利机会。

相比利用期货对冲标的资产价格风险，利用期权规避标的资产价格风险，需要多支付一笔期权费用。

（五）期权价格、期货价格与标的资产价格关系比较

在分析期权损益结构时，我们知道，期货合约价格随标的资产价格变动而变动，且涨跌幅度相近。这是由于，期货合约价格等于标的资产价格加上持有标的资产的成本，所以，标的资产价格变动时，期货合约价格会随之涨跌。随着期货合约到期日的临近，持仓成本降低，两者差缩小，期货合约到期时，期货合约价格接近标的资产价格。

期权价格与标的资产价格的关系是非线性的，深度虚值期权的价格几乎不随标的资产价格变化而变化，平值和实值看涨期权的价格随标的资产价格上涨而上涨，平值和实值看跌期权的价格随标的资产价格上涨而下跌，但除深度实值期权外，期权涨跌值通常小于标的资产价格涨跌值。

基于以上比较，利用期货合约和期权合约管理标的资产价格风险的效果不同。

（六）期权交易和期货交易杠杆效应比较

与其他交易方式相比，期货交易具有较大的杠杆效应，期权交易与期货交易相比，杠杆效应可能更高。

由于卖出期权最高的收益为期权费，其收益不能随标的资产价格上涨或下跌而增加，而且卖出期权需要缴纳保证金，期权保证金可能高于期货保证

金，所以期权杠杆效应主要通过期权多头实现。

如果预期标的资产价格上涨，可通过买进标的期货合约获得高于标的资产价格上涨幅度的收益率，也可以买进标的资产看涨期权获取由于标的资产价格上涨带来的收益。例如，买进股票期货合约的收益率通常高于标的股票价格上涨幅度，买进股指期货合约可获得高于标的指数上涨幅度的收益率，也高于标的指数基金等相关产品的收益率；买进标的股票看涨期权、ETF 看涨期权和股指看涨期权，获取的收益率比相关期货合约的收益率可能更高。

如果预期标的资产价格下跌，可通过卖出标的期货合约获得高于标的资产价格下跌幅度的收益率，也可以买进标的资产看跌期权获取由于标的资产价格下跌带来的收益。例如，卖出股票期货合约的收益率通常高于标的股票价格下跌幅度，卖出股指期货合约可获得高于标的指数下跌幅度的收益率；买进标的股票看跌期权、ETF 看跌期权和股指看跌期权，获取的收益率可能更高。

【例 2 – 11】 比较股指期货合约和相同标的的股指期权合约的杠杆效应，以 E-mini S&P 500 股指期货合约和股指期权合约为例。

2014 年末如果某交易者看空美国股市，希望不仅能够赚取股指下跌的收益，而且能够利用股指期货合约或股指期权合约的杠杆效应获得更高的收益率。

①交易者在 2014 年 12 月 23 日临近收盘时，以 2079 点的价格卖出 1 手 2015 年 3 月的 E-mini S&P 500 期货合约，该合约的结算价也为 2079 点，该日 E-mini S&P 500 股价指数收盘价为 2082.17 点。

该标的期货合约和期权合约的合约乘数均为 50 美元/点，交易保证金按合约价值的 10% 收取，则：

1 手期货合约需要缴纳交易保证金 = 50 × 2 079 × 10% = 10 395 （美元）

即缴纳合约价值 1/10 的保证金，便可拥有股指期货合约空头头寸，获取股指期货合约下跌的收益。

②交易者在 2014 年 12 月 23 日临近收盘时，以与结算价相等的价格买入 2015 年 3 月执行价格为 2000 点、2050 点、2080 点、2100 点和 2130 点的 E-mini S&P 500 股指期货看跌期权中的一只，该期权的合约标的是 E-mini S&P 500 股指期货合约。以上期权的权利金分别为 8 点、16.5 点、26 点、

35.5 点和 55.75 点。即分别支付期货合约价值的 8/2079 × 100% = 0.38%、0.79%、1.25%、1.71% 和 2.68%，便视同持有 E-mini S&P 500 股指期货合约空头头寸，可获取股指期货合约下跌带来的收益。

以上期权合约的权利金价值分别为 400 美元（8 × 50）、825 美元（16.5 × 50）、1 300 美元（26 × 50）、1 775 美元（35.5 × 50）和 2 787.5 美元（55.75 × 50）。

2015 年 2 月 6 日，标的指数以 2055.47 点收盘，比 2014 年 12 月 23 日收盘价低了 26.7 点，跌幅为 1.28%，该标的期货合约的价格随之下跌，看跌期权的价格随之上涨。各合约的结算价及损益状况可见表 2－1。

表 2－1　同时买卖股指期货合约和股指期权合约的损益比较

合约	股指期货合约	不同执行价格的股指看跌期权				
		2000 点	2050 点	2080 点	2100 点	2130 点
建仓价（点）	2079（卖）	8.00（买）	16.50（买）	26.00（买）	35.50（买）	55.75（买）
平仓价（点）	2053（买）	26.00（卖）	40.75（卖）	53.25（卖）	64.00（卖）	84.50（卖）
价格变化（点）	－26.00	18.00	24.25	27.25	28.50	28.75
涨跌幅（%）	－1.25	225.00	146.97	104.81	80.28	51.57
损益（美元）	1 300.00	900.00	1 212.50	1 362.50	1 425.00	1 437.50
投入资金（美元）	10 395.00	400.00	825.00	1 300.00	1 775.00	2 787.50
收益率（%）	12.50	225.00	146.97	104.81	80.28	51.57

股指期货合约损益 = ［建仓（卖出）价 － 平仓（买入）价］ × 合约乘数

投入资金 = 建仓时缴纳的保证金（由于交易者为盈利状态，所以不考虑保证金变化）

收益率 = 合约盈亏/保证金 × 100%

由表 2－1 结果可见，当标的指数下跌时，股指期货合约随之下跌，下跌值和下跌幅度与标的指数相当，此时交易者买进期货合约平仓，所缴纳保证金的收益率可达到股指期货合约跌幅的 10 倍。这便是期货交易杠杆效应的体现，即期货交易的杠杆效应源于期货交易的保证金制度，保证金比率越低、杠杆效应越大。

股指期权合约损益＝［平仓（卖出）价－建仓（买入）价］×合约乘数

投入资金＝买入期权的权利金价值＝期权价格×合约乘数

收益率＝合约损益/权利金价值×100%

由于看跌期权买方支付权利金后，便拥有了按执行价格卖出标的股指期货合约的权利，当标的指数下跌时，看跌期权的价格会随之上涨。虽然期权价格涨跌值小于标的指数涨跌值，而期货合约的涨跌值与标的指数涨跌值相近，但由于期权价格可能低于或远低于标的期货合约的价格，所以，看跌期权价格涨幅通常高于或远高于标的期货合约的跌幅，从而实现高于标的指数下跌幅度的收益率。因此，期权的杠杆效应源于期权权利金与标的资产价格的关系，权利金较标的资产价格低得越多、杠杆效应越大。

由以上分析可知，卖出股指期货合约和买进相同标的的看跌期权合约均具有较高的杠杆效应，即通过卖出股指期货合约，可获得高于标的指数下跌幅度的收益率；而买进股指看跌期权，资金的收益率更高。但期货交易和期权交易杠杆效应的实现原理不同，期货交易的杠杆效应源于其保证金制度，期权交易的杠杆效应源于权利金与标的资产价格的关系。

此外，买进看跌期权与卖出期货合约的损益结果与标的指数价格变化方向可能不同。

【例2－12】续例2－11，如果持有期货合约至到期，交割结算价为2055.47点，较建仓价格低23.53点，跌幅为1.13%，则：

投资股指期货的收益率＝23.53×50/10 395×100%＝11.32%

投资股指期货的收益率为期货合约跌幅的10倍。即便交割结算价较建仓价低1点，则：

合约跌幅＝1/2 079×100%＝0.048%

投资股指期货合约的收益率＝1×50/10 395×100%＝0.48%

此时，投资股指期货的收益率仍然为合约跌幅的10倍。

所以，卖出股指期货合约并持有至到期，如果交割结算价低于期货合约卖出价，期货交易便可盈利，而且可以实现预期的杠杆效应。因此，无论何时了结期货合约，只要建仓价高于平仓价，卖出期货合约便可盈利，并可实

现等于期货合约跌幅杠杆倍数的收益率。

买进看跌期权的盈亏状况与标的期货合约价格变化趋势可能不同，当期权合约到期时，如果交割结算价为2055.47点，各期权的盈亏结果见表2-2。

表2-2　　买入看跌期权并持有到期的损益比较

执行价格（点）	2000	2050	2080	2100	2130
权利金（点）	8.00	16.50	26.00	35.50	55.75
损益平衡点	1992.00	2033.50	2054.00	2064.50	2074.25
期权执行	不执行	不执行	执行	执行	执行
盈亏（点）	-8.00	-16.50	-1.47	9.03	18.78
盈亏值（美元）	-400.00	-825.00	-73.50	451.50	939.00
投入资金（美元）	400.00	825.00	1 300.00	1 775.00	2 787.50
资金损益率（%）	-100.00	-100.00	-5.65	25.44	33.69

比较表2-2中期权盈亏的结果，虽然标的指数较期权建仓时低，但买进看跌期权并不必然盈利，即买进看跌期权后，即便看跌期权价格下跌，看跌期权买方仍有可能亏损。

期权到期时，如果不执行期权，买方便亏损全部权利金，即便执行期权，如执行价格为2080点的期权，由于交割结算价较损益平衡点高，因此执行后仍然亏损。与表2-1不同的是，表2-2中权利金高的期权的收益率更高。这是由于，两种期权的行权价差30点，而权利金仅差20.25点，即执行价格为2130点的期权权利金相对执行价格为2100点的期权偏低。

以上分析可见，期货交易和期权交易杠杆效应的实现原理不同，决定杠杆效应的因素也不相同。

期货交易的杠杆效应源于其保证金制度，保证金比例的倒数即杠杆倍数，保证金比例越低，杠杆倍数越大，杠杆效应也越大；如果期货合约涨跌幅与标的指数涨跌幅一致，则期货交易的收益率等于标的指数涨跌幅的杠杆倍数；期货合约与标的指数涨跌幅变化的关系由建仓时基差和平仓时基差决定，如果建仓时基差和平仓时基差相等，则期货合约涨跌幅与标的指数涨跌幅一致，期货合约损益率便等于标的指数涨跌幅的杠杆倍数。

期权交易的杠杆效应取决于权利金与标的资产价格的关系，权利金相对标的资产价格越低，杠杆效应越大。此外，期权的杠杆效应还与其自身特点有关，通过期权交易获得较标的资产涨跌幅更高的收益，除要考虑期权价格外，还要考虑期权的剩余期限、被执行的可能性以及损益平衡点的高低。

通过买进看涨期权同样可以获得比买进期货合约更高的杠杆效应。同样，期权价格相对标的资产价格越低，杠杆效应越大。此外，期权剩余期限、被执行的可能性以及损益平衡点的高低等均会影响期权损益结果和杠杆效应的实现。

例如，当预期股市上涨，买进股指期货合约可获得高于股指上涨幅度的收益率，买进股指看涨期权获得的收益率可能更高，但也存在股指上涨而买进看涨期权亏损的可能。所以，需综合考虑期权价格、执行价格、剩余期限以及标的指数未来上涨空间等，以获得预期的收益率目标。

三、股指期货期权与股票价格指数期权比较

股指期货期权和股票价格指数期权虽然均为股票价格指数的衍生品，在目的、功能方面有相同之处，但由于标的资产的性质不同，又存在一定差异。

（一）标的资产性质比较

股指期货期权的标的为股指期货合约，属于期货期权；股票价格指数期权的标的为某股票价格指数，属于现货期权。

（二）交割方式比较

股指期货期权通常采用实物交割，即买方行权时，以标的股指期货合约进行交割；而股票价格指数期权的标的为金融指标，因此不能被实际持有，所以采用现金交割，即买方行权时，交易所直接以现金结算双方的损益。

（三）上市场所要求比较

由于股指期货期权采用实物交割，为履约便利，期权合约应与标的期货

合约在同一交易所上市；股票价格指数期权的标的资产为金融指标，采用现金交割，所以对上市场所没有特别要求。例如，上证 50 股指期权的标的指标为上海证券交易所的股票价格指数，但该期权在中国金融期货交易所上市。

（四）目的功能比较

1. 获取投资收益目的比较。股指期货期权和股票价格指数期权均可以通过对相关指数未来涨跌趋势的研究，获取价差收益。

例如，如果预期未来股指上涨，则可买进看涨期权或卖出看跌期权；如果预期未来股指下跌，则可买进看跌期权或卖出看涨期权。而且，由于期权的价格相对较低，通过股指期权还可获得高于股指涨跌的收益。

【例 2 - 13】 2015 年 3 月 11 日 11 时，上证指数上涨了 0. 84%，深证成分指数上涨了 0. 65%，沪深 300 股票价格指数上涨了 0. 98%，为 3555. 08 点，接近平值的该标的看涨期权 IO - 1503 - C - 3550 上涨了 29. 50%，而看跌期权 IO - 1503 - P - 3550 下跌了 20. 15%。

【例 2 - 14】 2015 年 3 月 10 日，CME 集团 2015 年 3 月到期的 E-mini S&P 500 期货合约的结算价为 2042. 00 点，较上一交易日下跌了 35. 75 点，跌幅为 1. 72%。而该标的看涨期权合约的结算价为 22. 25 点，较上一交易日下跌 23. 25，跌幅为 51. 10%；看跌期权合约的结算价为 20. 5 点，较上一交易日上涨了 12. 75 点，涨幅为 164. 52%。

由此可见，股指期货期权和股票价格指数期权的涨跌幅高于标的股票价格指数或股指期货合约的涨跌幅，即通过期权交易可能获得更高的收益率，但交易方向错误时，亏损也会很大。

2. 为标的资产保险目的比较。如果持有与标的指数成分股构成基本一致的股票组合，可通过购买股指看跌期权达到规避股票组合价格下跌的风险，还不会失去获得股票组合价格上涨所带来的利润，即通过购买看跌期权实现对股票组合保险的目的；如果未来想购买股票组合，可通过买进看涨期权实现保险目的。无论是股票期货期权还是股票价格指数期权均可实现以上目的。

3. 构建产品组合目的比较。通过持有股指期货合约多头或空头，同时持有看涨期权或看跌期权多头或空头，可改变原始持仓头寸状况，达到构建新的金融产品的目的，而获得比直接买进或卖出所构建的金融产品更优的目的。

例如，持有股指期货合约空头同时买进该标的看涨期权，可以构造成该标的的看跌期权；股指期货看涨期权多头和相同标的、相同到期时间的看跌期权空头，可以构造成该标的股指期货合约多头。

由于股票价格指数期权的标的为金融指标而非金融资产，所以不可以直接持有，不能买进卖出，难以实现通过标的资产头寸与期权组合构造新的期权头寸的策略，此策略必须通过标的资产为真实资产的期权来实现。

4. 是否可以构建有保护股指期权空头。由于卖出股票价格指数看涨期权的同时不能持有标的指数多头，卖出股票价格指数看跌期权的同时不能持有标的指数空头，所以不能构建带保护的股票价格指数期权空头。而股指期货期权可以实现与标的期货合约同时持有，因此可以构建带保护的股指期货期权空头。

前述第三点和第四点也可以通过买进或卖出构成股票价格指数的成分股实现，即通过买进或卖出构成股票价格指数的成分股实现持有股指多头或空头的日的，但难度较大，且跟踪误差也较大。

四、股指期权与 ETF 期权比较

股指期权和 ETF 期权的标的均与某股票价格指数相关。股指期权的标的资产是某股票价格指数或股指期货合约，ETF 期权的标的资产是某股票价格指数的 ETF。本部分以上证 50ETF 期权为例，与股指期权进行比较分析。

（一）合约标的比较

上证 50ETF 期权的合约标的为上证 50ETF，即交易所交易的开放式基金，标的基金既可以在场外申购和赎回，也可以在交易所交易。ETF 期权属于股票现货期权；股指期权的合约标的为股票价格指数或股指期货合约。

（二）交割方式比较

上证 50ETF 期权采用实物交割，即买方行权时，以上证 50ETF 进行交

割；股指期货期权也采用实物交割；而股票价格指数期权采用现金交割。但如果持有期权至到期，相同标的指数的股指期货期权和股票价格指数期权的损益结果相同。

（三）上市场所要求比较

由于采用实物交割方式，ETF 期权与标的基金应在同一交易所上市交易，如上证 50ETF 和上证 50ETF 期权均在上海证券交易所上市交易。又如，上证 50 股票价格指数虽然为上海证券交易所的股价指数，但香港交易所也上市了上证 50ETF（iShares 安硕富时 A50 这个指数 ETF），所以，该交易所也推出了 A50ETF。

（四）目的功能比较

1. 获取投资收益的目的。如果 ETF 期权和股指期权的标的指数相同，ETF 期权、股指期货期权和股票价格指数期权的损益状况应该相近，即均可实现与标的指数涨跌相关的收益。期权的涨跌值通常小于标的指数或 ETF 的涨跌值，但购买虚值或平值期权的价格远低于标的指数或标的基金的价格，所以可以实现远高于指数涨跌幅的收益率。

2. 为标的资产保险的目的。如果持有与标的指数成分股构成基本一致的股票组合，可以通过购买 ETF 看跌期权或购买相关指数的股指看跌期权达到为股票组合保险的目的；如果计划购买股票组合，可通过购买 ETF 看涨期权或购买相关指数的股指看涨期权达到为购买股票组合保险的目的。

3. 构建产品组合的目的。通过持有 ETF、股指期货合约多头或空头，同时持有相关标的看涨期权空头或看跌期权多头，可实现构造新的期权头寸的目的，而股票价格指数期权则难以实现以上目的。目前我国股票市场尚不能做空 ETF，所以不能通过卖出 ETF 与相关期权头寸构造新的期权头寸的目的。

4. 构建有保护期权空头的目的。在卖出股指期货看跌期权的同时卖出标的股指期货合约，标的股指期货合约空头可以实现对看跌期权空头的保护；卖出股指看涨期权的同时买进标的股指期货合约，标的股指期货合约多头可以实现对看涨期权空头的保护。

ETF 也可以形成对 ETF 看涨期权的保护，融券卖出 ETF，可以构建带保护的 ETF 看跌期权空头。

由于不能直接持有股票价格指数，所以不能构建带保护的股指期权空头。

第四节 股票期权和股指期权的合约条款及相关合约

一、合约条款

依据期权交易场所的不同，期权分为场内期权和场外期权。在交易所上市的期权称为场内期权，在交易所以外交易的期权称为场外期权。

场内期权交易与期货交易相似，期权合约是交易所制定的标准化合约。

场外期权合约没有规定的内容和格式要求，由交易双方协商决定。

目前，股票期权和股指期权均在交易所上市交易，属于场内期权。与期货合约相似，交易所的期权合约是由交易所统一制定的，规定买方有权在未来某一时间或某一段时间以特定价格买入或卖出约定标的股票、股票价格指数或股指期货合约的标准化合约。

上海证券交易所股票期权试点交易规则对股票期权合约的定义为：本规则所称期权合约，是指本所统一制定的、规定买方可以在将来特定时间以特定价格买入或者卖出约定股票或者跟踪股票指数的交易型开放式指数基金（以下简称“交易所交易基金”）等标的物的标准化合约。

中国金融期货交易所股指期权仿真交易业务规则规定的股指期权合约的定义为：股指期权合约是指由交易所统一制定的、规定买方有权在将来某一时间以特定价格买入或者卖出约定标的指数的标准化合约。

对于股指期货期权，由于其标的物是相关股指期货合约，所以在设计期权合约时，相关条款要考虑标的期货合约的条款。

中国金融期货交易所股指期权仿真交易业务规则规定，股指期权合约的

主要条款包括：合约标的、合约乘数、合约类型、报价单位、最小变动价位、每日价格最大波动限制（又称每日价格涨跌停板幅度）、合约月份、行权价格间距、行权方式、交易时间、最后交易日、到期日、交割方式、交易代码、上市交易所等。

上海证券交易所股票期权试点交易规则规定，期权合约条款主要包括合约简称、合约编码、交易代码、合约标的、合约类型、到期月份、合约单位、行权价格、行权方式、交割方式等。

综合以上介绍，下面对期权合约的主要条款及内涵进行介绍。

第一，合约标的（Contract Underlying），也称标的资产，是指期权买方行权时所购买或出售的资产。

例如，中国金融期货交易所上证50和沪深300仿真期权合约的合约标的分别为上证50指数和沪深300指数，上海证券交易所推出的国内首只交易所期权的合约标的为华夏上证50ETF。

第二，合约类型（Contract Type），合约条款中所要列明的合约类型是指期权的权利类型，即期权是看涨期权还是看跌期权。

第三，合约规模和合约价值。合约规模也称合约单位（Contract Size），是指每张期权对应标的资产的数量，是买方行权时每张期权合约能够购买或出售的标的资产的数量。

合约价值，也称合约面值，等于期权价格与合约规模的乘积，为一张期权的权利金总额。

对于期货期权，合约标的为相关期货合约，合约规模通常为一张标的期货合约。

【例2-15】 E-mini S&P 500股指期货期权和S&P 500股指期货期权的合约规模分别为1张E-mini S&P 500期货合约和1张S&P 500期货合约。

对于股票期权，合约规模与交易所一手股票的规模可以相同，也可以不同。如香港交易所大部分股票期权的合约规模与标的股票每手规模相同，有12只股票期权合约规模大于标的股票的合约规模，如标的股票为中国农业银行H股、海通证券H股股票期权的合约规模为10 000股和2 000股，是1张期权可以购买或出售的标的股票数量。标的股票每手分别为1 000股和400股，期权规模分别是标的股票每手的10倍和5倍，招商银行H股股票

期权的合约规模为500股，等于标的股票每手股数。

2015年2月9日14点40分，2015年2月到期、执行价格为17.50港元的海通证券H股看涨期权的价格为0.61港元，则：

1手期权的权利金总额 =0.61×2 000 =1 220（港元）

意味着买方付出1 220港元的代价，取得了在2015年2月26日（合约到期月份最后第二个交易日）按17.50港元的价格购买2 000股海通证券H股的权利。

上证50ETF期权的合约单位为10 000份，该期权上市首日收盘时，2015年3月合约、行权价格为2.3元的看涨期权的价格为0.123元，看跌期权的价格为0.0969元，上证50ETF的收盘价为2.331元。看涨和看跌期权的合约价值分别为1 230元和969元，即付出1 230元，拥有了在2015年3月25日、按2.3元的价格购买10 000份华夏上证50ETF的权利；付出969元，拥有可在2015年3月25日、按2.3元的价格卖出10 000份华夏上证50ETF的权利。

第四，合约乘数（Contract Multiplier），是指每指数点的价格，是股指期权和股指期货合约特有的条款。

对于股指期货期权，合约乘数通常在相关期货合约中规定，期权合约中只需列出合约规模，如E-mini S&P 500指数期权合约和S&P 500指数期权合约，合约乘数在相关期货合约中列出（分别为每点50美元和每点250美元）。

对于股票价格指数期权，合约条款中需列出合约标的和合约乘数等相关条款。如沪深300上证50股指期权仿真交易合约，合约乘数均为每点人民币100元（与沪深300股指期货的合约乘数不同，股指期货的合约乘数为每点人民币300元）。恒生指数期权的合约的标的为恒生指数，合约乘数为每点50港元。

股指期权的合约价值或合约面值为期权价格与合约乘数的乘积。

第五，报价单位，报价单位也称价格单位（Pricing Unit），是期权交易报价时所对应的标的资产的单位，即标的资产每计量单位的货币价格。

通常情况下，期权的报价单位与标的资产的报价单位相同。

股票和单只股票期权的报价单位为每股价格，境内交易所为元/股，香港交易所为港元/股；ETF期权和标的基金的报价单位为每份基金的价格，

境内交易所为元/份基金，香港交易所为港元/份基金。

如上海证券交易所 ETF 上市首日，510050C1503M02200 期权的结算价为 0.1826，意味着该期权结算价为 0.1826 元，如果某交易者以 0.1826 元的价格购买期权，便享有以 2.20 元的价格购买 1 份上证 50ETF 的权利。该期权的合约规模为 10 000 份，一张期权的合约价值为 1 826 元。期权交易的申报数量为 1 张或者其整数倍，即至少买卖 1 张期权。如果支付 1 826 元购买 1 张该期权，便享有以 2.20 元的价格购买 10 000 份上证 50ETF 的权利。

股指期货和股指期权的报价单位较为特殊，为点或指数点。

如 2015 年 1 月 15 日沪深 1501 期货合约的收盘价为 2625 点，沪深 300 股指期货合约的合约乘数为 300 元/点，该日收盘时每张期货合约的价值 787 500 元（2 625 × 300）。如果 IO1501 - C - 2700 的价格为 25 点，交易者支付 25 点，或 25 × 100 元的期权费购买该期权，便享有按 2700 点或 2700 × 100 元的价格购买沪深 300 股票价格指数的权利（沪深 300 仿真期权合约的合约乘数为每点 100 元）。

第六，最小变动价位［Tick Size（Minimum Fluctuation）］，是指买卖双方在出价时，价格较上一成交价变动的最低值。上证 50 和沪深 300 仿真股指期权合约的最小变动价位分别为 0.2 点和 0.1 点；恒生指数期权的最小变动价位为 1 个整数点。依据最小变动价位，可以知道合约报价的尾数，如上证 50 仿真期权合约的价格尾数为小数点后一位，且一定是双数；恒生指数期权的尾数为整数。

第七，执行价格间距（Strike Price Intervals），是指相临两个执行价格的差。通常情况下，期权合约会规定执行价格间距的原则，而执行价格间距也是决定执行价格数量多少的重要指标。

上证 50ETF 期权，合约推出时交易所会挂出 5 个不同执行价格的期权。该期权 2015 年 2 月 9 日首次挂牌，依据 2 月 6 日上证 50ETF 的收盘价确定行权价格及间距。该日指数收盘价为 2.291 元，每个到期月份的期权，交易所推出 5 个不同执行价格，一个平值，两个实值，两个虚值，执行价格分别为 2.20 元、2.25 元、2.30 元、2.35 元和 2.40 元。

香港交易所股指期权执行价格间距依据执行价格高低不同而区别，恒生指数短期期权合约规定：执行价格低于 2000 点，间隔 50 点；2000 ~ 8000

点，间隔 100 点；8000 点或以上，间隔 200 点。长期期权合约规定：执行价格低于 4000 点，间隔 100 点；4000 ~ 8000 点，间隔 200 点；8000 ~ 12000 点，间隔 400 点；12000 ~ 15000 点，间隔 600 点；15000 ~ 19000 点，间隔 800 点；19000 点或以上，间隔 1000 点。

CME 集团上市的股指期权，执行价格间距依据执行价格与上一交易日标的期货合约结算价格的差的不同而有所区别。E-mini S&P 500 期权合约规定，如果价格在标的期货合约前日结算价的上下 50% 范围内时，价格间距设定为 25 点；如果价格在标的期货合约前日结算价的上下 20% 范围内时，价格间距设定为 10 点；对于近月合约和次近月合约，价格在标的期货合约前日结算价的上下 10% 范围内时，价格间距设定为 5 点。

所以，同一期权合约，剩余期限不同或针对标的资产价格波动情形的不同，执行价格间距可能不同；不同交易所或同一交易所不同的期权合约，执行价格的推出方式和给出数量不同；同一期权合约不同的执行价格段，执行价格的间距也会不同。

例如，上证 50ETF 期权上市首日，标的指数大幅上涨，合约标的价格发生变化。依据期权交易规则规定：合约标的价格发生变化，导致已挂牌合约中的虚值合约或者实值合约数量不足时，交易所于下一交易日依据行权价格间距，依序加挂新行权价格的合约。2 月 11 日，交易所 4 个不同到期月份的合约各加挂了 2. 45 元、2. 50 元两个执行价格的看涨和看跌期权，合计增加了 16 个合约。

沪深 300 和上证 50 股指期权仿真交易合约，执行价格间距均为：当月与下两个月合约行权价格间距为 50 点，平值期权合约上下各挂出 3 个合约；随后两个季月合约的行权价格间距为 100 点，平值期权合约上下各挂出 2 个合约。由此看出，近月合约执行价格间距较小，选择数量多于远月合约。

执行价格间距的大小意味着在某一时点交易所推出的某期权执行价格数量的多少，还决定了同一系列期权的可选择数量，从而决定了期权交易者的参与热情和期权合约的交易活跃程度。

全球交易量前几名的其他指数期权产品的行权价间距相对较小，而且行权价格范围较宽，如 S&P 500 指数期权近月合约行权价格间距为 5 点，远期合约为 25 点，远低于沪深 300 和上证 50 股指仿真期权合约和恒生指数期权

合约的行权价格间距。

第八，合约月份（Contract Months），是指期权合约的到期月份。期权合约在交易所停止交易以及期权买方行权的最后日期均在合约到期月份。

与期货合约的合约月份相似，在交易所上市的期权品种，交易所会推出一组到期月份不同的期权合约，当一个期权合约到期时，交易所会挂出新的合约。

例如，上证50ETF期权，合约月份分别为当月、下月和随后的两个季月。上市之初，交易所推出的合约月份有3月、4月、6月和9月。2015年3月期权合约，最后交易日和期权行权日均为2015年3月25日。

上证50和沪深300股指期权仿真交易合约的合约月份均为当月、下两个月及随后两个季月，共5个合约同时交易。

对于期货期权，通常情况下，期权合约的到期月与标的期货合约的到期月应该相同（连续期权合约除外）。

例如，S&P 500期货合约的合约月份为8个季月合约再加上3个12月合约，该标的的期权合约有4个季月合约和3个连续月份合约（Serial Months），如1月、2月、4月合约等。2014年12月24日，CME集团交易的S&P 500期货合约有2015年和2016年3月、6月、9月、12月共8个季月合约，以及2017年、2018年、2019年3个12月合约；期权合约有2015年3月、6月、9月、12月到期的4个季月合约和1月、2月、4月3个连续合约。与连续合约相对应，8个季月合约属于标准合约。

E-mini S&P 500期货合约的合约月份为5个季月合约，该标的的期权合约有5个季月合约和3个连续月份合约。2014年12月24日，CME集团的E-mini S&P 500期货合约有2015年3月、6月、9月、12月合约和2016年3月合约共5个季月合约；期权合约除有与期货合约到期月份相同的5个季月合约，还有2015年1月、2月、4月3个连续月份合约。与连续合约相对应，5个季月合约属于标准合约。

连续期权合约在执行时如果没有对应到期月份的标的期货合约，将以最近月份的期货合约为履约标的。例如，1月、2月的连续期权合约以3月的期货合约为行权标的，4月的连续期权合约以6月的期货合约为行权标的。

标准期权合约和连续期权合约的含义和特点：

1. 标准期权合约（Standard Option Contract）和连续期权合约［Monthly

(Serial) Option Contract]：在交易所上市的期权合约，与期货合约在交易所挂牌交易相同，当某月份的合约到期时，与该月份相同的下一年度或下一期到期的合约会上市交易，即交易所上市的大部分期权合约和期货合约在一年中的任何交易日都挂牌循环交易；但也有一部分合约只在临近交割月才上市交易。如果某期权品种存在以上两类合约，则前一类被称为标准期权合约，后一类被称为连续期权合约。

2. 连续期权合约的特点：①合约仅在临近交割月份推出，如 10 月到期的连续期权合约可能在 8 月推出。合约的交易时间比较短。②如果连续期权合约没有对应的标的期货合约，则以后面最近月份的期货合约作为履约合约。所以，连续期权合约与后面最近月份的标准期权合约拥有同一个标的期货合约。③不同标的物的期权合约，推出连续期权合约的规定不同。

第九，最后交易日（Last Trade Date），是指期权合约能够在交易所交易的最后日期，为合约月份的某一天。

对于期货期权，为了使期权执行后交易双方获得的标的期货合约头寸能够有较充分的交易时间，期权合约的最后交易日与相同月份的标的期货合约的最后交易日相同，或在期货合约最后交易日之前。

例如，CME 集团上市的大部分期权合约，最后交易日在标的期货合约的最后交易日之前。如 GBD/USD 期权合约的最后交易日为合约月份的第三个星期三往前数两个星期五；相同月份的期货合约最后交易日为合约月份的第三个星期三往前数两个交易日。所以，在最后交易日执行期权，期权多头至少有一周时间处理期货头寸，除非他们愿意持有标的物。

由于股指期货期权的标的是股指期货合约，股指期货采用现金交割，股指期货合约到期时，交易所根据股指期货交割结算价和标的股指价格的差价为交易者直接结算盈亏，所以期权合约和标的股指期货合约的最后交易日相同也不影响交易者行权后处理标的期货合约。因此，股指期权合约的最后交易日与标的股指期货合约的最后交易日可以相同。例如，E-mini S&P 500 期货合约和该标的期权合约的最后交易日均为合约月份的第三个星期五，而该交易所大部分其他产品的期货合约和期权合约的最后交易日不同。

第十，到期日（Expiration Date），是买方可以行使权利的最后期限，是期权合约特有的条款。

美式期权的买方在有效期内（含到期日）的任何交易日都可以行使期权，欧式期权的买方只能在到期日行使期权。所以，对美式期权，到期日为行权日的最后日期；对欧式期权，到期日即为行权日。

由于要给期权多头留出行权时间，所以，期权到期日可以和最后交易日为同一日，也可以不同。如果不同的话，到期日应该在最后交易日之后。对于现金结算的期权合约，最后交易日和到期日往往相同。

上证 50 和沪深 300 股指期权仿真交易合约、恒生指数期权合约的到期日和最后交易日为同一日。

第十一，有效期（Validity），是交易者自持有期权合约至期权到期日的期限。交易所挂牌交易的期权，自挂牌交易第一天起至合约到期，可以是几个月，也可以长达几年。

第十二，行权方式，合约条款中所要列明的行权方式是指对期权买方执行期权的时间限定。行权方式由期权是美式期权还是欧式期权决定。

该条款也可以通过执行程序（Exercise Procedure）等条款来规定。

第十三，交割方式，是指买方行权时买卖双方交割标的资产的方式。对于标的资产为股票价格指数的期权，采用现金结算方式结算标的股价指数；对于到期日执行的股指期货期权，也采用现金方式结算标的期货合约。

除以上所列出的主要条款外，期权合约还会列出交易时间、每日价格限制等条款。

二、合约示例

上证 50ETF 期权、上证 50 和沪深 300 股指期权和香港恒生指数期权期权合约表见表 2 -3、表 2 -4 和表 2 -5（相关资料来自各交易所网站）。

表 2 -3　　上证 50ETF 期权合约表

合约标的	上证 50 交易型开放式指数基金（“50ETF”）
合约类型	认购期权和认沽期权
合约单位	10 000 份
合约到期月份	当月、下月及随后两个季月
行权价格	5 个（1 个平值合约、2 个虚值合约、2 个实值合约）

续表1

行权价格间距	3元或以下为0.05元，3元至5元（含）为0.1元，5元至10元（含）为0.25元，10元至20元（含）为0.5元，20元至50元（含）为1元，50元至100元（含）为2.5元，100元以上为5元
行权方式	到期日行权（欧式）
交割方式	实物交割（业务规则另有规定的除外）
到期日	到期月份的第四个星期三（遇法定节假日顺延）
行权日	同合约到期日，行权指令提交时间为9：15—9：25，9：30—11：30，13：00—15：30
交收日	行权日次一交易日
交易时间	上午9：15—9：25，9：30—11：30（9：15—9：25为开盘集合竞价时间）
	下午13：00—15：00（14：57—15：00为收盘集合竞价时间）
委托类型	普通限价委托、市价剩余转限价委托、市价剩余撤销委托、全额即时限价委托、全额即时市价委托以及业务规则规定的其他委托类型
买卖类型	买入开仓、买入平仓、卖出开仓、卖出平仓、备兑开仓、备兑平仓以及业务规则规定的其他买卖类型
最小报价单位	0.0001元
申报单位	1张或其整数倍
涨跌幅限制	认购期权最大涨幅 = max｛合约标的前收盘价 ×0.5%，min［（2 × 合约标的前收盘价 - 行权价格），合约标的前收盘价］×10%｝
	认购期权最大跌幅 = 合约标的前收盘价 ×10%
	认沽期权最大涨幅 = max｛行权价格 ×0.5%，min［（2 × 行权价格 - 合约标的前收盘价），合约标的前收盘价］×10%｝
	认沽期权最大跌幅 = 合约标的前收盘价 ×10%
熔断机制	连续竞价期间，期权合约盘中交易价格较最近参考价格涨跌幅度达到或者超过50%且价格涨跌绝对值达到或者超过5个最小报价单位时，期权合约进入3分钟的集合竞价交易阶段

续表 2

开仓保证金	认购期权义务仓开仓保证金 = ［合约前结算价 + Max（12% ×合约标的前收盘价 - 认购期权虚值，7% ×合约标的前收盘价）］×合约单位
最低标准	认沽期权义务仓开仓保证金 = Min［合约前结算价 + Max（12% ×合约标的前收盘价 - 认沽期权虚值，7% ×行权价格），行权价格］×合约单位
维持保证金	认购期权义务仓维持保证金 = ［合约结算价 + Max（12% ×合约标的收盘价 - 认购期权虚值，7% ×合约标的收盘价）］×合约单位
最低标准	认沽期权义务仓维持保证金 = Min［合约结算价 + Max（12% ×合标的收盘价 - 认沽期权虚值，7% ×行权价格），行权价格］×合约单位

表 2-4　　上证 50 和沪深 300 股指期权仿真交易合约表

合约标的	上证 50 指数	沪深 300 指数
合约乘数	每点人民币 100 元	
合约类型	看涨期权、看跌期权	
报价单位	指数点	
最小变动价位	0.2 点	0.1 点
每日价格最大波动限制	上一交易日上证 50 指数收盘价的 ±10%	上一交易日沪深 300 指数收盘价的 ±10%
合约月份	当月、下两个月及随后两个季月	
行权价格间距	当月与下两个月合约为 50 点，季月合约为 100 点	
行权方式	欧式	

续表

交易时间	9：15—11：30，13：00—15：15
最后交易日 交易时间	9：15—11：30，13：00—15：00
最后交易日	合约到期月份的第三个星期五，遇国家法定假日顺延
到期日	同最后交易日
交割方式	现金交割
产品代码	HO
上市交易所	中国金融期货交易所

表 2－5　恒生指数期权合约表

项目	标准期权	自订条款指数期权
相关指数	恒生指数	
HKATS 代码	HSI	XHS
合约乘数	每指数点港币 50	
最低价格波幅	一个指数点	
合约月份	短期期权：－现月，下两个月及之后的三个季月	如何历月但不可超越现有最长可供买卖的期权合约月份
	长期期权：－之后五个六月及十二月合约月份	
行使方式	欧式	
期权金	以完整指数点报价	

续表 1

<table>
<tr><th>项目</th><th colspan="2">标准期权</th><th>自订条款指数期权</th></tr>
<tr><td rowspan="17">行使价</td><td colspan="2">短期期权：–</td><td rowspan="17">行使价须完整指数点及在提出要求当日即月恒生指数期货合约开市价的高低 30% 幅度范围内，或者要求合约月份及其他现有合约月份中最高与最低的行使价幅度内</td></tr>
<tr><td>指数点</td><td>行使价分隔</td></tr>
<tr><td>低于 2000 点</td><td>50</td></tr>
<tr><td>2000 点或以上但低于 8000 点</td><td>100</td></tr>
<tr><td>8000 点或以上</td><td>200</td></tr>
<tr><td></td><td></td></tr>
<tr><td colspan="2">长期期权：–</td></tr>
<tr><td>指数点</td><td>行使价分隔</td></tr>
<tr><td>低于 4000 点</td><td>100</td></tr>
<tr><td>4000 点或以上但低于 8000 点</td><td>200</td></tr>
<tr><td>8000 点或以上但低于 12000 点</td><td>400</td></tr>
<tr><td>12000 点或以上但低于 15000 点</td><td>600</td></tr>
<tr><td>15000 点或以上但低于 19000 点</td><td>800</td></tr>
<tr><td>19000 点或以上</td><td>1 000</td></tr>
<tr><td rowspan="3">交易时间</td><td colspan="3">上午 9 时 15 分至中午 12 时正及下午 1 时正至下午 4 时 15 分</td></tr>
<tr><td colspan="3">（到期合约月份在合约到期日收市时间为下午 4 时正）</td></tr>
<tr><td colspan="3">自定义条款指数期权合约于收市前 30 分钟内不接纳该合约的有关建立要求</td></tr>
<tr><td>合约到期日</td><td colspan="3">该月最后第二个营业日</td></tr>
</table>

续表 2

项目	标准期权	自订条款指数期权
最后结算价	在到期日当天下列时间所报指数点的平均数为依归，下调至最接近的整数指数点：(i) 联交所持续交易时段开始后的 5 分钟起直至持续交易时段完结前的 5 分钟止期间每隔 5 分钟所报的指数点；(ii) 联交所收市时。	
交易费用	港币 10.00 元	
证监会征费	港币 0.54 元	
佣金	商议	

第三章
期权价格及影响因素

本章主要介绍期权的价格构成——时间价值和内涵价值的计算、取值范围和特点；实值、虚值、平值期权的含义和特点；期权价格范围和特点；看涨和看跌期权的价格关系；美式期权是否应该提前行权；标的资产价格、执行价格、期权到期时间、无风险利率和标的资产支付收益对期权价格的影响。

第一节　期权价格及相关要素

一、期权权利金、内在价值和时间价值

（一）权利金的含义和构成

期权的权利金即期权的价格，是期权买方为取得期权合约所赋予的权利而支付给卖方的费用。

期权的权利金由内在价值和时间价值组成。

（二）内在价值和时间价值

1. 期权的内在价值。期权的内在价值，又称内涵价值，是指在不考虑交易费用和期权费的情况下，期权多头立刻执行期权所能获取的收益。如果收益大于0，则期权具有内在价值；如果收益小于等于0，则期权不具有内在价值，内在价值等于0。

内在价值由期权的执行价格与标的物市场价格的关系决定。内在价值的计算如下：

看涨期权的内在价值 = 标的物的市场价格 - 执行价格

看跌期权的内在价值 = 执行价格 - 标的物的市场价格

如果计算结果小于等于0，则内在价值等于0。所以，期权的内在价值总是大于等于0。

【例3-1】 2014年12月25日，2015年3月E-mini S&P 500股指期货的价格为2081.25点，执行价格为2055点的该标的看涨期权和看跌期权的内在价值分别为：

看涨期权的内在价值 = 2081.25 - 2055 = 26.25（点）

看跌期权的内在价值 = 2055 - 2081.25 = -26.25（点）

由于看跌期权和内在价值计算结果小于0，所以其内在价值等于0。

2. 期权的时间价值。期权的时间价值（Time Value），又称外涵价值，是指在权利金中扣除内在价值的剩余部分，它是期权有效期内标的物市场价格波动为期权持有者带来收益的可能性所隐含的价值。

标的物市场价格的波动率越高，期权的时间价值就越大。

时间价值 = 权利金 - 内在价值

【例3-2】 2014年12月25日，执行价格为2055点的2015年3月E-mini S&P 500看涨期权和看跌期权的价格分别为71.25点和47.5点。

依据例3-1计算结果，该执行价格的看涨和看跌期权的内在价值分别为26.25点和0。

看涨期权的时间价值 = 71.25 - 26.25 = 45（点）

看跌期权的时间价值 = 期权价格 = 47.5（点）

二、实值期权、虚值期权和平值期权

（一）实值期权、虚值期权和平值期权的含义

根据内在价值计算结果的不同，可将期权分为实值期权、虚值期权和平值期权。

1. 实值期权。实值期权，也称期权处于实值状态，是指内在价值计算值大于0的期权。在不考虑期权费用和其他交易成本的情况下，立刻执行期权可以获得正的行权收益，行权收益等于期权的内在价值。

实值看涨期权的执行价格低于其标的物的市场价格；实值看跌期权的执行价格高于其标的物的市场价格。

当看涨期权的执行价格远远低于其标的物市场价格、看跌期权的执行价格远远高于其标的物的市场价格时，期权被称为深度或极度实值期权。

【例3-3】 根据例3-1数据，看涨期权内在价值=26.25点，为实值期权。如果多头行权，支付执行价格2055点买入期货合约，并将期货合约立刻卖出，则：

行权收益=2081.25-2055=26.25（点）

由此可见，在不考虑期权费和其他交易成本的情况下，该实值期权的行权收益等于期权的内在价值。

2. 虚值期权。虚值期权，也称期权处于虚值状态，是指内在价值计算值小于0的期权，由于内在价值计算结果小于0，所以虚值期权的内在价值等于0。在不考虑期权费用和其他交易成本的情况下，立刻执行期权将产生亏损，且亏损值等于期权内在价值计算结果。因此，虚值期权多头不应该行权。

虚值看涨期权的执行价格高于其标的物的市场价格；虚值看跌期权的执行价格低于其标的物的市场价格。

当看涨期权的执行价格远远高于其标的资产的市场价格，看跌期权的执行价格远远低于其标的资产的市场价格时，期权被称为深度或极度虚值期权。

【例3-4】 根据例3-1数据，看跌期权内在价值计算结果等于-26.25点，为虚值期权。如果多头行权，先在期货市场以2081.25点买进期货合约，然后行权按执行价格2055点将期货合约卖出，势必产生亏损，且亏损值等于期权内在价值的计算结果。如果考虑期权费用和其他交易成本，亏损

更大。

3. 平值期权。平值期权，也称期权处于平值状态，是指内在价值计算结果和内在价值均等于0的期权。在不考虑期权费用和其他交易成本的情况下，立刻执行期权损益为0。因此，平值期权多头也不应该行权。

平值期权的执行价格等于其标的物的市场价格。

实值、虚值、平值期权执行价格和标的物市场价格的关系见表3-1。

表3-1　实值、虚值、平值期权执行价格和标的物市场价格的关系

	看涨期权（内在价值=标的物市场价格-执行价格）	看跌期权（内在价值=执行价格-标的物市场价格）	内在价值
实值期权	标的物的市场价格 > 执行价格	执行价格 > 标的物的市场价格	大于0
虚值期权	标的物的市场价格 < 执行价格	执行价格 < 标的物的市场价格	等于0
平值期权	执行价格 = 标的物的市场价格	执行价格 = 标的物的市场价格	等于0

如果某个看涨期权处于实值状态，执行价格和标的物相同的看跌期权一定处于虚值状态；反之亦然。例3-1中，看涨和看跌期权内在价值的计算结果分别为26.25点和-26.25点，即看涨期权为实值期权，看跌期权为虚值期权。

（二）实值、虚值、平值期权时间价值比较

第一，平值期权的时间价值最大。期权处于平值状态时，标的资产市场价格的变动最有可能使期权增加内在价值，人们也才最愿意为买入这种期权而付出代价，所以此时的时间价值应该最大。任何执行价格与标的资产市场价格的偏离都将减少这一价值。即：期权实值或虚值程度越深，时间价值越小。

例如，某股票期权，执行价格为100元，标的资产价格分别为99.99元、99.9999元、100.00元、100.0001元、100.01元时，用Black-Scholes期权定价模型计算的看涨和看跌期权的时间价值见表3-2，计算时所用到的年波动率、无风险利率和期权剩余期限分别为25.0%、4.0%和1年。

表 3-2　期权时间价值和标的资产价格与执行价格的关系　（单位：点）

标的资产价格	99.98	99.99	99.9999	100.00	100.0001	100.01	100.02
看涨期权时间价值	3.8 248	2.8 309	1.8 371	11.8 371	11.8 371	11.8 332	11.8 293
看跌期权时间价值	7.90 372	7.90 984	7.91 596	7.91 602	7.91 598	7.91 210	7.90 823

表 3-2 可见，标的资产价格等于执行价格的平值期权时间价值最大。

图 3-1（a）和 3-1（b）分别为依据 2014 年 12 月 25 日，2015 年 3 月到期的 E-mini S&P 500 股指期货收盘价（2081.25 点）和一系列不同执行价格看涨和看跌期权价格计算的看涨期权和看跌期权的时间价值。

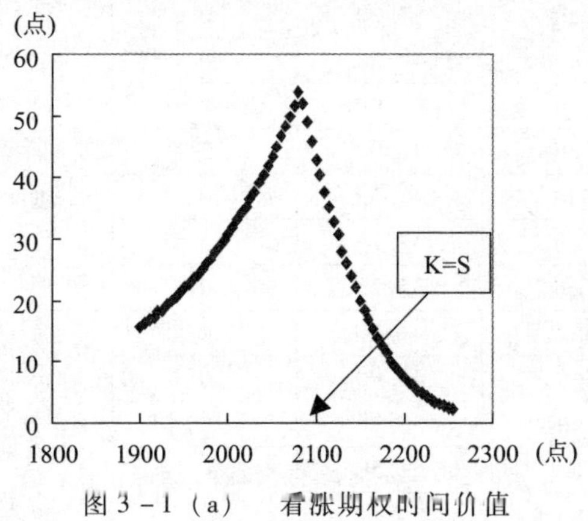

图 3-1（a）　看涨期权时间价值

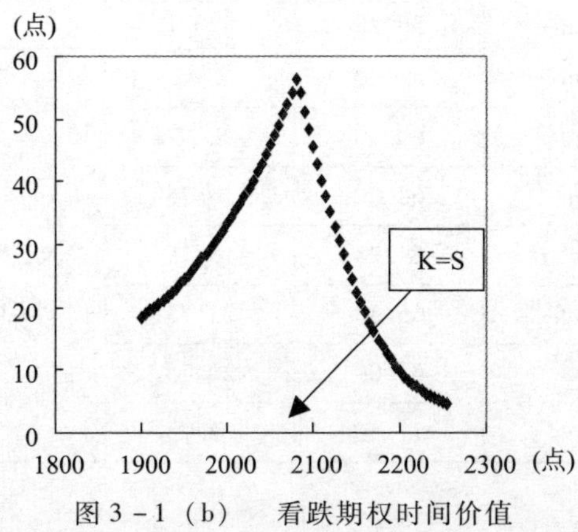

图 3-1（b）　看跌期权时间价值

表3－3为2014年12月25日，2015年3月到期的执行价格为2055点至2115点的E-mini S&P 500股指看涨期权和看跌期权的期权价格、内在价值和时间价值。

表3－3　期权时间价值和内在价值　（单位：点）

执行价格	期权类型	期权价格	内在价值	期权状态	时间价值
2 055	Call	71.25	26.25	实值看涨期权	45.00
2 060	Call	68.00	21.25		46.75
2 065	Call	64.50	16.25		48.25
2 070	Call	61.25	11.25		50.00
2 075	Call	58.00	6.25		51.75
2 080	Call	55.00	1.25		53.75
2 085	Call	52.00	0	虚值看涨期权	52.00
2 090	Call	49.00	0		49.00
2 095	Call	46.00	0		46.00
2 100	Call	43.00	0		43.00
2 105	Call	40.50	0		40.50
2 110	Call	37.75	0		37.75
2 115	Call	35.25	0		35.25
2 055	Put	47.50	0	虚值看跌期权	47.50
2 060	Put	49.00	0		49.00
2 065	Put	50.75	0		50.75
2 070	Put	52.50	0		52.50
2 075	Put	54.25	0		54.25
2 080	Put	56.25	0		56.25
2 085	Put	58.00	3.75	实值看跌期权	54.25
2 090	Put	60.00	8.75		51.25
2 095	Put	62.00	13.75		48.25
2 100	Put	64.25	18.75		45.50
2 105	Put	66.50	23.75		42.75
2 110	Put	69.00	28.75		40.25
2 115	Put	71.50	33.75		37.75

由图3－1和表3－2可见，执行价格为2080点的期权最接近平值，看涨期权和看跌期权的时间价值分别为53.75点和56.25点，在该日全部期权中时间价值最高。而且，执行价格离2080点越远，期权的时间价值越小。

用Black－Scholes期权定价模型得到的结果和期权的实际市场数据均证明，平值期权的时间价值最大。

期权时间价值还具有如下特点：

第一，平值期权和虚值期权的时间价值总是大于等于0。由于平值和虚值期权的内在价值等于0，而期权的价值不能为负，所以平值期权和虚值期权的时间价值总是大于等于0。

第二，美式期权的时间价值总是大于等于0。对于实值美式期权，由于美式期权在有效期的正常交易时间内可以随时行权，如果期权的权利金低于其内在价值，在不考虑交易费用的情况下，买方立即行权便可获利。因此，在不考虑交易费用的情况下，权利金与内在价值的差总是大于0，或者说，处于实值状态的美式期权的时间价值总是大于等于0。

由于平值期权和虚值期权的时间价值也大于0，所以，美式期权的时间价值均大于等于0。

第三，实值欧式看跌期权的时间价值可能小于0。欧式期权由于只能在期权到期时行权，所以在有效期的正常交易时间内，当期权的权利金低于内在价值时，即处于实值状态的欧式期权具有负的时间价值时，买方并不能立即行权而获利。因此，处于实值状态的欧式期权的时间价值可能小于0。

根据对期权价格上下限的分析，标的资产不支付收益的欧式期权价格下限为 $P \geqslant Ke^{-r(T-t)} - S$。因为实值看跌期权的内在价值 $= K - S > Ke^{-r(T-t)} - S$，当 $P = Ke^{-r(T-t)} - S$ 时，$K - S > P$，即期权的内在价值高于期权价格，时间价值小于0。由此可见，标的资产不支付收益的欧式看跌期权的时间价值可能小于0。

特别是，标的资产价格估值非常低（远低于其理论价格）的深度实值欧式看跌期权，标的资产价格进一步下跌的难度较大，期权时间价值小于0的可能性更大。

表3－4为利用Black－Scholes期权定价模型为股指欧式看跌期权的定价结果。定价中用到的相关数据为：标的指数为2081.25点，期权剩余期限

为 3 个月，标的资产价格年波动率 $\sigma = 25\%$，无风险利率 $r = 4\%$。

表 3－4　　欧式看跌期权价格数据　　（单位：点）

执行价格	2 480	2 420	2 400	2 320	2 140	2 080	2 060	2 000	1 940	1 780
期权价格	386.32	332.82	315.48	249.13	124.44	92.57	83.15	58.55	39.29	10.19
内在价值	398.75	338.75	318.75	238.75	58.75	－1.25	0.00	0.00	0.00	0.00
时间价值	－12.43	－5.93	－3.27	10.38	65.69	93.82	83.15	58.55	39.29	10.19

表中数据可见，Black－Scholes 期权定价模型计算的实值欧式看跌期权的时间价值存在小于 0 的情况。

标的股票支付股息的欧式看跌期权的价格下限为 $P \geqslant Ke^{-r(T-t)} - S + D$。当 $P = Ke^{-r(T-t)} - S + D$ 时，如果 $D < K - Ke^{-r(T-t)}$，$Ke^{-r(T-t)} - S + D < K - S$，期权价格小于内在价值，时间价值为负。因此，标的股票支付股息的欧式看跌期权，当 D 较小时，也存在时间价值小于 0 的可能。

根据对期权价格上下限的研究，对于欧式看涨期权，标的资产不支付收益的期权价格下限为 $c \geqslant S - Ke^{-r(T-t)}$，而 $S - Ke^{-r(T-t)} > S - K$，表明期权的价格总是大于内在价值，时间价值总是大于 0；标的股票支付股息的欧式看涨期权的价格下限为 $c \geqslant S - Ke^{-r(T-t)} - D$，当 $c = S - Ke^{-r(T-t)} - D$ 时，如果 $D > K - Ke^{-r(T-t)}$，则 $S - Ke^{-r(T-t)} - D < S - K$，期权价格小于内在价值，时间价值小于 0。

综上分析，实值欧式看跌期权的时间价值可能小于 0；标的股票支付股息的实值欧式看涨期权，当收益较高时，时间价值也存在小于 0 的可能。

第二节 期权价格范围

本节在分析期权特点和性质的基础上，对期权价格进行估计，得出期权价格的合理范围，即期权价格的上下限。如果市场价格超出最高上限或低于最低下限，便出现套利机会。

但本部分探讨的期权价格取值范围，是在不考虑交易成本的情况下得到的。实际交易中，期权的市场价格如果超过价格上限加上交易成本，或低于价格下限减去交易成本，便存在套利机会。不同类型的期权，如看涨期权或看跌期权、美式期权或欧式期权，期权价格上下限不同。

此外，在期权有效期内标的资产是否支付收益也会影响期权价格上下限。标的资产支付收益的情况包括股票股息、债券利息和基金分红等。

债券交易通常采用净价报价，全价结算，即债券的市场价格不含有应计利息（最近一次利息支付日至交易日时间段的利息），结算时买方向卖方支付债券的应计利息。所以债券付息不影响债券价格，也不影响以债券为标的的期权价格。因此，对债券类期权价格上下限的分析，不考虑债券付息情况。

如果上市公司承诺未来支付股息，则股票市场价格中应该包含预计支付的股息，上市公司分红会影响股票价格，也会影响相关股票价格指数。但对于标的资产为股票价格指数和股指期货合约的期权，标的资产持有人并不能获得上市公司分红，因此对相关期权价格上下限的分析也不考虑标的股票分红的影响。由于 ETF 基金也涉及分红，所以分析期权价格时应考虑红利的影响。

所以，标的资产支付收益对期权价格上下限的影响只涉及股票期权，包括单只股票期权和 ETF 期权，对股指期权的价格分析均为标的资产不支付收益的情形。

一、期权价格上限

（一）看涨期权的价格上限

1. 标的资产不支付收益的情形。在期权有效期内，如果预期标的资产不支付收益，美式看涨期权多头不应该提前行权（分析证明见下节），美式期权的价格与欧式期权的价格应该相等。

交易者直接购买标的资产，其最大损失为购买标的资产的费用。交易者购买看涨期权，只是取得按执行价格购买标的资产的权利。当期权价格高于标的资产的市场价格时，交易者不如直接购买标的资产。

因此，看涨期权的价格不应该超过标的资产的市场价格。即：

看涨期权的价格上限为：$C = c \leqslant S_0$ (3－1)

式中：C、c 分别为美式和欧式看涨期权的市场价格（美式为大写、欧式为小写）；S_0为建仓时标的资产的市场价格。

2. 标的资产支付收益的情形。对于单只股票期权和 ETF 期权，假设标的资产在期权有效期内支付收益的现值为 D。

欧式期权多头只能在期权到期日行权，即一定在标的资产支付收益后行权。

如果交易者以 S_0购买标的资产并在期权有效期内一直持有，则购买标的资产的成本减至 $S_0 - D$，看涨期权的价格不应该超过购买标的资产的成本。

所以，欧式看涨期权的价格上限为：$c \leqslant S_0 - D$ (3－2)

公式（3－2）显示，标的资产支付收益，可使看涨期权的价值降低。

如果期权有效期内标的资产支付收益，则美式看涨期权多头有可能提前行权（分析证明见下节），美式看涨期权多头的机会大于欧式看涨期权多头。因此，美式期权的价格不应该低于欧式期权的价格，即：$C \geqslant c$。

（二）看跌期权的价格上限

1. 标的资产不支付收益的情形。交易者购买看跌期权，便取得了按执行价格出售标的资产的权利；同时表明，交易者通过持有看跌期权多头出售标的资产，最高售价为执行价格，所以，看跌期权的价格不应该超过执行价格。

因此，看跌期权的价格上限为：$P \leqslant K$ (3－3)

由于欧式期权多头只能在到期时行权，即只有在到期时才能得到执行价格，所以，公式（3－3）为美式看跌期权的价格上限，欧式看跌期权的价格不应该高于执行价格贴现至交易日时的现值（考虑连续复利形式）。

因此，欧式看跌期权的价格上限为：$p \leqslant Ke^{-r(T-t)}$ (3－4)

式中：P、p 分别为美式和欧式看跌期权的市场价格（美式为大写、欧式为小写）；K 为期权的执行价格；r 为无风险利率；$T - t$ 为交易日 t 至期权到期日 T 的期限，即期权的剩余期限。

2. 标的资产支付收益的情形。依据公式（3－4）可知，不支付收益的

欧式看跌期权的最高价值为执行价格的现值。对于股票期权，如果标的资产支付收益的话，持有看跌期权同时持有标的股票或 ETF 基金，还可以得到标的股票或基金的红利。

因此，标的资产支付收益的欧式看跌期权的价格上限为：

$$p \leqslant Ke^{-r(T-t)} + D \tag{3-5}$$

公式（3－5）显示，标的资产支付收益可提升看跌期权的价值。

同样，美式看跌期权的价格不应该低于欧式看跌期权的价格，即：

$$P \geqslant p$$

二、期权价格下限

（一）看涨期权的价格下限

首先，期权的价格不会小于0，然后分析下面的情形。

1. 标的资产不支付收益的情形。对于标的资产不支付收益的看涨期权，美式期权不会提前行权，所以美式期权的价值与欧式期权的价值应该相等。

分析以下组合：

组合 A：一张执行价格为 K、标的资产为一张股指期货合约的欧式看涨期权多头和金额为 $Ke^{-r(T-t)}$ 的现金。

组合 B：一张价值为 S_0 的标的股指期货合约。

将组合 A 的现金 $Ke^{-r(T-t)}$ 以无风险利率投资，至期权到期日，现金的价值变为 K，标的股指期货合约的价格为 S_T。

期权到期时，如果 $S_T > K$，执行看涨期权，支付 K 得到标的股指期货合约或标的股指期货交割结算价 S_T，组合 A 的价值等于组合 B 的价值。

如果 $S_T \leqslant K$，看涨期权不被执行，组合 A 的价值为 K，大于等于组合 B 的价值。

由此可见，期权到期时，组合 A 的价值总是大于等于组合 B 的价值，期初也应该如此。

因此有：$c + Ke^{-r(T-t)} \geqslant S_0$，或 $c \geqslant S_0 - Ke^{-r(T-t)}$。

如果 $S_0 - Ke^{-r(T-t)} < 0$，则 $c \geqslant 0$。

以上分析可得看涨期权的价格下限，为：

$$C = c \geqslant \max\ \{S_0 - Ke^{-r(T-t)},\ 0\} \tag{3-6}$$

【例 3 -5】2015 年 2 月 16 日，上证 50ETF 的收盘价为 2. 394 元，如果年无风险利率为 4%，该日收盘时，510 050C1 503M02 500 合约的价格下限为多少？

上证 50ETF 期权为欧式期权，2015 年 3 月到期的期权合约的最后交易日、到期日和行权日为 2015 年 3 月 25 日。3 月合约剩余期限为 37 天，T - t = 37/365（年），该看涨期权的价格下限为：

$S_0 - Ke^{-r(T-t)} = 2.394 - 2.5 \times e^{-4\% \times 37/365} = -0.0959$

所以该看涨期权的价格下限为 0，即 $c \geqslant 0$。

2. 标的资产支付收益的情形。对于欧式期权，由于期权多头只能在期权到期日行权，如果在期权有效期内标的资产支付收益，持有人一定可以得到支付的收益，假设每份资产收益的现值为 D。

首先分析欧式期权的价格下限，考虑以下组合：

组合 A：一张在 T 时刻到期（距当前时间 $T-t$）、执行价格为 K、标的资产为一手股票的看涨期权多头和金额为 $N(D + Ke^{r(T-t)})$ 的现金。将现金进行无风险投资，投资收益率为年利率 r（连续复利形式），在期权到期时，现金的本利和为 $N(De^{r(T-t)} + K)$。

组合 B：一手价值为 $N \cdot S_0$ 的组合 A 中看涨期权的标的股票。

其中，N 为一手股票的股数，假设期权的合约规模等于 1 手股票数。

期权到期时，组合 B 的价值为 $N(S_T + De^{r(T-t)})$

对于组合 A，如果 $S_T > K$，执行看涨期权，支付 $N \cdot K$ 得到一手价值为 $N \cdot S_T$ 的股票，组合 A 的价值为 $N(S_T + De^{r(T-t)})$，等于组合 B 的价值；如果 $S_T \leqslant K$，放弃执行看涨期权，组合 A 的价值为 $N(K + De^{r(T-t)})$，大于等于组合 B 的价值。

由此可见，组合 A 的期末价值总是大于等于组合 B 的价值。

因此有：$c + D + Ke^{-r(T-t)} \geqslant S_0$，或 $c \geqslant S_0 - Ke^{-r(T-t)} - D$

如果 $S_0 - Ke^{-r(T-t)} - D < 0$，则 $c \geqslant 0$

由此得欧式看涨期权的价格下限，为：

$$c \geqslant \max\{S_0 - Ke^{-r(T-t)} - D, 0\} \tag{3-7}$$

同样的，美式看涨期权价格不应低于欧式看涨期权的价格。即 $C \geqslant c$。

【例 3 -6】招商银行 2015 年 3 月 19 日公布了 2014 年的利润分配预案，

为10派6.7元（含税），该银行每年利润分配时间为下年的6月初或7月初，利润预案通常都会被股东大会通过，所以，利润分配预案公布后便意味着该公司会在6月初或7月初支付股息，对该标的的期权，即该银行H股的看涨和看跌期权的价格上下限会产生影响。预案公布时香港交易所上市交易的该股票期权有3月、4月、5月、6月、9月、12月和下年的3月合约。在合约有效期内，3月、4月、5月合约标的股票持有人得不到股息，所以股票分红不影响3月、4月、5月到期合约的定价，在对6月、9月、12月和下年3月合约进行定价时，需考虑标的股票分红的影响。

（二）看跌期权的价格下限

1. 标的资产不支付收益的情形。某交易者按市场价格 S_0 买入标的资产，同时买入该标的执行价格为 K 的看跌期权，并立刻将标的资产卖出。在不考虑交易费用的情况下，交易者损益为 $K-S_0-P$。该损益不应该大于0，否则存在套利机会（不考虑交易成本）；如果损益小于0，交易者以当前价格买进看跌期权会有一定亏损，但交易者看空标的资产后市。如果标的资产价格下跌，期权的价格将上涨，交易者会有获利机会。因此，损益小于等于0成立，即 $K-S_0-P\leqslant 0$。

所以，美式看跌期权的价格下限为：$P\geqslant max\ \{K-S_0,\ 0\}$　　(3-8)

由于欧式看跌期权只能在到期时行权，所以公式（3-8）中的执行价格应为执行价格的现值。

由此可得欧式看跌期权的价格下限：$p\geqslant max\ \{Ke^{-r(T-t)}-S_0,\ 0\}$

(3-9)

证明公式（3-9），分析以下组合：

组合A：一张执行价格为K的欧式股指期货看跌期权多头和一张价值为 S_0 的标的期货合约。

组合B：金额为 $Ke^{-r(T-t)}$ 的现金。

期权到期时：

如果 $S_T\geqslant K$，看跌期权不被执行，组合A的价值为 S_T，大于等于组合B的价值。

如果 $S_T<K$，执行看跌期权，以执行价格将标的股指期货合约卖出，组

合 A 的价值等于 K，等于组合 B 的价值。

由此可见，组合 A 的期末价值总是大于等于组合 B 的价值。

所以有：$p+S_0 \geqslant Ke^{-r(T-t)}$，$p \geqslant Ke^{-r(T-t)}-S_0$

如果 $Ke^{-r(T-t)}-S_0<0$，则 $p \geqslant 0$

由此证明公式（3－9）成立。

2. 标的资产支付收益的情形。首先分析欧式看跌期权的价格下限，考虑以下组合：

组合 A：一手价值为 $N \cdot S_0$ 的股票和一张执行价格为 K 的该股票看跌期权多头。

组合 B：金额为 $N(D+Ke^{-r(T-t)})$ 的现金。

其中，N、D 以及期权合约规模与之前相关策略中的假设相同，且之后有相同情形时不再进行相关说明。

期权到期时，组合 B 中的现金价值为 $N(K+De^{r(T-t)})$。

对于组合 A，在持有股票期间可获得每股现值为 D 的股息，并将获得的股息 $N \cdot D$ 以无风险利率进行投资，至期权到期时投资本利和为 $N \cdot De^{r(T-t)}$。

期权到期时，如果 $S_T \geqslant K$，看跌期权不被执行，组合 A 价值为 $N(S_T+De^{r(T-t)})$，大于等于组合 B 的价值；如果 $S_T<K$，执行看跌期权，得到售价 $N \cdot K$，组合价值为 $N(De^{r(T-t)}+K)$，等于组合 B 的价值。

由此可见，组合 A 的价值总是大于等于组合 B 的价值。

所以有：$p+S_0 \geqslant D+Ke^{-r(T-t)}$，如果 $D+Ke^{-r(T-t)}-S_0<0$，则 $p \geqslant 0$。

由此得欧式看跌期权的价格下限：

$$p \geqslant max\ \{D+Ke^{-r(T-t)}-S_0,\ 0\} \qquad (3-10)$$

同样，美式看跌期权价格不会低于欧式看跌期权价格，即：P≥p。

【例 3－7】 依据 2015 年 2 月 16 日的数据，计算 510050P1503M02500 合约的价格下限。

ETF 期权不涉及标的资产分红，所以对该看跌期权的定价公式应依据公式（3－9），价格下限计算为：

$$p \geqslant Ke^{-r(T-t)}-S_0=2.5 \times e^{-4\% \times 37/365}-2.394=0.0959\ (元)$$

第三节
看涨期权和看跌期权的价格关系

一、欧式看涨期权和看跌期权的平价关系

（一）标的资产不支付收益的情形

分析以下组合：

组合 A：执行价格为 K、标的资产为一张股指期货合约的欧式看跌期权多头和一张价值为 S_0 的标的股指期货合约。

组合 B：一张执行价格、到期时间和标的资产与看跌期权均相同的欧式看涨期权多头和金额为 $Ke^{-r(T-t)}$ 的现金。

期权到期时，如果 $S_T \geqslant K$，看跌期权不被执行，组合 A 的价值为 S_T；执行看涨期权，支付 K 得到标的股指期货交割结算价 S_T，组合 A 的价值等于组合 B 的价值。

如果 $S_T < K$，执行看跌期权，以执行价格将标的期货合约卖出，组合 A 的价值为 K；放弃执行看涨期权，组合 B 的价值也为 K。

由此可见，组合 A 的期末价值总是等于组合 B 的价值。

因此有：$c + Ke^{-r(T-t)} = p + S_0$ 或 $c - p = S_0 - Ke^{-r(T-t)}$

$$c = p + S_0 - Ke^{-r(T-t)}$$

$$p = c + Ke^{-r(T-t)} - S_0 \quad (3-11)$$

由于 $S_0 - K < S_0 - Ke^{-r(T-t)}$，所以 $c - p > S_0 - K$。对于平值期权，$S_0 - K = 0$。因此，标的资产不支付收益时，平值欧式看涨期权的价格应该高于看跌期权的价格。

公式（3-11）即为预期标的资产不支付收益时，具有相同执行价格和到期时间的欧式看涨和看跌期权的平价关系，或欧式看涨和看跌期权的价差关系。

根据公式（3-11）看涨与看跌期权平价关系，可以得到以下结论：

①一个看涨期权多头和一定数量（$Ke^{-r(T-t)}$）的现金资产，等价于一个看跌期权多头和标的资产多头构成的组合；

②一个看涨期权多头和一个看跌期权空头构成的组合，等价于标的资产多头和一定数量的现金资产（空头）；

③一个看涨期权多头等价于一个看跌期权多头和标的资产多头以及一定数量现金资产（空头）构成的组合；

④一个看跌期权多头等价于一个看涨期权多头和标的资产空头以及一定数量的现金资产构成的组合。

如果看涨与看跌期权的价格关系与 $S_0-Ke^{-r(T-t)}$ 不等价，则可根据以上等价关系构建套利策略。

【例 3－8】 利用例 3－6、例 3－7 的计算结果，依据 510050C1503M02500 合约和 510050P1503M02500 合约的价格关系，设计套利策略。

$S_0-Ke^{-r(T-t)}=-0.0959$（元），或 $Ke^{-r(T-t)}-S_0=0.0959=P-C=0.0959$（元），即看跌与看涨期权的理论价差为 0.0959 元。

该日以上两期权的价格分别为 0.0294 元和 0.1345 元。

$P-C=0.1345-0.0294=0.1051$（元）

看跌与看涨期权的实际价差大于理论价差，存在套利机会。

根据看涨与看跌期权平价关系，$P-C=Ke^{-r(T-t)}-S_0$，而市场实际情况是 $P-C>Ke^{-r(T-t)}-S_0$，或 $P-C+S_0-Ke^{-r(T-t)}>0$。所以，如果建仓时卖出看跌期权和标的资产，同时买进看涨期权，一定有大于 $Ke^{-r(T-t)}$ 的现金流，将现金流以无风险利率投资，期权到期时，该组合的收益必然大于 0，即通过构建以上策略可获得无风险收益。

即当 $P-C>Ke^{-r(T-t)}-S_0$ 时，构建一个由看跌期权空头和标的资产空头、看涨期权多头和一定数量现金资产构成的组合，该组合在期权到期时可以获得无风险套利收益。

建仓时：卖空标的基金（不考虑卖空需缴纳的保证金和融券成本），每份基金得到 2.394 元，一张期权对应的基金规模为 10 000 份，所以需卖空 10 000 份及 10 000 份的整数倍，本例用对应 1 份标的基金的期权进行分析；同时卖出看跌期权，得到 0.1345 元；买进看涨期权，支付 0.0294 元。卖出看跌期权有标的基金空头担保，不需要缴纳保证金。上海证券交易所目前只对看涨期权空头与标的基金多头的组合，即对卖出看涨期权备兑开仓的，不要求看涨期权空头缴纳保证金，而对看跌期权空头与标的基金空头构成的组合，对看跌期权空头仍要求缴纳保证金。

建仓时现金流入 =2.394 +0.1345 −0.0294 =2.4991（元）

而 $Ke^{-r(T-t)}=2.4899$（元），将现金流 2.4991 元以 4% 的无风险利率投资 37 天至期权到期。

37 天后，2015 年 3 月 25 日期权到期，则：

现金投资的本利和 $=2.4991\times e^{-r(T-t)}=2.5093$（元）

由于建仓时现金资产 2.4991 大于 $Ke^{-r(T-t)}$，所以现金流到期本利和为 2.5093 元，大于执行价格，高出部分等于无风险套利收益，高出越多，该策略的无风险套利收益越高。

如果标的基金价格在 2.5 元以上，看跌期权作废，交易者执行看涨期权，行权以 2.5 元买进标的基金，将标的基金空头持仓平仓，资金剩余 0.0093 元。

如果标的基金价格低于 2.5 元，看涨期权作废，看跌期权空头被指定履约时，交易者以 2.5 元买进标的基金，并将持有的标的基金空头平仓，剩余资金 0.0093 元。

当标的基金价格等于 2.5 元时，看涨期权和看跌期权均作废，交易者在市场上按 2.5 元买进标的基金将所持空头平仓，剩余资金 0.0093 元。

所以，在不投入任何资金的情况下，期权到期时，无论标的基金价格涨跌，交易者均可获得 0.0093 元无风险套利收益。

【例 3 −9】 利用例 3 −6 的市场数据，分析 510050C1503M02400 合约和 510050P1503M02400 合约的价格关系，并与市场价格进行比较，如果存在套利机会，设计套利策略并与例 3 −8 的套利结果进行比较。

$S_0-Ke^{-r(T-t)}=0.00372$（元），所以，理论上，$C-P=0.00372$（元）

当日两期权的价格分别为 0.0659 元和 0.073 元，$C-P=-0.0071$（元），由于看涨期权与看跌期权价差与理论不符，所以存在套利机会。

理论上，$P-C=Ke^{-r(T-t)}-S_0=-0.00372$（元），而市场情况是 $P-C=0.0071$（元），$P-C>Ke^{-r(T-t)}-S_0$，所以构建的套利策略应该与例 3 −8 相同。

卖空标的基金，获得 2.394 元；同时卖出看跌期权，获得 0.073 元；买进看涨期权，支付 0.0659 元。

现金流入 = 2.394 + 0.073 − 0.0695 = 2.3975（元）

现金流入大于 $Ke^{-r(T-t)}$ = 2.3903 元，将 2.3975 元初始资金以 4% 的无风险利率投资至期权到期日。

2015 年 3 月 25 日期权到期时，现金资产 = 2.3975 × $e^{-r(T-t)}$ = 2.4072 元。由于建仓时现金资产大于 $Ke^{-r(T-t)}$，所以，现金的到期本利和 2.4072 元大于执行价格，高出部分即为该策略的无风险套利收益。

如果标的基金价格在 2.4 元以上，看跌期权作废，交易者执行看涨期权，行权以 2.4 元买进标的基金，将标的基金空头持仓平仓，资金剩余 0.0072 元。

如果标的基金价格低于 2.4 元，看涨期权作废，看跌期权空头被指定履约时，交易者以 2.4 元买进标的基金，并将持有的标的基金空头平仓，剩余资金 0.0072 元。

当标的基金的价格等于 2.4 元时，看涨期权和看跌期权均作废，交易者在市场上按 2.4 元买进标的基金将所持空头平仓，剩余资金 0.0072 元。

所以，在不投入任何资金的情况下，期权到期时，无论标的基金价格涨跌，交易者均可获得 0.0072 元的无风险套利收益。

比较例 3－8 和例 3－9 的套利机会。如果看跌期权与看涨期权的实际价差与标的资产价格的和大于 $Ke^{-r(T-t)}$，无风险套利收益取决于建仓时剩余资金以无风险投资后的本利和与期权执行价格的差，与执行价格的差越大，无风险收益越高。

以上两例能够实施的假设条件是：第一，卖空标的基金不存在障碍；第二，卖空标的基金不需要缴纳保证金；第三，不考虑标的基金和期权买卖的交易费用；第四，能够以无风险利率为 4% 进行借贷。

在分析无风险套利机会时，必须考虑卖空标的资产所需缴纳保证金的融资成本、交易费用，以及交易者的借贷成本。如果将以上情形考虑在内后仍存在套利机会，在允许卖空的情况下可通过以上策略构建套利组合。

由于股票价格指数期权的标的不能卖空，所以以上策略只适用于股指期货期权、单只股票期权和 ETF 期权。

【例 3－10】 利用例 3－8 的数据，除看涨期权的市场价格不同，假设 3 月 25 日期权到期时的价格为 0.0394 元，设计套利策略并分析损益结果。

看涨与看跌期权的理论价差 $P-C=Ke^{-r(T-t)}-S_0=0.0956$（元）

市场价差 $P-C=0.1345-0.0394=0.0951$（元）

实际价差小于理论价差，存在套利机会。

由于 $P-C+S_0<Ke^{-r(T-t)}$，所以，套利策略的构建为：建仓时，买进标的基金和看跌期权，同时卖出看涨期权。标的基金多头对看涨期权空头形成担保，所以不用缴纳保证金。

现金流 $=-2.394-0.1345+0.0394=-2.4891$（元）

因此，以无风险利率借入该笔资金。

期权到期时，需归还借入的资金 $=2.4891\times e^{r(T-t)}=2.4992$（元）

由于借入资金 2.4891 元小于 $Ke^{-r(T-t)}$，所以，$2.4891e^{r(T-t)}<k$，执行价格与 2.4992 元的差即为套利收益。

如果标的基金价格在 2.5 元以上，看跌期权作废，看涨期权空头被指定履约，交易者将持有的基金以 2.5 元卖出，归还所借资金本利和 2.4992 元，剩余 0.00079 元。

如果标的基金价格低于 2.5 元，看涨期权作废，交易者执行看跌期权，以 2.5 元将所持标的基金卖出，归还所借资金本利和 2.4992 元，剩余 0.00079 元。

当标的基金的价格等于 2.5 元时，看涨期权和看跌期权均作废，交易者在市场上按 2.5 元将所持标的基金卖出，归还所借资金本利和 2.4992 元，剩余 0.00079 元。

所以，在不投入任何资金的情况下，期权到期时，无论标的基金价格涨跌，交易者均可获得 0.00079 元的无风险套利收益。

例 3－10 所构建的策略较例 3－8 和例 3－9 易于实施。但必须在考虑交易成本、保证金要求借入资金的实际成本的前提下构建套利策略。如果 $\mathrm{P}-\mathrm{C}+\mathrm{S}_0<Ke^{-r(T-t)}$，便可构建该套利组合，不等式差值越大，套利收益越高。

该策略对单只股票期权、ETF 期权和股指期货期权均适用，到期月份相同的股指期货合约和股票价格指数期权由于到期日和交割结算价相同，且采用现金交割，当看涨期权和看跌期权的理论价差与实际价差与例 3－10 情形相同时，也可以构建该套利策略赚取无风险收益。

（二）标的资产支付收益的情形

分析以下组合：

组合 A：一手价值为 $N \cdot S_0$ 的股票和一张执行价格为 K 的该股票欧式看跌期权多头。

组合 B：一张执行价格、到期时间和标的股票与组合 A 中看跌期权均相同的欧式看涨期权多头和金额为“$N\ (D + Ke^{-r(T-t)})$”的现金。

期权到期时，如果 $S_T \geqslant K$，看跌期权不被执行，组合 A 的价值为 $N\ (De^{r(T-t)} + S_T)$；执行看涨期权，支付 $N \cdot K$ 得到一手股票，组合 B 的价值为 $N\ (De^{r(T-t)} + S_T)$，等于组合 A 的价值。

如果 $S_T < K$，组合 A 的价值为 $N\ (De^{r(T-t)} + K)$，等于组合 B 的价值。

因此，组合 A 的价值总是等于组合 B 的价值。

所以有：$c + D + Ke^{-r(T-t)} = p + S_0$，或 $c - p = S_0 - D - Ke^{-r(T-t)}$　　(3－12)

公式（3－12）即为标的资产支付收益时，具有相同执行价格和到期时间的欧式看涨和看跌期权的平价关系。

二、美式看涨和看跌期权的价格关系

（一）标的资产不支付收益的情形

根据公式（3－11），欧式看涨和看跌期权的平价关系为：$c - p = S_0 - Ke^{-r(T-t)}$，由于标的资产不支付收益时，美式看涨期权的价格等于欧式看涨期权的价格，而美式看跌期权的价格大于等于欧式看跌期权的价格，由此可得美式看涨和看跌期权价差上限：

$$C - P \leqslant S_0 - Ke^{-r(T-t)} \tag{3-13}$$

下面分析美式看涨期权与看跌期权价差的下限，考虑以下组合：

组合 A：一张价值为 S_0 的股指期货合约和一张执行价格为 K 的该标的美式看跌期权多头。

组合 B：一张执行价格、到期时间和标的资产与看跌期权均相同的欧式看涨期权多头和金额为 K 的现金。

首先，考虑不提前执行美式看跌期权的情形：

期权到期时，如果 $S_T \geqslant K$，看跌期权不被执行，组合 A 的价值为 S_T；执行看涨期权，支付 K 得到标的期货合约或股指期货结算价，组合 B 的价值为 $Ke^{-r(T-t)}-K+S_T$，高于组合 A 的价值。

如果 $S_T<K$，执行看跌期权，卖出标的股指期货合约得到执行价格，组合 A 的价值为 K；看涨期权不被执行，组合 B 的价值为 $Ke^{r(T-t)}$，高于组合 A 的价值。

所以，期权到期时，组合 B 的价值总是大于组合 A 的价值，那么 $S_0+p<c+K$，或 $S_0-k<c-p$。

考虑美式看跌期权多头提前在时间 t_1 行权的情形，此情形下 K 必然大于 S_{t_1}。

当 $K>S_{t_1}$ 时，执行看跌期权，组合 A 的价值为 K；此情形不会执行看涨期权，由于期权没有到期，所以看涨期权的价格会大于等于 0。因此，t_1 时刻组合 B 的价值为 $C+Ke^{r(t_1-t)}$，高于组合 A 的价值。

因此，无论美式期权是否提前行权，无论标的资产价格高低，组合 B 的价值总是大于组合 A 的价值，即：$c+K>P+S_0$，或 $c-P>S_0-K$。

当标的资产不支付收益时，美式看涨期权多头不应该提前行权，美式看涨期权的价值和欧式看涨期权的价值应该相等，即 $C=c$。

由此可得美式看涨和看跌期权价差下限：$C-P>S_0-K$　　(3-14)

综合考虑公式（3-13）和（3-14），可得美式看涨和看跌期权价差的上下限：

$$S_0-K<C-P\leqslant S_0-Ke^{-r(T-t)} \quad (3-15)$$

（二）标的资产支付收益的情形

分析以下组合：

组合 A：一手价值为 $N \cdot S_0$ 的股票和一张执行价格为 K 的该股票美式看跌期权多头。

组合 B：一张执行价格、到期时间和标的股票与组合 A 中看跌期权均相同的欧式看涨期权多头和金额为 N（$D+K$）的现金。

首先，分析期权多头不提前行权的情形，期权到期时：

如果 $S_T \geqslant K$，看跌期权不被执行，组合 A 的价值为 N（$De^{r(T-t)}+S_T$）；执行看涨期权，支付 $N \cdot K$ 得到一手股票，组合 B 的价值为 N（$Ke^{r(T-t)}-K+De^{r(T-t)}+S_T$），高于组合 A 的价值。

如果 $S_T < K$，执行看跌期权，组合 A 的价值为 $N\ (K + De^{r(T-t)})$；看涨期权不会被执行，组合 B 的价值为 $N\ (K + D)\ e^{r(T-t)}$，组合 B 的价值高于组合 A 的价值。

如果在时间 t_1 提前执行美式看跌期权，此种情形下，必然有 $S_{t_1} < K$。

当执行看跌期权时，组合 A 的价值为 $N \cdot K$ 或 $N\ (K + De^{r(t_1-t)})$；看涨期权不会被执行，但由于尚未到期，所以看涨期权的价格会大于等于 0。组合 B 的价值为 $N\ [c +\ (K + D)\ e^{r(t_1-t)}]$，组合 B 的价值大于等于组合 A 的价值。

以上分析表明，组合 B 的价值总是大于等于组合 A 的价值。

因此有：$c + K + D \geqslant P + S_0$

由于美式看涨期权的价格总是大于等于欧式看涨期权的价格，所以用美式看涨期权的价格替代该式中欧式看涨期权的价格，该式也必然成立。

由此可得，美式看涨和看跌期权价差的下限：$C - P \geqslant S_0 - K - D$

(3 - 16)

根据公式（3 - 13），标的资产不支付收益的美式看涨和看跌期权价差上限为 $C - P \leqslant S_0 - Ke^{-r(T-t)}$，如果标的股票支付股息，可使看涨期权的价格降低、看跌期权的价格提高，所以，公式（3 - 13）也是标的资产支付收益的美式看涨和看跌期权价差上限的表达式。

因此，标的资产支付收益的美式看涨和看跌期权的价差上下限为：

$$S_0 - K - D < C - P \leqslant S_0 - Ke^{-r(T-t)} \quad (3-17)$$

第四节 美式期权多头是否应该提前行权

一、美式看涨期权多头是否应该提前行权

（一）标的资产不支付收益的情形

考虑不同情况下，处理美式看涨期权多头头寸的最优方案：

第一，认为标的资产价格会上涨。如果提前执行看涨期权，按执行价格买进标的资产并认为标的资产价格会继续上涨，则应该继续持有标的资产。

但提前行权持有标的资产，和继续持有期权合约相比，行权买进标的资产需支付执行价格，如果持有期权则不需要任何额外支出。此外，持有期权还可避免标的资产下跌而导致持仓亏损。

所以，如果认为标的资产价格上涨，持有期权比行权后持有标的资产更有利。

第二，认为标的资产价格会下跌。当认为标的资产有下跌可能，决定将期权了结，或需要资金而必须了结期权时，应该选择行权了结还是平仓了结？

如果行权了结期权，以执行价格 K 买入标的资产，并将标的资产按市场价格 S_0 卖出，不考虑期权费和其他交易费用，行权收益 $=S_0-K$。

如果将期权直接卖出，得到期权费 C。

根据公式（3-6），欧式看涨期权价格下限为 $c\geqslant S_0-Ke^{-r(T-t)}$，而美式期权价格不应该低于欧式期权价格，所以，美式期权价格最低值为 $S_0-Ke^{-r(T-t)}$。

由于 $S_0-K<S_0-Ke^{-r(T-t)}$，所以平仓收益一定大于行权收益。

由此可见，交易者想了结期权的话，平仓了结比行权了结更有利。

两种情况下看涨期权多头均不应该选择提前执行期权。

因此，在标的资产不支付收益的情况下，看涨期权多头不应该选择提前了结期权头寸，此情形下美式期权的价格与欧式期权的价格应该相等。

（二）标的资产支付收益的情形

如果看涨期权多头行权了结期权，行权收益为 $S-K$。

如果将期权以市场价格 C 卖出，所得权利金 $C\geqslant S-D-Ke^{-r(T-t)}$。

当 D 较大时，$S-K$ 有可能大于 $S-D-Ke^{-r(T-t)}$，即行权了结比平仓了结更有利；当 D 较小时，$S-K$ 有可能小于 $S-D-Ke^{-r(T-t)}$，即平仓了结比行权了结更有利。

因此，标的资产支付收益的美式看涨期权有可能在到期前行权，标的资产支付的收益越多，提前行权的可能性越大。

二、美式看跌期权是否会提前行权

（一）标的资产不支付收益的情形

首先，比较行权了结期权和将期权卖出平仓哪种方式更有利。

如果行权了结期权，看跌期权多头应从市场上以 S_0 买入标的资产，并将标的资产以行权价格 K 出售给期权空头，不考虑期权买价和其他交易费用，行权收益为 $K-S_0$。

如果将期权卖出，得到期权费 P。

根据公式（3－9），标的资产不支付收益的欧式看跌期权的价格下限为 $P \geqslant Ke^{-r(T-t)}-S_0$。美式期权价格不应该低于欧式期权价格，所以，美式期权价格不应该低于 $Ke^{-r(T-t)}-S_0$。

由于 $K-S_0>Ke^{-r(T-t)}-S_0$，当 $P=Ke^{-r(T-t)}-S_0$ 时，$K-S_0$ 必然大于 P，即行权收益会大于平仓收益。$K-S_0$ 越大，期权的实值程度越深，$K-S_0$ 高出 P 越多。

如果标的资产价格非常低且下跌空间很小时，看跌期权多头行权了结期权，将所得行权收益以无风险利率投资，比持有到期时执行期权更有利。

以上分析表明，标的资产不支付收益的美式看跌期权可能提前执行，且标的资产价格越低、期权的实值程度越大，被提前执行的可能性越大。

（二）标的资产支付收益的情形

根据公式（3－10），标的资产支付收益的欧式看跌期权价格下限为 $P \geqslant Ke^{-r(T-t)}-S_0+D$。同样的，美式看跌期权的价格不应该低于 $Ke^{-r(T-t)}-S_0+D$。

当 D 很小时，行权收益 $K-S_0$ 仍然可能大于平仓收益 P。期权多头了结期权头寸时，行权了结比平仓了结更有利；在 D 较大而 $P>(Ke^{-r(T-t)}-S_0+D)$ 的情况下，行权收益 $K-S_0$ 可能小于平仓收益 P。此情形下，期权多头不应该选择提前行权。所以，标的资产不支付收益或支付收益很少的美式看跌期权有可能提前行权，而预期标的资产支付很高的收益时，美式看跌期权不应该选择提前行权。

综上所述，只有标的资产不支付收益的美式看涨期权不应该被提前

执行。

第五节 影响期权价格的主要因素

影响期权价格的因素有多种，主要影响因素有：期权的执行价格、标的资产价格、期权的剩余期限、利率、标的资产价格的波动率等。对于股票期权和股票价格指数期权来说，收益也是影响期权价格的主要因素。

一、执行价格与期权价格的关系

（一）执行价格与看涨期权价格的关系

对于看涨期权，执行价格是期权多头行权时购买标的资产的价格，因此，执行价格越低，期权的价格应该越高。但期权处于实值和虚值状态，价格随执行价格变化情况会有所不同。

当执行价格低于标的资产市场价格，即看涨期权处于实值状态时，内在价值 $=S-K>0$。执行价格越低，实值程度越深，期权的内在价值越大，期权的价格也应该越高。当执行价格远远低于标的物市场价格，即期权处于深度实值状态时，期权时间价值趋于0，期权的价格与执行价格变化趋于一致。

当执行价格高于标的资产市场价格，即看涨期权处于虚值状态时，内在价值为0。执行价格越高，虚值程度越深，期权的价格也应该越低。但是，当执行价格远远高于标的资产市场价格，即期权处于深度虚值状态时，标的资产价格上涨至执行价格以上的可能性较小，不会有人愿意购买此类期权，期权的市场价格趋于0。此时，不同执行价格的期权价格差异非常小，即存在一系列执行价格较低的市场价格趋于0和没有报价的虚值看涨期权（见图3-2）。

（二）执行价格与看跌期权价格的关系

对于看跌期权，执行价格是期权多头行权时卖出标的资产的价格，因此，执行价格越高，期权价格应该越高。同样，期权处于实值和虚值状态，价格随执行价格变化情况也会不同。

当执行价格低于标的资产市场价格，即看跌期权处于实值状态时，内在价值 $=K-S>0$。执行价格越低，实值程度越深，期权的内在价值越大，期权的价格也应该越高。当执行价格远远高于标的资产市场价格，即期权处于深度实值状态时，期权时间价值趋于0，期权价格与执行价格变化趋于一致。

当执行价格低于标的资产市场价格，即看跌期权处于虚值状态时，内在价值为0。执行价格越低，虚值程度越深，期权的价格也应该越低。但是，当执行价格远远低于标的资产市场价格，即期权处于深度虚值状态时，标的资产价格下跌至执行价格以下的可能性较小，不会有人愿意购买此类期权，期权的市场价格趋于0，此时不同执行价格的期权价格差异非常小，即存在一系列执行价格较高的市场价格趋于0和没有报价的虚值看跌期权（参见图3－3）。

（三）执行价格变化与期权价格变化的关系

1. 看涨期权价格变化与执行价格变化的关系

（1）实值看涨期权价格变化与执行价格变化的关系。对于相同标的资产的一系列执行价格不同的实值看涨期权（不包括标的资产支付收益的实值欧式看涨期权），期权内在价值 $=S-K>0$，期权价格等于内在价值与时间价值的和。

执行价格越低、期权内在价值越大、期权的价格越高，内在价值提高值越接近执行价格减小值。

由于看涨期权的时间价值总是大于等于0，而且平值或接近平值的期权时间价值最大，期权价格超过内在价值部分最多；执行价格越低、实值程度越深的期权，时间价值越小，深度实值期权的时间价值趋于0或等于0。如图3－2所示，图3－2为2014年12月25日，2015年3月到期的一系列不同执行价格的E-mini S&P 500股指看涨期权价格图。

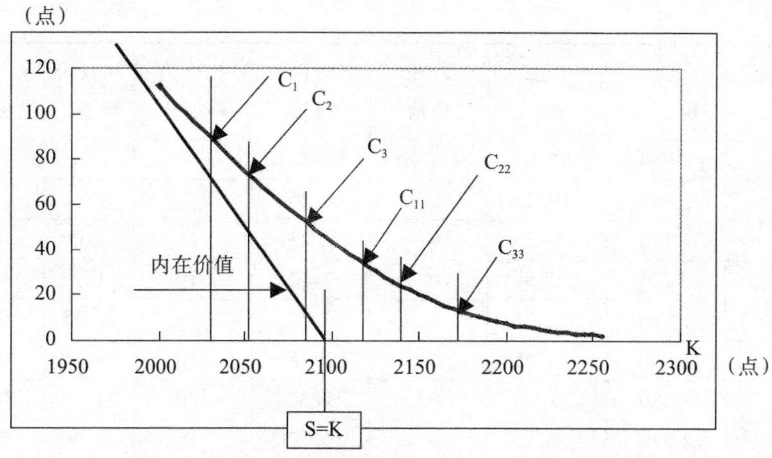

图 3－2　看涨期权的内在价值、价格与执行价格的关系

表 3－5 为 E-mini S&P 500 股指看涨期权的价格变化与执行价格变化值的比较。

表 3－5 中，期权 9 比期权 10 执行价格低 5 点，期权价格提高 3 点，期权价格提高值是执行价格降低值的 60%；期权 8 比期权 9 执行价格同样低 5 点，但期权价格提高 3.23 点，期权价格提高值是执行价格降低值的 64.6%，即变化差减小。实值程度越深，两者的变化差越小。

表 3－5　　执行价格变化与看涨期权价格变化的关系　　（单位：点）

序号	执行价格 K	看涨期权 C	内在价值	时间价值	执行价格变化	期权价格变化	K 与 C 变化比（%）
1	1 800	289.25	281.25	8.00	100	92.25	0.92
2	1 900	197.00	181.25	15.75	50	43.75	0.88
3	1 950	153.25	131.25	22.00	30	25.25	0.84
4	1 980	128.00	101.25	26.75	20	16.00	0.80
5	2 000	112.00	81.25	30.75	40	30.25	0.76
6	2 040	81.75	41.25	40.50	20	13.75	0.69
7	2 060	68.00	21.25	46.75	10	6.75	0.68
8	2 070	61.25	11.25	50.00	5	3.25	0.65
9	2 075	58.00	6.25	51.75	5	3.00	0.60

续表

序号	执行价格 K	看涨期权 C	内在价值	时间价值	执行价格变化	期权价格变化	K 与 C 变化比（%）
10	2 080	55.00	1.25	53.75			
11	2 185	10.25	0	10.25			
12	2 190	9.25	0	9.25	5	1.00	0.20
13	2 200	7.50	0	7.50	10	1.75	0.18
14	2 220	4.75	0	4.75	20	2.75	0.14
15	2 250	2.45	0	2.45	30	2.30	0.08
16	2 280	1.30	0	1.30	30	1.15	0.04
17	2 310	0.70	0	0.70	30	0.60	0.02
18	2 350	0.35	0	0.35	40	0.35	0.01
19	2 390	0.20	0	0.20	40	0.15	0.004
20	2 490	0.10	0	0.10	100	0.10	0.001

由此可见，随着执行价格减小，期权价格逐渐趋于内在价值，直至等于内在价值。即：时间价值等于0的深度实值期权，期权价格提高值等于执行价格减小值；而时间价值大于0的区间，期权价格提高值小于执行价格减小值，越接近平值，期权价格提高值小于执行价格减小值越多。

图3－2中，如果1、2、3三个实值看涨期权，执行价格 $K_1 < K_2 < K_3$，则 $C_1 > C_2 > C_3$。

根据以上分析，期权价格提高值和执行价格减小值的比值满足下式：

$$\frac{C_1 - C_2}{K_2 - K_1} > \frac{C_2 - C_3}{K_3 - K_2} \tag{3-18}$$

实值程度越深，高出值越多。在期权时间价值等于0的深度实值区间，期权价格提高值和执行价格减小值的比值满足下式：

$$\frac{C_1 - C_2}{K_2 - K_1} = \frac{C_2 - C_3}{K_3 - K_2} \tag{3-19}$$

依据表3－5数据，得：$\frac{C_1 - C_2}{K_2 - K_1} = \frac{92.25}{100} = 0.92$（点）

$\frac{C_2 - C_3}{K_3 - K_2} = \frac{43.45}{50} = 0.88$（点）

标的资产支付收益的实值欧式看涨期权的时间价值存在小于0的可能，所以得不到与上述分析相似的价格变化关系。因此，以上结论不适用于对标的资产支付收益的实值欧式看涨期权价差关系与执行价格变化关系的分析。

（2）虚值看涨期权价格变化与执行价格变化的关系。由于虚值期权的内在价值等于0，期权价格等于时间价值。

在平值附近，期权的时间价值最大，随着执行价格的提高，时间价值和期权价格减小；而且，越接近平值，期权时间价值和价格随执行价格变化越快；虚值程度越深，期权价格提高值小于执行价格减小值越多，当执行价格进一步提高时，期权价格趋于0或没有报价，执行价格变化对其影响很小或不随执行价格而变化。即虚值程度越深，期权价格提高值小于执行价格减小值越多，直至不随执行价格而变化。

图3－2中，11、22、33为三个虚值看涨期权，11、22、33虚值程度渐深，执行价格 $K_{11} < K_{22} < K_{33}$，且期权价格和时间价值大于0，则 $C_{11} > C_{22} > C_{33}$。

根据以上分析，期权价格提高值和执行价格减小值的比值满足下式：

$$\frac{C_{11} - C_{22}}{K_{22} - K_{11}} > \frac{C_{22} - C_{33}}{K_{33} - K_{22}} \tag{3-20}$$

表3－5中，15、16、17三个看涨期权虚值程度渐深，$K_{17} > K_{16} > K_{15}$，$K_{16} - K_{15} = 30$ 点，$K_{17} - K_{18} = 30$ 点，$C_{15} - C_{16} = 1.15$ 点，$C_{16} - C_{17} = 0.6$ 点。

$$\frac{C_{15} - C_{16}}{K_{16} - K_{15}} = \frac{1.15}{30} = 0.04 > \frac{C_{16} - C_{17}}{K_{17} - K_{16}} = \frac{0.6}{30} = 0.02 \text{ 点}$$

2. 看跌期权价格变化与执行价格变化的关系

（1）实值美式看跌期权价格变化与执行价格变化的关系。由于实值欧式看跌期权的时间价值存在小于0的可能，所以得不到与实值看涨期权相似的价格变化关系。因此，以下讨论实值美式看跌期权价格变化与执行价格变化的关系。

对于相同标的资产的一系列执行价格不同的实值美式看跌期权，期权内在价值 $= S - K > 0$，时间价值大于等于0，期权价格等于内在价值与时间价值的和。

执行价格越高、期权内在价值越大、价格越高，内在价值提高值越接近执行价格减小值。

同样，平值或接近平值的期权时间价值最大，期权价格超过内在价值部分最多；时间价值等于0的深度实值期权，期权价格提高值等于执行价格增加值；而时间价值大于0的区间，期权价格提高值小于执行价格增加值，越接近平值，期权价格提高值小于执行价格增加值越多。

如图3-3和表3-6所示。图3-3为2014年12月25日，2015年3月到期的一系列不同执行价格的E-mini S&P 500股指看跌期权价格图，表3-6为该看跌期权价格变化与执行价格变化值的比较。

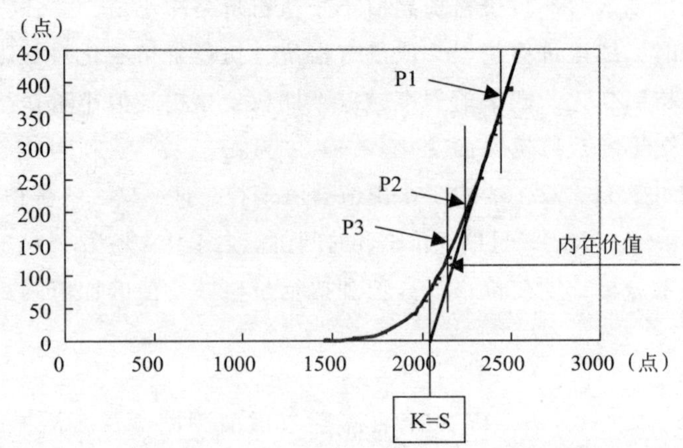

图3-3 美式看跌期权内在价值、价格与执行价格的关系

表3-6 执行价格变化与美式看跌期权价格变化的关系 （单位：点）

序号	执行价格	P	内在价值	时间价值	执行价格变化	期权价格变化	K与P变化比
1	1 900	18.50	0	18.50	25	2.50	0.100
2	1 925	21.00	0	21.00	35	5.00	0.140
3	1 960	26.00	0	26.00	30	5.25	0.175
4	1 990	31.25	0	31.25	25	5.25	0.210
5	2015	36.50	0	36.50	25	6.50	0.260
6	2 040	43.00	0	43.00	30	9.50	0.320
7	2 070	52.50	0	52.50	5	1.75	0.350
8	2 075	54.25	0	54.25	5	2.00	0.400

续表

序号	执行价格	P	内在价值	时间价值	执行价格变化	期权价格变化	K与P变化比
9	2 080	56.25	0	56.25	5	1.75	0.350
10	2 085	58.00	3.75	54.25			
11	2 090	60.00	8.75	51.25	5	2.00	0.400
12	2 100	64.25	18.75	45.50	10	4.25	0.425
13	2 125	76.50	43.75	32.75	25	12.25	0.490
14	2 145	88.25	63.75	24.50	20	11.75	0.590
15	2 165	101.25	83.75	17.50	20	13.00	0.650
16	2 185	116.25	103.75	12.50	20	15.00	0.750
17	2 210	137.00	128.75	8.25	25	20.75	0.830
18	2 235	159.5	153.75	5.75	25	22.50	0.900
19	2 260	183.00	178.75	4.25	25	23.50	0.940
20	2 300	222.00	218.75	3.25	40	39.00	0.975
21	2 350	271.50	268.75	2.75	50	49.50	0.990
22	2 400	321.25	318.75	2.50	50	49.75	0.995

图3－3中，1、2、3为三个实值美式看跌期权，$K_1 > K_2 > K_3$，期权价格 $P_1 > P_2 > P_3$。根据以上分析，期权价格提高值和执行价格提高值的比值满足下式：

$$\frac{P_1 - P_2}{K_1 - K_2} > \frac{P_2 - P_3}{K_3 - K_2} \tag{3-21}$$

在期权时间价值等于0的深度实值区间，期权价格提高值和执行价格提高值的比值满足下式：

$$\frac{P_1 - P_2}{K_1 - K_2} = \frac{P_2 - P_3}{K_3 - K_2} \tag{3-22}$$

表3－6中，15、16、17三个看跌期权实值程度渐深，$K_{17} > K_{16} > K_{15}$，$K_{16} - K_{15} = 20$ 点，$K_{17} - K_{18} = 20$ 点，$C_{16} - C_{15} = 15$ 点，$C_{17} - C_{16} = 20.75$ 点。

$$\frac{P_{17} - P_{16}}{K_{17} - K_{16}} = \frac{20.75}{20} = 0.83\text{ 点} > \frac{P_{16} - P_{15}}{K_{16} - K_{15}} = \frac{15}{20} = 0.75\text{ 点}$$

由于实值欧式看跌期权的时间价值存在小于0的可能，所以得不到与上述分析相似的价格变化关系。所以，以上结论仅适用于实值美式看跌期权。

（2）虚值看跌期权价格变化与执行价格变化的关系。虚值看跌期权的内在价值等于0，期权价格等于时间价值，以下分析同虚值看涨期权的分析相似。

越接近平值，期权时间价值和价格随执行价格变化越快；虚值程度越深，期权价格提高值小于执行价格提高值越多，当执行价格进一步提高时，期权时间价值和价格趋于0或等于0，执行价格变化对其影响很小或不随执行价格而变化。即虚值程度越深，期权价格提高值小于执行价格提高值越多，直至不随执行价格而变化。

图3-3中，如果11、22、33为三个虚值看跌期权，执行价格 $K_{11} > K_{22} > K_{33}$，且期权价格和时间价值大于0，则 $p_{11} > p_{22} > p_{33}$。

根据以上分析，期权价格提高值和执行价格减小值的比值满足下式：

$$\frac{P11 - P22}{K22 - K11} > \frac{P22 - P33}{K33 - K22} \qquad (3-23)$$

表3-6中，5、6、7三个虚值看跌期权，执行价格分别为2015点、2040点和2070点，期权价格分别为36.5点、43点和52.5点。

$$\frac{P_7 - P_6}{K_7 - K_6} = \frac{9.5}{30} = 0.32\text{点} > \frac{P_6 - P_5}{K_6 - K_5} = \frac{6.5}{25} = 0.26\text{点}$$

以上关系式可以用于分析不同执行价格期权的价差关系。如果期权价差和执行价格变化关系不满足以上关系式，可构建套利组合，但要考虑期权交易费用。

二、标的资产市场价格对期权价格的影响

（一）标的资产市场价格对看涨期权价格的影响

在不考虑权利金和交易费用的情况下，看涨期权多头的行权收益 $= S - K$。所以，标的资产价格越高，看涨期权的价格应该越高。但期权处于实值和虚值状态，价格随标的资产价格变化情况不同。

当标的资产价格大于执行价格时，期权处于实值状态。随着标的资产价格的上涨，期权价格上涨；当标的资产价格远远高于执行价格时，即期权处于深度实值状态时，期权的时间价值趋于0或等于0，期权价格与标的资产

价格变化趋于一致或保持一致。

当标的资产价格小于执行价格时，期权内在价值为0，随着标的资产价格下跌，期权价格下跌；当标的资产价格远远低于执行价格，即期权处于深度虚值状态时，标的资产价格上涨至执行价格以上的希望非常渺茫，期权的时间价值趋于0或等于0。此时，标的资产价格变化对期权价格的影响非常小，即当期权处于深度虚值状态，期权价格趋于0或没有报价，期权价格并不随标的资产价格变化而变化，或期权价格变化程度远远小于标的资产价格的变化程度［参见图3-4（a）］。

图3-4（a）和3-4（b）分别为使用布莱特舒尔斯期权定价模型计算的股指看涨期权和看跌期权价格与标的股指期货合约价格关系图。

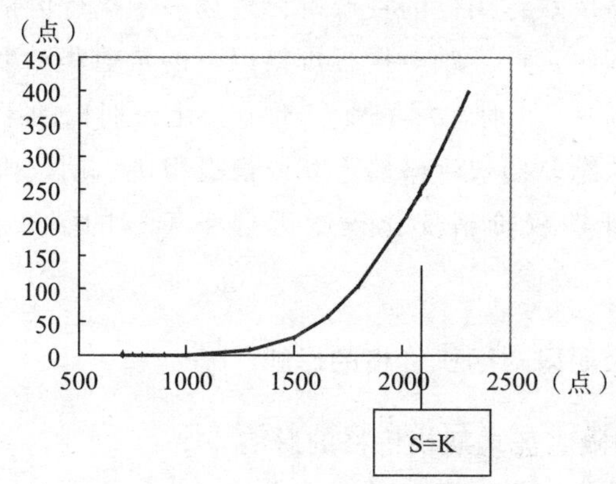

图3-4（a）　标的资产价格与看涨期权价格的关系

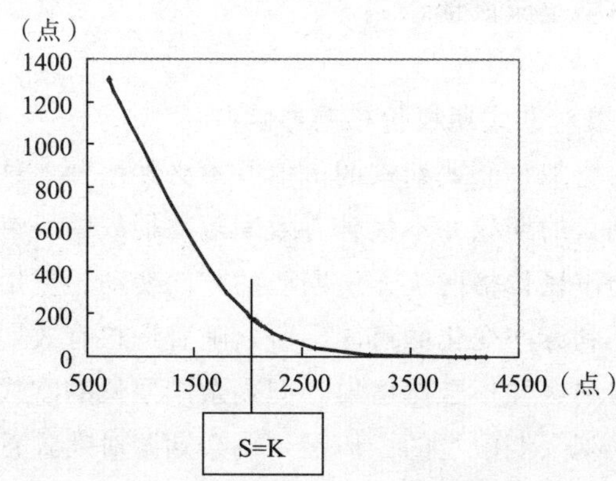

图3-4（b）　标的资产价格与看跌期权价格的关系

（二）标的资产市场价格对看跌期权价格的影响

在不考虑权利金和交易费用的情况下，看跌期权多头的行权收益 = $K-S$。所以，标的资产价格越低，看跌期权的价格应该越高。但期权处于实值和虚值状态，价格随标的资产价格变化情况不同。

当标的资产价格低于执行价格时，期权处于实值状态。随着标的资产价格的下跌，期权价格上涨，当标的资产价格远远低于执行价格时，即期权处于深度实值状态时，期权的时间价值趋于0或等于0，期权价格与标的资产价格变化趋于一致或保持一致。

当标的资产价格大于执行价格时，期权内在价值为0，随着标的资产价格上涨，期权价格下跌，当标的资产价格远远高于执行价格，即期权处于深度虚值状态时，标的资产下跌至执行价格以下的希望非常渺茫，期权的时间价值趋于0或等于0。此时，标的资产价格变化对期权的影响非常小，即期权处于深度虚值状态，期权价格趋于0或没有报价，期权价格并不随标的资产变化而变化，或期权价格变化程度远远小于标的资产价格的变化程度［参见图3－4（b）］。

三、期权剩余期限对期权价格的影响

（一）剩余期限对美式期权价格的影响

对于美式期权，剩余期限越长，多头行权的机会越多，获利的可能性也就越大，期权的价格也应该越高。

（二）剩余期限对欧式期权价格的影响

随着有效期的增加，欧式期权的价值并不必然增加。这是因为对于欧式期权来说，有效期长的期权并不包含有效期短的期权的所有执行机会。即便在有效期内标的物市场价格向买方所期望的方向变动，但由于不能行权，在到期时也存在向不利方向变化的可能，所以随着期权有效期的增加，欧式期权的时间价值和权利金并不必然增加，即剩余期限长的欧式期权的时间价值和权利金可能低于剩余期限短的。但是，剩余期限对欧式看涨和看跌期权的影响不同。

1. 剩余期限对欧式看涨期权价格的影响。由于标的资产不支付收益的美式看涨期权不应该提前行权，美式看涨期权与欧式看涨期权的价格应该相等。所以，剩余期限对欧式和美式看涨期权的影响应该相同。而且，根据对期权价格上下限的研究，标的资产不支付收益和支付收益的欧式看涨期权的价格下限分别为 $c \geqslant S_0 - Ke^{-r(T-t)}$ 和 $c \geqslant S_0 - Ke^{-r(T-t)} - D$。以上两式表明，$T$ 越大，$Ke^{-r(T-t)}$ 越小，期权的价格应该越高。因此，剩余期限越长，欧式看涨期权的价格应该越高。

2. 剩余期限对欧式看跌期权价格的影响。标的资产不支付收益和支付收益的欧式看跌期权的价格下限为 $P \geqslant Ke^{-r(T-t)} - S$ 和 $P \geqslant Ke^{-r(T-t)} - S_0 + D$。如果 $P = Ke^{-r(T-t)} - S_0$ 或 $P = Ke^{-r(T-t)} - S_0 + D$ 时，T 越大，P 越小。

上述结果表明，随着期权有效期的增加，欧式看跌期权的价值并不必然增加。

四、无风险利率对期权价格的影响

无风险利率不仅会影响期权的时间价值，也会影响期权的内在价值。

期权的时间价值是期权价格超过内在价值的部分，是期权买方对期权在有效期内标的资产价格变化对自己有利而愿意付出的成本。

无风险利率对期权时间价值的影响：期权的时间价值是期权价格超过内在价值的部分，是看涨期权买方看多标的资产后市或看跌期权买方看空标的资产后市而愿意付出的代价。在其他因素不变的情况下，从资金效率分析，无风险利率较高时，投资者存款意愿增强。对于看多标的资产后市而有购买标的资产计划者来说，就会偏向于利用期权的杠杆，通过支付低于标的资产价格的权利金来获取购买标的资产的权利，而将其余资金存入银行。因此，看涨期权的需求会增加，时间价值会上涨；对于看空标的资产后市而有出售标的资产意向的投资者来说，立刻出售标的资产并将资金存入银行比购买看跌期权获得未来卖出标的资产的权利，资金利用效率更高。因此，看跌期权的需求会相应减少，看跌期权的时间价值会下降。

但是，利率水平对期权时间价值的整体影响是十分有限的；而利率变化对标的资产价格的影响及内在价值的影响对期权价格的影响更大。

提高利率会使标的资产市场价格降低，例如升息导致债券价格下跌而降息会导致债券价格上涨。此外，利率变化对股票价格的影响更为复杂。在经济过热时期，政府提高利率以抑制经济的过快增长，将导致股票价格下跌，股票看涨期权和股指看涨期权的内在价值降低，股票看跌期权和股指看跌的内在价值提高。这种情况下，看涨期权的价值将降低，而看跌期权的价值有可能会提高。但是，如果在经济正常增长时期，当利率提高时，上市公司业绩的增长会超过投资者必要收益率的提高，股票价格不仅不会下跌，还会因为投资者对经济情景有较好的预期而上涨。此种情况下得出的结论与前述结论相反。

所以，无风险利率对期权价格的影响，要视当时的经济环境以及利率变化对标的物的市场价格影响方向，考虑对期权内在价值的影响方向及程度，然后综合对时间价值的影响，得出最终的影响结果。

五、标的资产价格波动率对期权价格的影响

标的资产价格的大幅波动使期权多头的盈利机会增加、盈利幅度提高，而损失仅限于权利金。因此，无论是欧式期权还是美式期权，无论是看涨期权还是看跌期权，期权价格随着标的资产价格波动率的增加而增加，标的资产价格波动率与期权价格正相关。

六、标的资产支付收益对期权价格的影响

本章第二节讨论了标的资产支付收益对期权价格上下限的影响，主要是股票股息、ETF 基金分红等对期权价格上下限的影响。除股票期权外，对于其他权益类期权，标的资产持有人虽然得不到标的股票派发的股息，但股票分红也会影响相关期权的价格。

（一）标的资产支付收益对股票期权价格的影响

根据对期权价格上下限的研究，标的资产不支付收益和支付收益的看涨期权的价格下限分别为：

$C \geqslant S_0 - Ke^{-r(T-t)}$　　　　$C \geqslant S_0 - D - Ke^{-r(T-t)}$

标的资产不支付收益和支付收益的看跌期权的价格下限分别为：

$P \geqslant Ke^{-r(T-t)} - S$　　　　$P \geqslant Ke^{-r(T-t)} + D - S_0$

以上结果表明，标的资产支付收益对看涨期权价格的影响是负向的，对看跌期权价格的影响则是正向的。

以上结果是在标的资产分红不调整期权执行价格的情况下进行的。通常情况下，标的资产分红后价格会除权除息，交易所往往会调整行权价格。

如果标的资产除权除息时交易所对期权的行权价格进行修正，则应按修正后的情形考虑标的资产分红对期权价格的影响。分红后调整行权价，即对公式中的行权价 K 进行相应调整，则结果需另行分析。

例如，上海证券交易所股票期权试点交易规则规定：

合约标的除权、除息的，本所在合约标的除权、除息当日，对合约的合约单位、行权价格按照下列公式进行调整：

$$\text{新合约单位}=\frac{\text{原合约单位}\times(1+\text{流通股份实际变动比例})\times\text{除权（息）前一日合约标的收盘价}}{\text{前一日合约标的收盘价}-\text{现金收利}+\text{配（新）股价格}\times\text{流通股份实际变动比例}}$$

新行权价格 = 原行权价格 × 原合约单位/新合约单位

【例 3 - 11】 考虑某股票利润分配的两种方案，10 派 4.5 元和 10 派 4.5 元送 5 股，股权登记日收盘价 39.2 元，该股票行权价格为 35 元的看涨期权价格为 4.565 元，期权的合约单位为 10 000 股。分别计算新合约单位和新行权价格。假设 T = 2 个月，r = 4%。

情况 1：

$$\text{新合约单位}=\frac{10\,000\times(1+0)\times 39.20}{39.20-0.45}=10\,116.13$$

新行权价格 = 35 × 10 000/10 116.13 = 34.60（元）

向下修正 0.4 元。

情况 1：股票除息 0.45 元，但行权价格仅向下修正 0.4 元。

$$\text{情况 2：新合约单位}=\frac{10\,000\times(1+0.5)\times 39.2}{39.2-0.45}=15\,174.19$$

新行权价格 = 35 × 10 000/15 174.19 = 23.07（元）

情况 2：

股票除权除息价 =（39.2 - 0.45）/（1 + 0.5）= 25.83（元）

除权除息值 = 39.2 - 25.83 = 13.37（元）

行权价向下修正：35 - 23.07 = 11.93（元）

两种分红方案股票除权除息值均大于期权行权价格向下修正值。所以，标的资产除权对看涨期权多头不利，对空头有利。

综上分析，如果标的资产支付收益而不调整行权价格，会导致看涨期权价格下移，看跌期权价格上移；如果交易所对行权价格调整的话，要依据调整方式具体分析。依据前例的修正方式，标的资产分红对看涨期权多头不利，而对看涨空头有利。

（二）股票股息对其他权益类期权价格的影响

对于股指期权，标的资产为股票价格指数、股指期货合约，成分股分红时标的资产持有人得不到上市公司所派发的红利。因此，在第二节期权价格上下限研究时没有涉及以上期权类型，但成分股分红会对相关股票价格指数产生影响，从而影响期权价格。

下面以上证 50、沪深 300 股票价格指数为例分析成分股分红对标的指数的影响。

上证 50 和沪深 300 指数为中证指数有限公司编制的股票价格指数。该公司指数计算和修正原则规定，当样本股除息（分红派息）时，不对指数进行修正，而是任其自由回落，权重股其他除权方式，如送股、转增、配股，则对股指进行相应修正。所以，样本股或成分股分红会导致相关指数下跌，但权重和股息高低不同，对指数影响的程度不同。

例如，上证 50 成分股权重占比相对集中，权重股前 10 名股票占指数总市值的比达 40% 以上，每股权重平均占比 4% 左右。权重最高的中国平安、招商银行、民生银行，每只股票的权重约占指数总市值的 5% ~6% 。

【例 3 -12】中国平安 2 013 年分红方案为 10 派 4. 5 元，股权登记日是 2014 年 6 月 26 日，股权登记日收盘价为 39. 70 元，股票除权比例为 1. 13%（0. 45/39. 70 ×100% ）。按该股权重占比 6% 计算，股权登记日收盘价较除权价下跌 1. 13% ，会导致上证 50 指数下跌 0. 0678% （1. 13% ×6% ）。2014 年 6 月 26 日上证 50 收盘指数为 1478. 01 点，0. 0678% 为 1. 002 点，如果每点 100 元的话，平安分红会导致上证 50 指数下跌 100 元。

【例 3 -13】招商银行 2013 年分红方案为 10 派 6. 2 元，股权登记日是 2014 年 7 月 10 日，股权登记日收盘价为 10. 26 元，股票除权比例为 6. 04%（0. 62/10. 26 ×100% ）。按该股权重占比 6% 计算，股权登记日收盘价较除

权价下跌 6.04%，会导致上证 50 指数下跌 0.3624%（6.04%×6%），2014 年 6 月 26 日上证 50 收盘指数为 1478.01 点，0.3624% 为 5.36 点，招商银行股票分红导致上证 50 指数下跌 536 元。

沪深 300 指数的总市值较高，单只股票权重占比相对较低，但权重较大的几只股票（如招商银行、中信证券、民生银行等）的市值占比也达到了 3% 以上。

因此，上证 50 指数和沪深 300 指数，权重前几名的股票分红导致股指下跌值应该是一个不可忽视的现象。权重股分红会导致股票价格指数有一定程度下跌，对股指看涨期权不利而对看跌期权有利。

所以，权重较大的股票分红，特别在权重股集中分红的时间，应该考虑权重股分红对股指的影响。权重占比较小的上市公司分红对标的指数的影响十分有限，在分析期权价格影响因素时可以不予理会。

对于 ETF 期权，之前研究的是标的基金分红对期权价格的影响，而基金成分股分红也应考虑对标的基金对应指数的影响，进而分析对期权价格的影响。

第四章 期权交易

本章主要介绍期权交易指令、建仓和了结头寸方式、期权的做市商制度以及期权的执行、结算和保证金制度。

第一节 期权交易指令和报价

一、期权交易指令

在交易所进行商品买卖时，交易所挂牌品种由合约代码表示，交易者对所选定的合约代码发出买进或卖出申报指令。

期权交易的合约代码信息比标的期货合约多，更比标的股票和标的基金多。期货合约的代码包括以下信息：标的资产、合约到期时间等信息，比股票和基金的代码信息多了到期时间。如 2015 年 2 月到期的沪深 300 股票价格指数期货合约的代码为 IF1502，其中“IF”代表标的资产沪深 300 股票

价格指数的代码，“1502”代表合约到期时间，为 2015 年 2 月。

期权的合约代码信息包括标的资产名称或代码、合约到期时间、期权类型或期权方向（看涨期权或看跌期权）、执行价格等信息。

【例 4－1】 2015 年 3 月到期、行权价格为 2.30 元的上证 50ETF 认购期权合约的代码为 510050C1503M02300，共 17 位。其中：“510050”代表合约的标的资产华夏上证 50ETF 的代码；“C”为看涨期权，如果是看跌期权，用“P”表示；“1503”代表合约到期时间，为 2015 年 3 月；“M”代表合约未发生过除权除息的调整，如果发生过调整，则根据合约调整次数按照“A”至“Z”依序变更，如变更为“A”表示期权合约发生首次调整，变更为“B”表示期权合约发生第二次调整，依此类推；“02300”代表合约的行权价格为 2.30 元。与此对应的认沽期权的合约代码为 510050P1504M02300。

例如，2015 年 3 月到期、行权价格为 3450 点的沪深 300 指数看涨期权的合约代码为 IO1503－C－3450。其中：“IO”代表合约的标的资产沪深 300 股票价格指数；“C”为看涨期权；“1503”代表合约到期时间，为 2015 年 3 月；“3450”代表合约的行权价格为 3450 点。

交易者对所选定的期权下达交易方向（买入或卖出）、买卖数量、期权价格、价格指令类型（市价或限价）等指令内容。

上海证券交易所股票期权试点交易规则规定，投资者的委托指令包括下列内容：

①合约账户号码；②合约交易代码；③买卖类型；④委托数量；⑤委托类型与价格；⑥本所及期权经营机构要求的其他内容。

其中，第③项买卖类型，包括买入开仓、买入平仓、卖出开仓、卖出平仓和备兑开仓等。

备兑开仓，是指投资者提前锁定足额合约标的作为将来行权交割所应交付的证券，并据此卖出相应数量的看涨期权。所以，备兑开仓视同卖出有保护的看涨期权，一旦买方行权，交易者将所持标的证券卖出。

投资者备兑开仓的，应当先提交合约标的备兑锁定指令，将其证券账户中的合约标的提交为用于备兑开仓的证券（以下简称“备兑备用证券”）。上海证券交易所实时锁定相应数量的备兑备用证券。锁定后的备兑备用证券不得卖出，仅可用于备兑开仓或者解除备兑锁定，上海证券交易所、中国证

券结算有限责任公司另有规定的除外；有限售条件的流通股不得被指定为备兑备用证券。

第⑤项委托类型，包括普通限价委托、市价剩余转限价委托、市价剩余撤销委托、全额即时限价委托、全额即时市价委托等。

二、期权竞价和平仓原则

目前世界上绝大部分交易所上市品种的价格形成方式为竞价成交。竞价成交有集合竞价和连续竞价两种方式，开盘价通常以集合竞价形成，开盘后即进入连续竞价阶段。

集合竞价，是指在规定时间内接受的买卖申报一次性集中撮合的竞价方式；连续竞价，是指对买卖申报逐笔连续撮合的竞价方式。

上海证券交易所 ETF 期权与该交易所股票、基金等上市品种的集合竞价与连续竞价的成交原则相同；中国金融期货交易所股指仿真期权合约与该交易所股指期货合约集合竞价与连续竞价的成交原则相同。

上海证券交易所 ETF 期权与股票、基金等竞价交易原则相同，均按价格优先、时间优先的原则撮合成交。

由于期权交易与证券交易所股票、基金等品种的交易方向不同，期权存在开仓和平仓问题，所以与股票、基金不同，期权交易的连续竞价交易时段，以涨跌停价格进行的申报，按照平仓优先、时间优先的原则撮合成交。

平仓优先的原则为：以涨停价格进行的申报，买入平仓（含备兑平仓）申报优先于买入开仓申报；以跌停价格进行的申报，卖出平仓申报优先于卖出开仓申报。

三、期权报价的涨跌幅限制

交易所上市品种的涨跌幅度限制也称为每日价格最大波动限制。

期权合约每日价格是否有涨跌幅限制，与交易所其他交易品种基本一致。如香港交易所股票、期货等上市品种的每日价格不设涨跌幅限制，该交易所上市交易的期权品种也不设涨跌幅限制；CME 集团上市的期货和期权品种的每日价格均不设涨跌幅限制。

我国证券交易所和期货交易所上市品种的每日价格均规定有涨跌幅限制，交易所上市的期权品种也设有涨跌幅限制；而且，由于期权价格与标的资产价格相关联，期权价格涨跌幅限制与标的资产涨跌幅相关。

（一）中国金融期货交易所股指期权涨跌停价格和涨跌幅计算

1. 涨跌停价格和涨跌幅限制的计算。依据中国金融期货交易所股指仿真期权合约交易规则的相关规定，上证50和沪深300股指仿真期权合约每日涨跌停价格的计算方式为上一交易日结算价加上（减去）上一交易日沪深300指数收盘价的10%，计算结果小于最小变动价位的，以最小变动价位为跌停板价格。

该交易所股指期货合约和股指期权合约涨跌停价格的计算公式虽然均为上一交易日价格加上（减去）10%，但计算基础不同。股指期货合约涨跌停价格的计算基础是自身的前结算价，即当日价格不能超过上一交易日结算价的±10%；而股指仿真期权合约涨跌停价格的计算基础是期权前结算价和标的指数前收盘价，即当日价格不能超过前结算价加上（减去）上一交易日标的指数收盘价的10%。

涨跌幅限制也是相关合约下一交易日最大涨幅或最大跌幅限制，股指期货合约和股指期权合约涨跌幅限制的计算基础也不相同。期权合约涨跌幅限制等于期权涨跌停价格与上一交易日收盘价的差与上一交易日收盘价的比值，该日涨跌幅的计算也基于此方法，即涨跌幅的计算公式为当日价格与上一交易日收盘价的差与上一交易日收盘价的比值。

涨幅限制 =（涨停价格 - 前收盘价）/前收盘价

跌幅限制 =（前收盘价 - 跌停价格）/前收盘价

【例4-2】3月6日，沪深300股指仿真期权IO1503-C-3600合约以147.6点收盘，结算价为148.9点；IO1503-P-3600合约的收盘价以142.5点收盘，结算价为140.4点；当日沪深300股指期货IF1503合约的收盘价为3606.2点，结算价为3610.6点；标的指数的收盘价为3601.26点。分别计算股指看涨期权IO1503-C-3600和看跌期权IO1503-P-3600下一交易日的涨跌停价格以及涨跌幅限制。

（1）看涨期权涨跌停价格及涨跌幅限制。

股指期权 IO1503 - C - 3600 合约涨停价格 = 148.9 + 3 601.26 × 10%
= 509.026（点）

最小变动价位为 0.1 点，所以取小数点后一位且不超过计算结果，即保留小数点后一位，将小数点一位后的数舍去，因此该期权涨停价为 509.0 点，即下一交易日该看涨期权的价格不能高于 509.0 点。

期权涨幅限制 = (509 - 147.6)/147.6 × 100% = 244.85%

该合约跌停价 = 148.9 - 3601.26 × 10% = -211.226（点）

由于计算结果小于最小变动价位 0.1，所以该看跌期权的跌停价为 0.1 点。

期权的跌幅限制 = (147.6 - 0.1)/147.6 × 100% = 99.93%

下一交易日该看涨期权的涨跌幅分别不超过 244.85% 和 99.93%。

（2）看跌期权涨跌停价格及涨跌幅限制。

股指期权 IO1503 - P - 3600 合约涨停价格 = 140.4 + 3 601.26 × 10%
= 500.526（点）

舍去小数点一位后的数，该期权涨停价为 500.5 点。

期权的涨幅限制 = (500.5 - 142.4)/142.4 × 100% = 251.47%

该合约跌停价 = 140.4 - 3 601.26 × 10% = -219.726（点）

由于计算结果小于 0.1，所以该看跌期权的跌停价为 0.1 点。

期权的跌幅限制 = (142.4 - 0.1)/142.4 × 100% = 99.93%

下一交易日该看跌期权的涨跌幅分别不超过 251.47% 和 99.93%。

以上计算结果可见，虽然股指期货和股指期权的每日最大波动限制均为 10%，但由于计算基准不同，期权合约涨跌幅限制与期货合约涨跌幅限制有很大差异。期权涨跌幅不是固定值，且可能远远大于标的指数的涨跌幅限制。根据计算公式可知，标的指数较期权价格高出越多，期权涨停价格就会越高，涨跌幅限制的绝对值可能越大。

2. 涨跌幅计算。股指仿真期权合约涨跌幅计算方法与涨跌幅现价的计算方法一致：

上涨幅度 = [（最新价 - 前结算价）/前结算价] × 100%

下跌幅度 = [（前结算价 - 最新价）/前结算价] × 100%

【例 4 - 3】 3 月 9 日，沪深 300 股指收盘价为 3537.75 点，2015 年 3 月

到期的执行价格为3000点、3100点、3150点的看涨期权的、收盘价、结算价及下一交易日（3月10日）某时间的最新价见表4-1，计算下一交易日（3月9日）以上执行价格看涨期权的涨跌停价格、涨跌幅限制和涨跌幅。

计算公式、计算方法、计算结果见表4-1。

表4-1　沪深300股指仿真期权的价格及涨跌幅　（单位：点）

前收盘价	前结算价	执行价格	涨停价计算值	涨停价	涨幅限制	跌停价计算值	跌停价	跌幅限制	最新价	涨跌幅
567.1	563.8	3 000	917.575	917.5	61.79%	210.025	210.1	169.92%	546.8	3.02%
462.7	463.9	3 100	817.675	817.6	76.70%	110.125	110.2	319.87%	435.4	6.14%
415.9	416.4	3 150	770.175	770.1	85.16%	62.625	62.7	563.32%	389.5	6.46%

表4-1中跌停价的取值方法为：不低于计算结果，且考虑最小变动价位0.1的规定。如执行价格为3000点的看涨期权，跌停价计算结果为210.025点，保留1位小数，且不低于计算结果，所以跌停价为210.1点。

（二）上证50ETF期权涨跌停价格和涨跌幅计算

1. 涨跌停价格计算。上海证券交易所的股票、基金等上市品种每日价格最大波动限制为上一交易日收盘价的±10%，上证50ETF期权的涨跌停价格计算与标的基金涨跌停价格的计算方法不同。

上证50ETF期权合约涨跌停价格的计算公式为：

合约涨跌停价格＝合约前结算价格±最大涨跌幅

认购期权最大涨幅＝max{合约标的前收盘价×0.5%，min[（2×合约标的前收盘价－行权价格），合约标的前收盘价]×10%}

认购期权最大跌幅＝合约标的前收盘价×10%

认沽期权最大涨幅＝max{行权价格×0.5%，min[（2×行权价格－合约标的前收盘价），合约标的前收盘价]×10%}

认沽期权最大跌幅＝合约标的前收盘价×10%

根据市场需要，交易所可以调整期权合约涨跌停价格计算公式的参数。

【例4-4】上海证券交易所上证50ETF期权涨跌幅和涨跌停价格的

计算。

2015 年 3 月 2 日，510050C1503M02400 期权的结算价为 0.0922 元，510050P1503M02400 期权的结算价为 0.0478 元，合约标的上证 50ETF 的收盘价为 2.441 元。计算以上两期权下一交易日的涨跌幅和涨跌停价格。

（1）认购期权的涨跌停价格：

（2×合约标的前收盘价 - 行权价格）×10% =（2×2.441 - 2.40）×10%
= 24.82%

合约标的前收盘价×10% = 2.441×10% = 24.41%

24.82% 和 24.41% 中取最小值 24.41%。

合约标的前收盘价×0.5% = 2.441×0.5% = 1.22%

1.22% 和 24.41% 中取最大值 24.41%。

所以，该看涨期权下一交易日的最大涨幅为 24.41%。

认购期权涨停价格 = 合约前结算价格 + 最大涨幅
= 0.0922 + 24.41% = 0.3363（元）

认购期权最大跌幅 = 合约标的前收盘价×10% = 24.41%

认购期权跌停价格 = 合约前结算价格 - 最大跌幅
= 0.0922 - 24.41% = -0.1519 < 0.0001

由于跌停价计算结果小于最小变动价位 0.0001，所以该期权的跌停价为 0.0001 元。

（2）认沽期权的涨跌停价格：

（2×行权价格 - 合约标的前收盘价）×10% =（2×2.4 - 2.441）×10%
= 23.59%

合约标的前收盘价×10% = 2.441×10% = 24.41%

两者的最小值为 23.59%。

23.59% 和 24.41% 中取最小值 23.59%。

行权价格×0.5% = 2.4×0.5% = 1.2%

1.22% 和 23.59% 中取最大值 23.59%。

所以，该看跌期权下一交易日的最大涨幅为 23.59%。

认沽期权涨停价格 = 合约前结算价格 + 最大涨幅
= 0.0478 + 23.59% = 0.2837（元）

认沽期权最大跌幅 = 合约标的前收盘价 × 10% = 2.441 × 10% = 24.41%

认沽期权跌停价格 = 合约前结算价格 - 最大跌幅

= 0.0478 - 24.41% = - 0.1963 < 0.0001

该看跌期权的跌停价格为 0.0001 元。

2. 涨跌幅限制和涨跌幅计算。上证 30ETF 期权涨跌幅计算公式为：

上涨幅度 = [(最新价 - 前结算价)/前结算价] × 100%

下跌幅度 = [(前结算价 - 最新价)/前结算价] × 100%

当期权价格达到涨停价或跌停价时，所对应的涨跌幅即为涨跌幅限制，即交易日期权所能够达到的最大涨跌幅度。

对上证 50ETF 期权合约涨跌幅和涨跌停价格计算公式进行比较可知，计算涨跌停价格的公式中所用到的认购和认沽期权最大涨跌幅并非下一交易日期权合约的涨跌幅限制，而只是用于计算涨跌停价格的指标。

【例 4 - 5】 计算 2015 年 3 月 3 日，510050C1503M02400 合约和 510050P1503M02400 合约的涨跌幅限制，如果 510050C1503M02400 合约的价格为 0.0658 元，其涨跌幅为多少？

由例 4 - 4 资料和计算结果可知，3 月 3 日前一交易日，即 3 月 2 日，两合约的结算价分别为 0.0922 元和 0.0478 元，涨停价格分别为 0.3363 元和 0.2837 元，跌停价格均为 0.0001 元。计算以上两期权下一交易日的涨跌幅和涨跌停价格。

（1）认购期权的涨跌幅限制：

认购期权涨幅限制 = (涨停价 - 前结算价)/前结算价

= (0.3363 - 0.0922)/0.0922 × 100% = 264.75%

认购期权跌幅限制 = (前结算价 - 跌停价)/前结算价

= (0.0922 - 0.0001)/0.0922 × 100% = 99.89%

（2）认沽期权的涨跌幅限制：

认沽期权涨幅限制 = (涨停价 - 前结算价)/前结算价

= (0.2837 - 0.0478)/0.0478 × 100% = 495.51%

认沽期权跌幅限制 = (前结算价 - 跌停价)/前结算价

= (0.0478 - 0.0001)/0.0478 × 100% = 99.79%

（3）认购期权涨跌幅计算：

由于期权价格较上一交易日下跌，所以应该计算该看涨期权的跌幅。

认购期权跌幅 =（前结算价 − 期权价格）/前结算价

$$=(0.0922-0.0658)/0.0922\times 100\%=28.63\%$$

表 4 − 2 为 2015 年 2 月 26 日，计算的 2015 年 3 月到期的所有执行价格的上证 50ETF 看涨和看跌期权的涨跌停价格和涨跌幅限制值。

表 4 − 2　到期时间相同、行权价格不同的上证 50ETF 期权的涨跌幅限制

（单位：点）

合约交易代码	涨停价格	跌停价格	前结算价	期权涨幅限制	期权涨幅限制
510050C1503M02200	0.4692	0.0001	0.2281	105.70%	99.96%
510050C1503M02250	0.4241	0.0001	0.1830	131.75%	99.95%
510050C1503M02300	0.3824	0.0001	0.1413	170.63%	99.93%
510050C1503M02350	0.3489	0.0001	0.1078	223.65%	99.91%
510050C1503M02400	0.3180	0.0001	0.0769	313.52%	99.87%
510050C1503M02500	0.2670	0.0001	0.0348	667.24%	99.71%
510050P1503M02200	0.2116	0.0001	0.0127	1566.14%	99.21%
510050P1503M02250	0.2284	0.0001	0.0195	1071.28%	99.49%
510050P1503M02300	0.2479	0.0001	0.0290	754.83%	99.66%
510050P1503M02350	0.2718	0.0001	0.0429	533.57%	99.77%
510050P1503M02400	0.3028	0.0001	0.0639	373.87%	99.84%
510050P1503M02500	0.3615	0.0001	0.1204	200.25%	99.92%

表 4 − 2 可见，上证 50ETF 期权涨跌幅限制可以远远大于标的基金 10% 的涨跌幅限制。

第二节
期权建立和头寸了结方式

一、期权建仓方式

期权建仓方式在第二章已经做了介绍，包括开仓买入和开仓卖出。

开仓买入包括开仓买入看涨期权和开仓买入看跌期权，开仓成交后的头寸称为多头，分别为看涨期权多头（Call Option Long）和看跌期权多头（Put Option Long）。

开仓卖出包括开仓卖出看涨期权和开仓卖出看跌期权，开仓卖出成交后的头寸称为空头，分别为看涨期权空头（Call Option Short）和看跌期权空头（Put Option Short）。

二、期权头寸的了结方式

期权多头头寸和空头头寸的了结方式不同。

（一）期权多头了结头寸的方式

期权多头即买方获得期权头寸后，可以通过对冲平仓、行权等方式将期权头寸了结，也可以持有期权至合约到期。

1. 对冲平仓。无论标的物市场价格的变化趋势是否对期权买方有利，期权买方均可选择对冲平仓的方式了结其持有的期权头寸，即卖出相同期限、相同合约月份且执行价格相同的期权，对冲其持有的期权头寸。如果标的物市场价格的变化趋势对买方有利，如看涨期权标的物市场价格上涨或看跌期权标的物市场价格下跌，期权价格通常会随之上涨，买方可通过对冲平仓获利了结其期权头寸；反之，如果标的物市场价格的变化趋势对买方不利，期权价格通常会随之下跌，期权买方无望行权或希望早点了结期权头寸，也可选择对冲平仓的方式将期权头寸了结，以避免损失全部权利金。买方将期权头寸了结后，权利也随之消失。

【例4-6】 2015年2月11日，交易者以0.1261的价格买入2张上证50ETF510050C1504M02350期权，2月12日14:40时，交易者想了结期权头寸。当时期权的价格为0.1016元，上证50ETF的价格为2.382元。由于上证50ETF期权为欧式期权，所以只能以对冲平仓了结期权。

交易者以0.1016元的价格卖出2张510050C1504M02350期权合约，期权的合约规模为10 000份标的基金：

平仓损益 $=2\times10\,000\times(0.1016-0.1261)=-490$（元）

如果开仓时为买入，平仓时必须是卖出；反之亦然。所平仓的期权必须与建仓期权为同一期权，即开仓和平仓的合约代码中，除"M"外其他代码内容应该完全相同，包括标的合约、到期月份、执行价格等均应相同，如果全部平仓，数量也应该相等。

2. 行权了结。当看涨期权标的资产价格高于执行价格、看跌期权标的资产价格低于执行价格时，期权买方可选择行权的方式了结其期权头寸。

行权时，看涨期权买方按执行价格买入标的资产，其持仓转为标的资产多头；看跌期权买方按执行价格卖出标的资产，其持仓转为标的资产空头（此处介绍的头寸转换是在不考虑其他持仓的情况下，本部分下面的介绍也是如此）。

美式期权的买方可在期权有效期内的任何交易时间行权，欧式期权只能在到期日行权。但标的资产不支付收益的美式看涨期权不应该提前行权，即期权多头会持有期权至到期。到期时，按交易所规定，有些交易所会自动执行实值期权，除非交易者提出不执行的意见。上海证券交易所规定，交易者不提出行权，视为放弃执行。

下面通过案例比较行权了结和平仓了结哪种方式更有利。

【例4-7】 2015年1月22日，招商银行H股的价格为18.32港元，某交易者以当日收盘价1.34港元购买了100张2015年2月到期的执行价格为17.5港元的招商银行H股股票的看涨期权（每张合约的合约规模为500股）。

2月11日，招商银行H股下跌至17.72港元，期权价格跌至0.55港元。交易者决定将期权了结，该期权为美式期权，交易者可以行权了结期

权，也可以对冲平仓。

如果交易者执行期权，以 17.5 港元的价格购买股票，并将股票以市场价格 17.72 港元卖出：

行权损益 = 17.72 - 17.5 - 1.34 = -1.12（港元）

总损益 = -100 × 500 × 1.12 = -56 000（港元）

如果交易者将期权卖出平仓：

平仓损益 = 0.55 - 1.34 = -0.79（港元）

总损益 = -100 × 500 × 0.79 = -39 500（港元）

因此，在不考虑交易成本和行权成本的情况下，平仓了结期权比行权了结更有利。如果考虑以上成本，由于行权了结期权，行权成本加上卖出标的资产的成本应该高于将期权直接卖出的成本。因此，考虑交易成本时，更应该考虑平仓了结期权。

3. 持有合约至到期。期权买方还可以选择持有期权合约至到期，如果到期时期权的实值额大于行权费，期权买方可提出行权申请，或交易所自动执行期权。当交易所规定自动执行实值期权或实值额大于行权费的期权时，买方如果不想行权，要提出放弃行权的申请，否则视为提出行权申请。

如果到期时期权为虚值期权、平值或实值，但实值额小于行权费，则买方应该放弃行权，期权作废，买方的权利随之消除。

对于虚值期权，买方应根据对标的资产价格变化趋势的判断，尽可能早地选择对冲平仓的方式将期权了结，从而避免遭受全部权利金损失。

【例 4-8】 2015 年 1 月 22 日，某交易者以当日收盘价 1.12 港元购买了 100 张 2015 年 3 月到期的执行价格为 18.5 港元的招商银行 H 股股票的看涨期权（每张合约的合约规模为 500 股）。

2 月 11 日，标的股票下跌至 17.72 港元，期权价格下跌至 0.41 港元。如果在合约最后交易日及到期日（3 月 30 日，合约月份的最后第二个营业日），招商银行 H 股的价格仍然在 18.5 港元以下，交易者将损失全部权利金 1.12 港元。如果交易者在当前以 0.41 港元将期权平仓，可挽回部分损失，购买每股股票的权利减少损失 0.41 港元，100 张合计减少损失 20 500 港元（100 × 500 × 0.41）。

由于 17.72 港元至 18.5 港元仅差 0.78 港元，在期权有效期内股票价格上涨0.78港元以上，涨幅超过4.4%的可能性应该很大，交易者决定继续持有期权。

（二）期权空头了结头寸的方式

期权空头即卖方获得期权空头头寸后，只能通过对冲平仓了结头寸，或接受买方行权，当没有接到交易所或结算公司的履约要求时，空头可选择持有期权至合约到期。

1. 对冲平仓。同样，无论标的物市场价格的变化趋势是否对期权卖方有利，期权卖方均可选择对冲平仓的方式了结其持有的期权头寸，即买进相同期限、相同合约月份且执行价格相同的期权，对冲其持有的期权头寸。如果标的物市场价格的变化趋势对卖方有利，如看涨期权标的物市场价格下跌或看跌期权标的物市场价格上涨，期权价格均会随之下跌，卖方可通过对冲平仓的形式获利了结其期权头寸；反之，如果标的物市场价格的变化趋势对卖方不利，期权价格会随之上涨，期权卖方也可选择对冲平仓的方式将期权头寸了结，尽可能减少价格不利变化所造成的损失。卖方将期权头寸了结后，履约义务也随之解除。

2. 接受买方行权。当期权买方要求行权时，卖方接到交易所或结算公司的履约要求时，必须履约。看涨期权卖方履约时，按照执行价格卖出标的资产，其持仓转为标的物空头；看跌期权卖方履约时，按照执行价格买进标的资产，其持仓转为标的物多头。

【例4-9】2015年1月22日，某交易者认为招商银行H股价格不会上涨，于是决定卖出该股票的看涨期权赚取收益。交易者以1.34港元的价格卖出100张2015年2月到期、执行价格为17.5港元的招商银行H股看涨期权。

2月11日，招商银行H股的价格为17.72港元时，如果期权买方行权，卖方被要求履约时，交易者需在市场上以17.72港元买进股票，然后履约以17.50港元将股票卖出。

履约损益 $=100\times500\times(17.5-17.72+1.34)=56\ 000$（港元）

同样，如果交易者买进期权对冲平仓，平仓收益将低于履约收益。所以，对卖方而言，如果买方行权时，履约了结期权比对冲平仓了结期权应该

更有利。

【例 4－10】2015 年 1 月 22 日，某交易者认为招商银行 H 股的价格不会下跌，于是决定卖出该股票的看跌期权赚取收益。交易者以 1.29 港元的价格卖出 100 张 2015 年 3 月到期、执行价格为 18.5 港元的招商银行 H 股看跌期权。

2 月 11 日，招商银行 H 股的价格为 17.72 港元，期权价格为 1.20 港元，如果期权买方行权，卖方被要求履约时，交易者以 18.5 港元履约买进股票，然后以 17.98 港元将股票卖出，则：

履约损益 $=100\times500\times(17.72-18.5+1.29)=25\ 500$（港元）

如果交易者在买方行权前买进期权对冲平仓，则：

平仓损益 $=100\times500\times(1.29-1.20)=4\ 500$（港元）

因此，履约了结期权比对冲平仓更有利。

由于接受买方行权是被动行为，通常情况下，买方可能不会选择行权了结期权。因此，对卖方而言，还要分析标的资产价格趋势并决定是继续持有期权还是将期权对冲平仓。

3. 持有合约至到期。在期权到期时，如果此时期权为实值，且实值额大于行权费，买方会选择行权，或交易所自动执行期权。期权卖方被指定履约时，看涨期权卖方按执行价格卖出标的资产，其持仓转为标的资产空头；看跌期权卖方按执行价格购买标的资产，其持仓转为标的资产多头。如果到期时期权为虚值、平值或实值，但实值额小于行权价，期权不会被执行，卖方将获得全部权利金收入，且履约责任自动免除。

第三节 期权的做市商制度

与其他场内交易品种不同，大多数交易所期权交易采用做市商制来促成交易。做市商（Maker Market）作为买卖双方的交易对手，向期权报价方和询价方（买方和卖方）报出买卖价格，所报出的卖价一定高于买价，做市商的收益为买卖价差，交易所会设定买卖价差的上限。此外，交易所对做市商参与市场还有其他规定。例如，香港交易所对做市商的规定包括：做市商的执照申请、执照形式及期限、做市商的权利和义务、对冲活动记录、暂停、撤销以及交回执照等内容。做市商申请者向交易所申请做市商资格时，需向交易所注明其选定的责任范围或报价方式是回应报价还是持续报价等。

选择持续报价的做市商有责任就所持有的做市商执照所涉及期权类别的指定期权系列，提供不少于交易所指定最低数量的期权合约的持续报价。

选择回应报价的做市商有责任在收到有关其当时持有的做市商执照所涉期权类别的一个期权系列开价要求后：①将不少于交易所规定的最低数量的期权合约的开价盘输入期权交易系统；②维持报价至交易所规定的最短期限；③在收到该开价要求后与交易所指定的期限内作出回应。

上海证券交易所股票期权试点做市商业务指引，对做市商业务规定如下：

第一，向投资者提供双边持续报价。

第二，对投资者询价提供双边回应报价。

第三，本所规定或者做市协议约定的其他业务。

对做市规则的主要规定如下：

第一，单个合约品种可以有多个做市商提供做市服务。

第二，做市商应当使用自有资金开展做市业务。

第三，合约品种的做市指标，包括但不限于下列要素：

（1）最大买卖价差；

（2）最小报价数量；

（3）参与率；

（4）合约覆盖率；

（5）回应报价的最长回应时间以及最短保留时间；

（6）其他做市指标。

第四，出现下列情形之一的，相应豁免做市商的做市义务：

（1）期权合约交易价格达到涨停或者跌停价格，做市商可以仅提供单边报价。

（2）当合约标的为股票的期权合约的交易价格小于 0.005 元，或者合

约标的为交易所交易型开放式指数基金的期权合约的交易价格小于0.001元时，做市商可以暂停对该合约提供买入报价。

（3）因不可抗力、意外事件或者技术故障等导致无法继续提供做市服务，做市商可以暂停对部分或者全部合约品种提供做市服务，并及时向本所报告。

（4）本所规定的其他情形。

由于做市商的存在，使交易所期权能够保持持续交易。期权交易做市商制度的引入，促进了期权交易的活跃，增加了市场流动性，为期权市场的迅速发展做出了重要贡献。

第四节 期权的执行、结算与保证金制度

一、期权的执行

（一）执行程序

当期权买方希望执行期权时，可以向其经纪人发出执行指令，或向经纪人发一份履约通知书，通知经纪人要求执行期权，经纪人随后向交易所或结算公司发出执行指令。如果其经纪人不是交易所或结算公司的结算会员，则经纪人需通知其在交易所或结算公司的结算会员，由结算会员向交易所或结算公司发出执行指令。交易所或结算公司收到执行指令后，会随机选择某持有相同期权的卖方会员，被选中的卖方会员按实现约定的程序，选择持有该期权卖方的客户，该客户称为被指定。如果是看涨期权，被指定的看涨期权卖方需按执行价格出售标的资产；如果是看跌期权，被指定的看跌期权卖方需按执行价格买入标的资产。

在期权到期日，有些交易所会自动执行实值期权，或实值额大于行权费的期权，除非期权买方通知交易所或经纪人放弃执行期权。当考虑到过高的交易成本或标的资产市场价格波动可能导致执行期权后会亏损时，期权买方会提出放弃执行期权。通常情况下，多数交易所期权交易规则会规定到期日实值期权执行程序。

（二）中国金融期货交易所股指仿真期权的执行

中国金融期货交易所股指期权仿真交易业务规则关于行权和履约的相关规定如下：

最后交易日，交易所对于到期股指期权合约的买方持仓进行如下处理：

（1）对于实值额大于交易所规定的期权合约行权手续费的实值期权，视为买方提出行权申请，买方在交易所规定时间之前提出放弃行权申请的除外。

（2）对于虚值期权、平值期权以及实值额小于或者等于交易所规定行权手续费的实值期权买方提出的行权申请，交易所不予行权。

由此可见，平值和虚值期权，交易所不予行权。对于实值期权，当实值额小于或等于行权手续费时，交易所也不予行权，当实值额大于行权手续费而买方没有在规定时间提出放弃行权申请时，交易所会自动执行，持有实值期权的买方不用担心忘记执行期权。

股指期权合约到期日，以其行权价格与交割结算价判断其实值、平值或虚值程度。其中：

看涨期权实值额 = max[（交割结算价 - 股指期权合约行权价格）× 合约乘数，0]

看跌期权实值额 = max[（股指期权合约行权价格 - 交割结算价）× 合约乘数，0]

交易所对于符合行权条件的买方客户持仓，按照持仓比例选择相应的卖方客户持仓。同一客户在同一会员处某一期权合约上持有买卖持仓的，其卖持仓在扣除提出放弃行权申请的买持仓数量后，参与行权。

【例 4-11】 2015 年 2 月 20 日为 2015 年 2 月到期的沪深 300 股指仿真期权合约的到期日。该日，中国金融期货交易所公布的 IF1502 合约的交割结算价为 3492.92 点。计算 2015 年 2 月到期、执行价格为 3450 点和 3500 点的沪深 300 股指看涨和看跌期权的实值额，并分析行权的可能性。

注：沪深 300 股指期货合约和沪深 300 股指期权仿真合约的最后交易日

均为合约到期月份的第三个周五，所以，到期月份相同的沪深300股指期权仿真合约的最后交易日和沪深300股指期货合约的最后交易日为同一日。以上两合约交割结算价的计算方法均为最后交易日标的指数最后2小时的算术平均价。因此，到期月份相同的沪深300股指期权仿真系列合约的交割结算价与到期月份相同的沪深300股指期货合约的交割结算价相同。

由此可知，2015年2月到期的所有执行价格的沪深300股指仿真期权合约的交割结算价均为3492.92点。

由于交割结算价3492.92大于3450点而小于3500点，所以执行价格为3450点的看涨期权为实值，看跌期权为虚值；执行价格为3500点的看涨期权为虚值，看跌期权为实值。

执行价格为3450点的看涨期权实值额＝(3 492.92－3 450)×100
＝4 292（元）

执行价格为3500点的看跌期权实值额＝(3 500－3 492.92)×100
＝708（元）

如果以上实值额大于交易所规定的行权手续费，视为买方提出行权申请，除非买方提出放弃行权的申请；如果实值额小于或者等于交易所规定的行权手续费，交易所不予行权。

中国金融期货交易所股指仿真期权的执行费为成交金额的万分之一，看涨期权买方行权时，按3450点买进股票价格指数，成交金额为345 000元(3 450×100)，买方行权时要缴纳34.5元（345 000×1/10 000）的行权费，小于看涨期权的实值额4 292元，所以当买方在交易所规定时间之前没有提出放弃行权，在期权到期日交易所会自动执行该看涨期权。

看跌期权买方行权时，按3500点卖出股票价格指数，成交金额为350 000元（3 500×100)，行权费为35元（350 000×1/10 000)，小于看跌期权的实值额708元。同样，如果买方不提出放弃行权申请，在期权到期日交易所会自动执行该看跌期权。

（三）上海证券交易所ETF期权的执行

上海证券交易所股票期权试点交易规则关于行权的相关规定如下：

期权买方可以决定在合约规定期间内是否行权。买方决定行权的，可以特定价格买入或者卖出相应数量的合约标的。

期权卖方应当按照上海证券交易所及中国证券登记结算有限责任公司的规定履行相应义务。

期权买方行权的，应当委托期权经营机构通过上海证券交易所申报。

期权买方行权的，应当在期权合约行权日申报，本规则另有规定的除外。

上海证券交易所接受行权申报的时间，为期权合约行权日的9:15～9:25、9:30～11:30、13:00～15:30。根据市场情况，上海证券交易所可以调整接受行权申报的时间。

由此可见，上海证券交易所股票期权的行权由买方提出申请，而非交易所自动执行。因此，持有实值期权的买方如果不提出申请，期权到期后会与虚值和平值期权一样作废。

期权合约行权的申报数量为1张或其整数倍。当日多次申报行权的，按照累计有效申报数量行权。

当日买入的期权合约，当日可以行权。当日行权申报指令，当日有效，当日可以撤销。

上海证券交易所于接受行权申报时间结束后，将行权申报发送至中国证券登记结算有限公司。

中国证券登记结算有限责任公司于当日日终对投资者合约持仓数量、用于行权的合约标的等情况进行校验，并按照其业务规则，对有效的行权申报进行行权指派。

期权合约行权交收日为行权日的次一交易日。

对于行权交割时，如果行权日和交收日遇合约标的全天停牌、临时停牌直至收盘，或应交付的合约标的不足部分，按照中国证券登记结算有限责任公司公布的价格，以现金结算方式进行行权交割。

期权合约标的为交易所交易基金的，行权现金结算价格的计算公式为：

行权现金结算价格＝交易所交易基金前－交易日的单位净值×（1＋对应指数当日涨跌幅）

采用现金结算时，行权结算价由标的基金以及对应指数涨跌幅决定。

投资者在行权交割中出现应交付的合约标的不足、其合约账户持有未到

期备兑开仓的，相应备兑证券将被用于当日的行权交割。由此造成的备兑证券不足部分，应于次一交易日规定时间内补足。

期权经营机构应当及时通知客户补足相应备兑证券。

二、期权的结算

（一）结算的含义及相关规定

由于期权卖方存在履约的义务，为担保履约，交易所或结算机构要求卖方缴纳履约保证金，并对保证金账户进行核实，核实的过程也称为结算。

期权结算机构的职能与期货结算机构的职能相似，即担保交易履约、结算交易盈亏、控制市场风险等。此外，结算机构还要记录期权多头头寸和空头头寸的状况、组织期权执行等。

所有的期权交易都必须通过结算机构的会员进行结算。如果客户的经纪人不是结算机构的会员，则其经纪人必须通过期权结算机构的会员来结清交易。会员必须满足资本金的最低限额要求，而且必须提供特殊资金。在我国期货市场，称此特殊资金为结算准备金，用于弥补会员违约给结算机构造成的损失。

担保交易履约、控制市场风险也主要是通过管理客户和会员的保证金账户实施的。对于期权卖方，必须在经纪人公司开设保证金账户，而同时经纪人必须在结算机构或负责结算其交易的结算会员公司处开设保证金账户。

根据保证金要求的不同，结算方式也不相同。

通常情况下，期货公司实施每日结算或称为逐日盯市制度，对会员的结算准备金账户进行核实，如果会员的结算准备金账户低于规定标准，即会收到追加保证金要求或将其全部或部分持仓实施强行平仓。会员对其客户的保证金账户进行核算，如果客户保证金账户中的可用资金低于规定标准，会收到追加保证金要求或将其全部或部分持仓实施强行平仓。

（二）中国金融期货交易所股指仿真期权的结算

中国金融期货交易所股指期权仿真交易业务规则关于结算的相关规定如下：

股指期权的结算，是指根据股指期权合约的交易结果和交易所有关规定对会员交易保证金、权利金、手续费及其他有关款项进行计算、划拨的业务活动。

股指期权买方开仓时，按照成交价格支付权利金；买方平仓时，按照成交价格收取权利金。

股指期权卖方开仓时，按照成交价格收取权利金；股指期权卖方平仓时，按照成交价格支付权利金。

当日结算时，交易所根据股指期权合约当日结算价、行权价格以及标的指数当日收盘价计算股指期权卖方交易保证金。

当会员的交易保证金超过上一交易日结算时的交易保证金时，超过部分从结算准备金中扣划，交易保证金低于上一交易日结算时的交易保证金部分划入结算准备金。

权利金的收取或支付相应地增加或减少结算准备金。

手续费、税金等各项费用从结算准备金中扣划。

结算准备金余额的具体计算公式如下：

当日结算准备金余额 = 上一交易日结算准备金余额 + 上一交易日交易保证金 - 当日交易保证金 + 当日权利金收取 - 当日权利金支付 + 当日盈亏 + 入金 - 出金 - 手续费等

期权交易当日盈亏的计算与期货交易的当日盈亏计算相似，包括持仓盈亏和平仓盈亏计算。持仓盈亏的计算包括持当日仓盈亏和持历史仓盈亏的计算，平仓盈亏的计算包括平当日仓盈亏和平历史仓盈亏的计算。

交易所对会员采用逐日盯市的结算方式，持当日仓以当日开仓价与当日结算价的差计算盈亏，持历史仓以当日结算价与前结算价的差计算盈亏，平当日仓以开仓价与平仓价的差计算盈亏，平历史仓以平仓价与前结算价的差计算盈亏。

股指期权仿真合约为欧式期权，在期权到期日按交割结算价与行权价的差计算行权盈亏。

股指期权合约行权盈亏计入当日盈亏。盈利划入结算准备金，亏损从结算准备金中扣划。

股指期权合约行权盈亏 = Σ[（交割结算价 - 行权价格）× 买入看涨期权合约行权数量 × 合约乘数] + Σ[（行权价格 - 交割结算价）× 买入看跌期权

合约行权数量×合约乘数] - Σ[(交割结算价 - 行权价格)×卖出看涨期权合约行权数量×合约乘数] - Σ[(行权价格 - 交割结算价)×卖出看跌期权合约行权数量×合约乘数]

【例4-12】 2015年2月16日，某交易者以129.1点的价格购买了一张IO1502-P-3550（2015年2月到期、执行价格为3550点的沪深300股指看跌期权合约（仿真））并一直持有，计算合约到期日交易者的行权盈亏。

合约到期日（2015年2月20日），中国金融期货交易所公布的IF1502合约的交割结算价为3492.92点。

看跌期权买方行权盈亏 =(行权价格 - 交割结算价)×买入看跌期权数量×合约乘数 =(3 550 - 3 492.92)×1×100 = 5 708（元）

该笔行权盈亏致使该交易者的经纪公司（交易所会员）的结算准备金账户增加5 708元。

【例4-13】 2015年2月16日，某交易者以63.7点的价格购买了一张IO1502-C-3550［2015年2月到期、执行价格为3550点的沪深300股指看涨期权合约（仿真）］并一直持有，计算合约到期日交易者的行权盈亏。

由于交割结算价为3492.92点，低于执行价格3550点，所以该看涨期权买方放弃行权，行权盈亏为0，但交易者损失了全部权利金6 370元(63.7×100)。

（三）上海证券交易所股票期权的结算

上海证券交易所对期权卖方收取保证金的标准和期货交易所不同，结算方法也不相同。

上海证券交易所的保证金分为初始保证金和维持保证金，交易所对会员、会员对客户的维持保证金账户进行每日核算。但与期货交易的每日结算不同，交易所或结算机构并不对会员和客户的浮动盈亏每日进行划转。只有当会员和客户保证金低于维持保证金规定时，才会收到追加保证金通知，如果不能按要求补足保证金，交易所或结算机构有权将其全部或部分持仓实施强行平仓。关于初始保证金和维持保证金标准和计算，参见本章保证金的相关内容。

三、期权的交易费用

通过期权购买和出售标的资产，比直接买进和卖出标的资产多了一道交易程序，即买进和卖出期权。

期权的交易费用首先包括买卖期权的交易手续费，如果期权买方行权或卖方履约的话，则需要支付执行费用。

与交易所其他上市品种相同，期权交易手续费包括交易所收取的费用和经纪公司收取的佣金。

期权买方行权时，意味着买卖双方按执行价格买进或卖出标的资产。对于看涨期权，如果买方行权，买方按执行价格购买标的资产、卖方按执行价格卖出标的资产；对于看跌期权，如果买方行权，买方按执行价格卖出标的资产，卖方按执行价格买进标的资产。但是，无论看涨期权还是看跌期权，买方行权时需要向交易所支付执行费，而卖方履约无需支付该项费用。

（一）境外主要交易所期权交易费收取方式和标准

国际上金融交易手续费收取方式主要有两种：一是按固定金额收取；二是按照成交金额百分比收取，期权交易手续费收取方式也如此。如美国S&P500股指期权交易，手续费按固定金额收取，如每手收取手续费1.10美元；韩国Kospi 200股指期权交易则按权利金成交金额的百分比收取。

香港交易所向恒生指数期权交易者收取的交易手续费包括期权交易所收取的交易费用和证监会收取的征费，期权交易所手续费为每张期权10港元，行权费每张10港元，代收的证监会征费为每张期权0.8港元，投资者赔偿征费为每张合约0.50港元（单边计算）；对小型恒生指数期权交易者的收费标准为：手续费2港元，行权费2港元，证监会征费0.16港元，投资者赔偿征费0.10港元（单边计算）。

（二）境内交易所期权交易费收取方式和标准

中国金融期货交易所上证50和沪深300仿真期权交易的手续费为成交金额的万分之0.25，与该交易所沪深300股指期货交易的手续费标准相同。如果期权买方行权，要缴纳执行费，执行费为成交金额的万分之一，与沪深

300股指期货的交割费标准相同。期货公司在交易所收费基础上加收佣金，各期货公司的佣金不等，可能高于或低于交易所手续费。有的期货公司按固定费用收取，也有按成交金额一定比例收取的。例如，某期货公司按每手3元收取交易手续费，每手60元收取行权费，扣除应上缴交易所的费用，其余为期货公司的佣金。

上海证券交易所ETF期权的交易费用按固定标准收取，每张期权的交易费用包括：中国结算公司收取的结算费0.3元、交易所收取的经手费2元和行权费0.6元，券商在上述费用基础上加收佣金，每张期权合计收取7元至20元不等的交易费用，除去2.3元的结算及交易所经手费外，其余费用为期权交易时券商收取的佣金，0.6元的行权费只在行权时发生，而期权买卖时不含该笔费用。同样，在证券交易所上市交易的期权品种的交易费用收取方法相似，期权交易费中，证券公司收取的佣金远高于交易所收取的经手费。

对卖出开仓，包括备兑开仓，上海证券交易所规定，在股票期权试点初期暂免收取手续费，并要求证券公司对卖出开仓交易暂免收取佣金。因此，目前卖出开仓上证50ETF期权不用向交易所和证券公司缴纳交易费用。

【例4-14】上海证券交易所ETF期权交易费用案例。

2015年2月12日，某交易者以0.1009元的价格购买了1张510050C1503M02350合约，如果券商收费标准为每张10元，该交易者有权利以每份基金2.35元的价格购买10 000份基金，每份权利的手续费率为10/10 000，为0.001元。

该期权的买方购买期权的成本合计为“0.1009元+0.001元”。期权价格越低，手续费相对越高；反之，期权价格越高，手续费相对越低。

如果买方行权，需支付0.6元的行权费，则：

每份基金的行权费=0.6/10 000=0.0006（元）

期权实值额大于行权费时买方应申请行权，而行权费仅为0.0006元，不影响期权的执行，因此，上证50ETF期权行权时，仅考虑执行价格与标的基金价格关系即可。

该期权买方通过期权获得基金的成本=2.35+0.1009+0.001+0.00006
=2.452（元）

交易成本（包括手续费和行权费）占基金买价（包括执行价格和期权

费）的万分之4.32[(0.001+0.00006)/(2.35+0.1009)]。

期权买方通过期权买进或卖出标的基金，交易成本占买卖价格的比例与证券公司向交易者收取股票和基金的交易手续费相当。

四、期权的保证金制度

由于期权卖方承担的风险很大，所以期权交易时，交易所或结算公司会向期权卖方收取保证金，而买方最大的损失为交易时支付的权利金，所以无需缴纳保证金。

客户和会员的保证金分为初始保证金和维持保证金。期权交易者开仓卖出期权时，须按规定交纳保证金，此保证金称为初始保证金；客户持仓期间，其保证金账户的资金还必须维持在一定的水平上，此水平被称为维持保证金。当客户或会员保证金账户的资金达不到维持保证金水平时，会收到交易所或结算公司追加保证金的通知，如果客户或会员不能及时补足保证金，交易所或结算公司有权将其部分或全部持仓进行平仓，使其保证金账户可用资金达到规定额度。

通常情况下，交易所或结算公司会依据行权期限、交易品种、期权类型，如看涨还是看跌、期权所处状态，如实值还是虚值、是出售裸露期权还是组合期权等的不同，决定计算和收取保证金的数值和方法。

裸露期权（Naked Options），仅指期权空头头寸，又称“裸卖空”，是指卖出期权时没有与标的资产并用，即风险裸露的期权。如果是看涨期权空头，即裸看涨期权，则交易者没有标的资产多头持仓；如果是看跌期权空头，即裸看跌期权，则交易者没有标的资产空头持仓。

下面对较为简单的期权交易保证金收取规定进行介绍，通过简单期权策略保证金收取规定，反映期权保证金收取特点。

（一）保证金收取方法

目前保证金的计算方法主要分为三种：传统保证金计算方法、Delta方法和投资组合保证金模式（SPAN、TAIN、TIMS等）方法。目前我国期货市场采用的是传统的保证金计算方法。这一方法严格遵守“保证金覆盖次日最大亏损”的原则，当发生极端行情时可以避免当日穿仓的风险。但这

一方法收取的保证金比例较高，影响资金的运用效率。同时，这一收取方式也不能反映投资组合的风险水平。

1. 卖出裸期权的保证金方法。期权交易中，卖出裸期权最常用的初始保证金计算方式如下：

（1）卖出期权所得权利金 + 标的资产市价的一定比例（或标的资产交易保证金）- 减去期权的虚值数额（实值或平值为 0）

（2）卖出期权所得权利金 + 标的资产市值的一定比例（或标的资产交易保证金的一定比例，如 50%）

保证金收取标准为以上两个计算数值中的最大值。

如 CBOE 和香港交易所，卖出股票裸期权的初始保证金计算如下：

（1）卖出期权所得权利金 +20% 的标的股票的价值 - 期权的虚值数额

（2）卖出期权所得权利金 +10% 标的股票价值

裸期权方按以上计算结果最大值缴纳保证金。

以上两式表明，无论看涨期权还是看跌期权，标的股票市场价格对交易者均产生影响，所以保证金计算时要加标的股票价值的一定比例；标的股票的虚值程度越大，买方行权机会越小，对卖方越有利，所以减去虚值额；当虚值程度特别大时，（2）式计算结果会大于（1）式；如果是实值期权，则按（2）式结果收取。

【例 4 - 15】 计算卖出虚值裸看涨期权的初始保证金。

2015 年 1 月 22 日，某交易者在香港交易所以 1.12 港元的价格卖出 10 张 2015 年 3 月到期的执行价格为 18.5 港元的招商银行 H 股股票的看涨期权（每张合约的合约规模为 500 股）。当时招商银行 H 股的价格为 18.32 港元。

该交易者需缴纳的初始保证金金额的计算如下：

（1）$10 \times 500 \times 1.12 + 20\% \times 10 \times 18.32 \times 500 - (18.5 - 18.32) \times 10 \times 500 = 32\ 020$（港元）

（2）$10 \times 500 \times 1.12 + 10\% \times 10 \times 18.32 \times 500 = 14\ 760$（港元）

该交易者需要缴纳的初始保证金为 32 020 港元。

【例 4 - 16】 2015 年 1 月 22 日，某交易者以当日收盘价 1.34 港元卖出了 10 张 2015 年 2 月到期的执行价格为 17.5 港元的招商银行 H 股股票的看涨期权。

由于行权价格低于当时招商银行 H 股股票的价格，所以期权为实值，按（2）式计算结果收取保证金：

交易者需缴纳保证金金额 = 10 × 500 × 1.34 + 10% × 10 × 18.32 × 500
= 15 860（港元）

2. 卖出有保护期权的保证金收取方法。如果卖出有保护的看涨期权，则可以考虑将保护期权的资产充当保证金，即对于出售有保护的期权，如果保护是充分的，则不需要向结算机构交付更多的保证金。

对于标的物多头或空头，卖出看涨或看跌期权可视为卖出有保护期权。

如香港交易所对卖出一份有保护的看涨期权的规定为：若客户持有某股票，当其卖出该股票的看涨期权时，可视为卖出一份有保护的看涨期权，其所持股票须转入保证金账户，结算机构将不对该客户的期权持仓提出保证金要求，而且其所持股份数不得少于售出看涨期权的股份数。任何卖出的期权如果超出所持股份数目，超出部分按照裸期权要求收取保证金。

3. 依据配对接受买方行权的卖方，保证金收取方法。某期权卖方经结算系统配对而要求接受买方行权，包括卖出看涨期权（标的物交付）和卖出看跌期权（标的物交收），配对成功后，卖方须向其在结算公司的保证金账户中存入要求的保证金金额。

（1）待定股票交付（配对卖出股票）。待定股票交付是指裸看涨期权方，以香港交易所为例，该交易所对股票交付保证金的要求，是下面两个结果的最大值：

①[（120% ×标的股票价格）- 执行价格] × 交付手数 × 每手股数

② 0

如果在建仓时交易者已经按建仓和持仓要求缴纳了保证，则需按配对交付的要求重新核定保证金。对于裸看涨期权，卖方先从市场上买进标的资产，再按执行价格将标的资产出售给期权买方，标的资产价格与执行价格的差即为其履约保证。考虑到市场价格的变化，将标的资产买价提高 20%。

当买方要求行权时，标的资产价格应该高于执行价格，①式计算结果应该大于 0。

【例 4 - 17】 例 4 - 16 中，交易者以 1.34 港元卖出 10 张 2015 年 2 月到

期的执行价格为17.5港元的招商银行H股股票的看涨期权后，招商银行H股股票价格一直在18港元震荡；2月13日，标的股票价格为18.18港元，看涨期权的价格下跌至0.76港元，买方要求行权，该交易者被要求履约。

结算机构对该交易者配对卖出股票要求交付的保证金进行核定，核定额依据①式计算：

配对保证金额度=[(120%×18.16)-17.5]×10×500=21 460（港元）

交易者已缴纳了初始保证金15 860港元，如果期间没有补交也没有退出的话，则：

该交易者被指定行权需补交的保证金=21 460-15 860=5 600（港元）

(2) 待定股票交收（配对买入股票）。待定股票交收是指裸看跌期权方，以香港交易所为例，该交易所对股票交收保证金的要求，是下面两个结果的最大值：

①(执行价格-80%×标的股票价格)×交收手数×每手股数

② 0

同样的，如果在建仓时交易者已经按建仓和持仓要求缴纳了保证，也需按配对交付的要求重新核定保证金。对于裸看跌期权，卖方按执行价格购买标的资产，可以按市场价格再将标的资产卖出，执行价格与标的资产价格的差即为其履约保证。考虑到市场价格的变化，标的股票价格卖价降低20%。

看跌期权买方要求行权时，执行价格应该高于标的资产市场价格，①式计算结果应该大于0。

【例4-18】 2015年1月22日，交易者以1.29港元的价格卖出10张2015年3月到期、执行价格为18.5港元的招商银行H股看跌期权，计算交易者应缴纳的保证金。

由于看跌期权为实值期权，所以按初始保证金计算公式②计算：

卖方需要缴纳的初始保证金额度=10×500×1.29+10%×18.32×10×500
=15 610（港元）

2月11日，招商银行H股的价格下跌至17.72港元，期权价格为1.20港元，买方要求行权，该卖方被要求履约：

重新核定的保证金额度=(18.5-80%×17.72)×10×500
=21 620（港元）

交易者已缴纳了初始保证金 15 610 港元，如果期间没有补交也没有退出的话：

该交易者被指定履约需补交的保证金 = 21 620 - 15 610 = 6 010（港元）

4. Delta 方法和投资组合保证金模式。与 Delta 方法和投资组合保证金模式等方法相比，前面介绍的方法称为传统方法，Delta 方法和投资组合保证金模式等方法结合期权特性设置保证金要求，相比传统方法应该更合理，但计算和收取相对复杂。

（1）Delta 方法。Delta 表示期货价格变动 1 个单位时期权价格的变动程度。

$Delta = df/ds$

式中，f——期权价格；s——标的资产价格。

Delta 方法是将期权合约通过 Delta 折算成相应的期货合约，并据此确定期权合约保证金水平的一种方法。

期权保证金 = 权利金 + $Delta$ × 期货保证金

按照 Delta 方法的收取标准，深度虚值的期权空头保证金要求较低，当虚值程度逐渐减小时保证金收取会不断增加。此方法计算出来的保证金比按照以上传统方法计算出来的保证金要低，提高了资金运用的效率。但是这种方法的问题在于只考虑了价格波动对于整体头寸风险的影响，忽略了影响期权价格的其他因素。

（2）SPAN 模式。SPAN（Standard Portfolio Analysis of Risk）是一套综合性的保证金计算系统，它利用组合的方法去估计整个投资组合的风险。其原理是模拟资产组合市场状况的变化可能出现的各种反应，从而得到最大可能的日亏损值。然后将估算的风险减去可以抵消的风险，逐步修正得到比较合理的保证金数值。保证金计算公式为：

保证金 = $\sum$各资产的风险值 - 期权净收益

该方法有效降低了投资组合的保证金，提高了资金使用效率，是目前国际市场上比较流行的保证金收取模式。

（二）中国金融期货交易所股指仿真期权保证金收取方法

股指期权仿真交易实行保证金制度。股指期权卖方交易保证金计算公式如下：

每手看涨期权交易保证金＝（股指期权合约当日结算价×合约乘数）＋Max（标的指数当日收盘价×合约乘数×股指期权合约保证金调整系数－虚值额，最低保障系数×标的指数当日收盘价×合约乘数×股指期权合约保证金调整系数）

每手看跌期权交易保证金＝（股指期权合约当日结算价×合约乘数）＋Max（标的指数当日收盘价×合约乘数×股指期权合约保证金调整系数－虚值额，最低保障系数×股指期权合约行权价格×合约乘数×股指期权合约保证金调整系数）

其中，沪深300股指期权合约保证金调整系数为15%，最低保障系数为0.667。看涨期权虚值额为：Max[（股指期权合约行权价格－标的指数当日收盘价）×合约乘数，0]；看跌期权虚值额为：Max[（标的指数当日收盘价－股指期权合约行权价格）×合约乘数，0]。

买卖成交后，交易所根据每手合约交易保证金和卖出期权合约数量向卖方收取交易保证金，并且根据每日结算制度的规定，按照结算内容核算会员的结算准备金账户，会员对客户的保证金账户按照当日结算价进行核算，并将平仓盈亏、浮动盈亏和交易手续费等划入或划出会员的结算准备金账户和客户的保证金账户。当会员的结算准备金账户或客户的保证金账户中的资金低于规定标准，会收到追加保证金的通知，如果不按规定补足资金，其部分持仓或全部持仓会被强行平仓。

【例4－19】 2015年2月13日，交易者以当日收盘价69.8点的价格卖出1张IO1502－C－3500期权合约，当时沪深300股票价格指数为3469.83点，IO1502－C－3500当日结算价为71.6点，计算该交易者应缴纳的保证金。

标的指数当日收盘价×合约乘数×股指期权合约保证金调整系数－虚值额＝3 469.83×100×15%－（3 500－3 469.83）×100＝49 030.45（元）

最低保障系数×股指期权合约行权价格×合约乘数×股指期权合约保证金调整系数＝0.667×3 500×100×15%＝35 017.5（元）

每手看涨期权应缴纳的保证金＝71.6×100＋49 030.45

＝56 190.45（元）

该交易者卖出 1 张 IO1502 - C - 3500 期权，得到权利金 6 980 元（69.8 ×100），需要缴纳履约保证金 56 190.45 元，资金占用：56190.45 - 6980 = 5821.45（元），为标的合约的价值的 16.78%。

【例 4 - 20】 2015 年 2 月 13 日，交易者以当日收盘价 96.7 点的价格卖出 1 张 IO1502 - P - 3500 期权合约，计算该交易者应缴纳的保证金。

标的指数当日收盘价 × 合约乘数 × 股指期权合约保证金调整系数 = 3 469.83 × 100 × 15% = 52 047.45（元）

最低保障系数 × 股指期权合约行权价格 × 合约乘数 × 股指期权合约保证金调整系数 = 0.667 × 3 500 × 100 × 15% = 35 017.5（元）

每手看跌期权交易保证金 = 96.8 × 100 + 52 047.45 = 61 727.45（元）

该交易者卖出 1 张 IO1502 - P - 3500 期权，得到权利金9 680 元（96.8 ×100），需要缴纳履约保证金 61 727.45 元，资金占用：61727.45 - 9680 = 52047.45（元），为标的合约价值的 15%。

（三）上海证券交易所股票期权保证金收取方法

上海证券交易所、中国证券登记结算有限公司股票期权试点风险控制管理办法中关于保证金的相关规定如下：

保证金包括结算准备金和交易保证金。交易保证金分为开仓保证金和维持保证金。

开仓保证金，是指上海证券交易所对每笔卖出开仓申报实时计算并对有效卖出开仓申报实时扣减的保证金日间额度。

中国结算公司向结算参与人收取结算准备金和维持保证金。结算准备金，是指结算参与人存入期权保证金账户（以下简称“保证金账户”），用于期权交易结算且未被占用的保证金；维持保证金，是指结算参与人存入保证金账户，用于担保合约履行且已被合约占用的保证金。

1. 初始保证金收取办法。

（1）合约标的为股票的，每张合约的开仓保证金的计算公式为：

①认购期权义务仓开仓保证金 = ［合约前结算价 + Max（21% × 合约标的前收盘价 - 认购期权虚值，10% × 合约标的前收盘价）］ × 合约单位

②认沽期权义务仓开仓保证金 = Min ｛合约前结算价 + Max（19% × 合约标的前收盘价 - 认沽期权虚值，10% × 行权价），行权价｝ × 合约单位

③本办法中的认购期权虚值 = Max（行权价 - 合约标的前收盘价，0）；认沽期权虚值 = Max（合约标的前收盘价 - 行权价，0）

（2）合约标的为交易型开放式指数基金（以下简称“交易所交易基金”）的，每张合约的开仓保证金的计算公式为：

①认购期权义务仓开仓保证金 = ［合约前结算价 + Max（12% ×合约标的前收盘价 - 认购期权虚值，7% ×合约标的前收盘价）］×合约单位

②认沽期权义务仓开仓保证金 = Min［合约前结算价 + Max（12% ×合约标的前收盘价 - 认沽期权虚值，7% ×行权价），行权价］×合约单位

2. 维持保证金收取办法。

（1）合约标的为股票的，每张合约的维持保证金的计算公式为：

①认购期权义务仓维持保证金 = ［合约结算价 + Max（21% ×合约标的收盘价 - 认购期权虚值，10% ×合约标的收盘价）］×合约单位

②认沽期权义务仓维持保证金 = Min［合约结算价 + Max（19% ×合约标的收盘价 - 认沽期权虚值，10% ×行权价），行权价］×合约单位

（2）合约标的为交易所交易基金的，每张合约的维持保证金的计算公式为：

①认购期权义务仓维持保证金 = ［合约结算价 + Max（12% ×合约标的收盘价 - 认购期权虚值，7% ×合约标的收盘价）］×合约单位

②认沽期权义务仓维持保证金 = Min［合约结算价 + Max（12% ×合约标的收盘价 - 认沽期权虚值，7% ×行权价），行权价］×合约单位

根据本办法规定计算出的维持保证金和开仓保证金，按照四舍五入的原则保留两位小数。期权卖出方成交时交易所对其按开仓保证金要求收取保证金，每日收盘后按维持保证金核算保证金账户资金，根据每日核算结果多退少补。

【例 4 - 21】2015 年 2 月 16 日，交易者以 0.2190 元的价格卖出 1 张上证 50ETF510050C1503M02200 期权，当时上证 50ETF 的价格为 2.396 元，计算交易者需要缴纳的保证金（开仓保证金）。上一交易日（2 月 13 日）该期权结算价为 0.209 元，上证 50ETF 收盘价为 2.390 元，该看涨期权为实值期权。

每手开仓保证金 =［合约前结算价 + 12% ×合约标的前收盘价］× 合约单位 =（0.209 + 12% ×2.390）×10 000 =4 958（元）

交易者卖出1手期权获得2 190元（0.219×10 000），需缴纳开仓保证金4 958元，资金占用2768元（4958-2190），为标的基金价值的11.58%。

2月16日收盘时，该期权的价格为0.2172元，上证50ETF收盘价为2.394元，计算交易者的维持保证金。

维持保证金=[合约结算价+12%×合约标的收盘价]×合约单位
=(0.2172+12%×2.394)×10 000=5 044.8（元）

交易者需要补交保证金=5 044.8-4 958=86.8（元）

如果持有合约至3月25日期权到期，标的基金价格为2.604元，看涨期权多头将放弃行权，卖方赚取全部权利金。每手期权合约赚取权利金2 190元（0.219×10 000），不考虑中间需要补交的保证金，按成交当日维持保证金计算，则：

交易者投资收益率=2 190÷(5 044.8-2 190)×100%=76.71%

【例4-22】 2015年2月16日，交易者以0.0137元的价格卖出1张上证50ETF510050P1503M02200期权，当时上证50ETF的价格为2.396元，计算交易者需要缴纳的保证金（开仓保证金）。

（12%×合约标的前收盘价-认沽期权虚值）×合约单位=(12%×2.390-(2.396-2.200))×10 000=908（元）

7%×行权价×合约单位=7%×2.2×10 000=1 540（元）

取908元和1 540元之间的较高值，即1 540元。

（合约前结算价+7%×行权价）×合约单位=0.209×10 000+1 540
=3 630（元）

行权价×合约单位=2.2×10 000=22 000（元）

开仓保证金为3 630元和22 000元之间的较低值，即3 630元。

交易者卖出1手期权获得137元（0.0137×10 000），需缴纳开仓保证金为3 630元，资金占用3 493元（3 630-137），为标的基金价值的14.58%。

2月16日收盘时，该期权的价格为0.0138元，上证50ETF收盘价为2.394元，计算交易者的维持保证金。

12%×合约标的收盘价-认沽期权虚值=12%×2.394-(2.394-2.2)
=0.09328

7% ×行权价 =0.1540

取0.09328和0.1540之间的较高值，即0.1540。

合约结算价 +7% ×行权价 =0.0138 +0.0154 =0.0292，小于行权价

维持保证金 =0.0292 ×合约单位 =2 920（元）

保证金账户退出资金 =3 630 −2 920 =710（元）

对于有保护期权，即备兑开仓，如果所持ETF份额与卖出期权数相等，如持有20 000份ETF，卖出两张ETF看涨期权，则无需缴纳保证金。在指令执行期间相关ETF份额会被冻结。如果备兑证券不足，备兑开仓者必须按照规定，根据不足部分对应的期权合约数量进行相应的保证金交付。

第五章 期权定价

本章主要介绍期权定价的基本模型，包括二叉树期权定价模型、Black Scholes 期权定价模型的产生、基本假设、定价方法以及适用情形等内容。

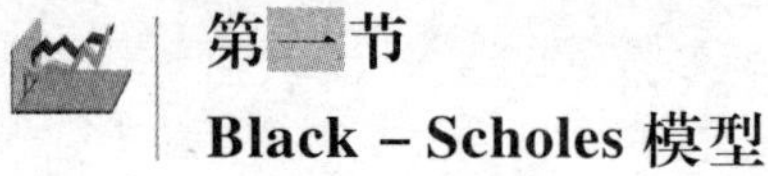

第一节 Black - Scholes 模型

1973 年，费雪·布莱克（Fischer Black）和迈伦·斯科尔斯（Myron Scholes）提出了 Black - Scholes 期权定价模型（简称 B - S 模型），对标的资产价格服从对数正态分布的期权进行定价。

数学家布莱克在家养病期间，金融投资家斯科尔斯找到了他，希望与他合作研究期权定价方法，在两人的共同努力下，推导出了复杂的 Black - Scholes 期权定价模型。在同一时期，哈佛商学院罗伯特·默顿（Robert Merton）也推导出相同的公式以及其他与期权定价相关的结论。而且，两篇论文几乎在不同刊物上同时发表。然而，期权定价模型以布莱克和斯科尔斯

命名，默顿最初并没有获得与布莱克和斯科尔斯同样的威望。所以，布莱克—斯科尔斯定价模型应该称为布莱克—斯科尔斯—默顿定价模型。并且，默顿扩展了原模型的内涵，使之同样可以运用于许多其他条件相似的金融衍生工具的定价。

Black - Scholes 期权定价模型问世之后成为金融经济学中的经典模型之一。1997 年 10 月 10 日，第二十九届诺贝尔经济学奖授予了默顿和斯科尔斯，同时肯定了布莱克的杰出贡献。不幸的是，费雪·布莱克已于 1995 年去世，没能与其他两位共享诺贝尔经济学奖。

一、B - S 模型的假设

Black - Scholes 期权定价模型基于以下假设：

1. 标的资产价格行为服从对数正态分布；
2. 标的资产价格变化具有固定的预期年收益率 μ 和波动率 σ（标准差）；
3. 期权定价模型中涉及的贴现率为无风险利率，且在期权有效期内，无风险利率为常数；
4. 市场无摩擦，即不存在税收和交易成本，所有证券完全可分割；
5. 金融资产在期权有效期内不支付收益；
6. 期权在到期前不可执行，即期权为欧式期权；
7. 不存在无风险套利机会。

二、B S 期权定价公式

（一）标的资产不支付收益的欧式看涨期权定价公式

$$c = S_0 N(d_1) - Ke^{-r(T-t)} N(d_2) \tag{5-1}$$

式中：$N(d)$——标准正态分布函数值；$(T-t)$——期权的剩余期限；r——无风险利率；K——期权的行权价格；S_0——标的资产价格。

$$d_1 = \frac{\ln(S_0/K) + (r + \sigma^2/2)(T-t)}{\sigma\sqrt{T-t}}$$

$$d_2 = \frac{\ln(S_0/K) + (r - \sigma^2/2)(T-t)}{\sigma\sqrt{T-t}} = d_1 - \sigma\sqrt{T-t}$$

式中：σ——标的资产价格波动率。

对式（5－1）的理解：

第一，从 Black－Scholes 期权定价模型推导过程可知，$N(d_2)$ 是风险中性世界中期权时标的资产价格 S_T 大于执行价格 K 的概率，或者说是欧式看涨期权被执行的概率，$e^{-r(T-t)}KN(d_2)$ 是 K 的风险中性期望值的现值。$SN(d_1)=e^{-r(T-t)}S_TN(d_1)$ 是 S_T 的风险中性期望值的现值。

第二，依据复制策略，$C=\triangle S+L$（参见式 5－12），$N(d_1)=\Delta$，是复制策略中标的资产的数量，$SN(d_1)$ 则是标的资产的市值，$-e^{-r(T-t)}KN(d_2)$ 是复制策略中负债的价值。

第三，从金融工程角度看，欧式看涨期权可以分拆成资产或无价值看涨期权（Asset－or－noting call option）多头和现金或无价值看涨期权（cash－or－nothing option）空头之和，其中的现金支付金额等于执行价格。$SN(d_1)$ 是资产或无价值看涨期权的价值，$-e^{-r(T-t)}KN(d_2)$ 是 K 份现金或无价值看涨期权空头的价值。

【例 5－1】 2015 年 1 月 22 日，招商银行 H 股的价格为 18.32 港元。假设招商银行 H 股的价格遵循几何布朗运动，根据历史波动率预期的波动率为 20%，香港无风险连续复利年利率为 4%，求 2015 年 3 月到期、执行价格为 17.5 港元的该股票看涨期权的价格。内地银行股公布利润分配方案的时间大约是次年的 3 月，利润分配时间通常为 6～7 月，所以在该期权有效期内标的股票不会分红。

$$d_1=\frac{\ln(S_0/K)+(r+\sigma^2/2)(T-t)}{\sigma\sqrt{T-t}}$$

$$=\frac{\ln(18.32/17.5)+[4\%+(20\%)^2/2](67/365)}{20\%\times\sqrt{67/365}}=0.663$$

$$d_2=d_1-\sigma\sqrt{T-t}=0.663-20\%\times\sqrt{67/365}=0.577$$

$$N(d_1)=0.746,N(d_2)=0.718$$

$$C=S_0N(d_1)-Ke^{-r(T-t)}N(d_2)$$

$$=18.32\times0.746-17.5\times e^{-4\%\times(67/365)}\times0.718=1.20\text{（港元）}$$

期权当时的实际价格为 1.59 港元，比较该定价模型得到的定价结果，期权价格被高估了。

但也有可能是由于定价公式中参数选用错误而导致定价出现偏差。一种可能是标的资产价格变化与假设情况不附，另一种可能的结果是标的资产价格波动率估计偏低，如果按照波动率30%重新对期权进行定价，期权价格为1.49港元，期权市场价格仍有一定程度的高估，但与期权理论价格基本接近。所以，如果假设与实际情况不符，或估计参数错误，都会造成错误的定价结果。

（二）标的资产不支付收益的欧式看跌期权定价公式

根据欧式看涨期权和看跌期权之间存在平价关系，$p=c-S_0+Ke^{-r(T-t)}$，可以得到无收益资产欧式看跌期权的定价公式：

$$p=Ke^{-r(T-t)}N(-d_2)-S_0N(-d_1) \tag{5-2}$$

由于美式看跌期权与看涨期权之间不存在严密的平价关系，所以美式看跌期权要用蒙特卡罗模拟、二叉树和有限差分三种数值方法以及解析近似方法求出。

【例5-2】 利用例5-1数据，计算相同标的、相同执行价格的看跌期权的价格。

$N(-d_1)=1-N(d_1)=1-0.746=0.254$

$N(-d_2)=1-N(d_2)=1-0.718=0.282$

$P=17.5\ e^{-4\%\times(67/365)}\times0.282-18.32\times0.254=0.25$

该看跌期权的实际价格为0.78港元，比较该定价模型得到的定价结果，期权同样被高估了。

按照波动率30%重新对期权进行定价，期权价格为0.52港元，期权市场价格仍有一定程度的高估，但偏差减小。

三、B-S定价模型的发展

（一）标的资产支付收益的欧式期权的定价公式

标的资产支付收益的现值为I时，用（$S-I$）代替公式（5-1）和（5-2）中的S即为支付固定收益资产的欧式看涨和看跌期权的定价公式。

当标的资产的收益为按连续复利计算的固定收益率q（单位为年）时，用$Se^{-(r-q)(T-t)}$代替公式（5-1）和（5-2）中的$Se^{-r(T-t)}$即为标的资产支

付收益率为 q 的欧式看涨和看跌期权的定价公式。

标的资产支付连续固定收益率 q 的欧式看涨和看跌期权的定价公式为：

$$C=e^{-(r-q)(T-t)}[FN(d_1)-KN(d_2)] \tag{5-3}$$

$$P=e^{-(r-q)(T-t)}[KN(-d_2)-FN(-d_1)] \tag{5-4}$$

式中：$F=S_0e^{(r-q)(T-t)}$

（二）标的资产支付收益的美式期权的定价公式

1. 标的资产支付收益的美式看涨期权的定价公式。标的资产不支付收益的美式看涨期权与欧式看涨期权的价格应该相等，所以公式（5-1）同样适用对标的资产不支付收益的美式看涨期权的定价。

当标的资产支付收益时，美式看涨期权就有提前执行的可能，可以用下面的方法进行计算：首先分析提前执行美式看涨期权是否合理。若不合理，则买方不会提前行权，可按欧式期权处理；若在 t_n 提前执行有可能是合理的，则要分别计算在 T 时刻和 t_n 时刻到期的欧式看涨期权的价格，然后将二者之中的较大者作为美式期权的价格。

2. 美式看跌期权的定价公式。标的资产不支付收益的美式看跌期权有可能提前行权。对于标的资产支付收益的情形，虽然收益可使美式看跌期权提前执行的可能性减小，但仍不排除提前执行的可能性，因此美式看跌期权的价值不同于欧式看跌期权，它只能通过较复杂的数值方法来求出。

所以，Black - Scholes 不适用于对美式期权，特别是对美式看跌期权进行定价。

四、Black - Scholes 微分方程

$$\frac{\partial f}{\partial t}+rS\frac{\partial f}{\partial S}+\frac{1}{2}\sigma^2S^2\frac{\partial^2 f}{\partial S^2}=rf \tag{5-5}$$

式中：f——衍生资产或组合的价格；r——无风险利率；S——标的资产的价格；6——标的资产价格波动率。该方程适用于价格取决于标的资产价格 S 的所有衍生金融工具的定价。

五、Black - Scholes 期权定价公式的问题

使用 Black - Scholes 期权定价模型对期权进行定价，通常会高估方差高

的期权，低估方差低的期权；高估实值期权的价格，低估虚值期权的价格。

此外，使用 Black - Scholes 期权模型还可能出现以下问题：

1. 计算错误；

2. 期权市场价格偏离均衡；

3. 使用的参数错误，例如，例 5 - 1、例 5 - 2 中，改变波动率后期权价值便有较大改变；

4. Black - Scholes 期权定价模型建立在众多假定基础上，而假设与市场实际情况有较大偏差。

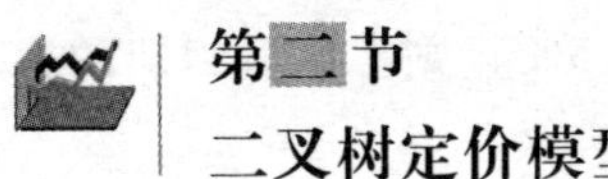

第二节 二叉树定价模型

Black - Scholes 期权定价模型虽然有许多优点，但是它的推导过程复杂，要理解该模型的推导结果必须有一定的数学功底，且假设条件过多，特别是不适用于对美式期权进行定价。所以，Black - Scholes 期权定价模型问世后不久，罗斯（S. A. Ross）便开始研究标的资产价格服从非正态分布的期权定价模型。1976 年，罗斯和约翰·考科斯（J. C. Cox）在《金融经济学杂志》上发表论文《基于另类随机过程的期权定价》，提出了风险中性定价理论。

1979 年，罗斯、考科斯和马克·鲁宾斯坦（Mark Rubinstein）在《金融经济学杂志》上发表论文《期权定价：一种简化的方法》，提出了一种简单的对离散时间的期权定价方法，被称为 Cox - Ross - Rubinstein 二项式期权定价模型，也称为二叉树期权定价模型。

二叉树期权定价模型和 Black - Scholes 期权定价模型，是相互补充的。二叉树期权定价模型推导比较简单，更适合说明期权定价的基本概念。二叉树期权定价模型建立在一个基本假设基础上，即在给定的时间间隔内，证券的价格运动有两个可能的方向：上涨或者下跌。虽然这一假设非常简单，但由于可以把一个给定的时间段细分为更小的时间单位，因而二叉树期权定价模型适用于处理更为复杂的期权。

随着要考虑的价格变动数目的增加，二叉树期权定价模型的分布函数就越来越趋向于正态分布，和 Black - Scholes 期权定价模型相一致。二叉树期权定价模型主要用于计算美式期权的价值，其优点是简化了期权定价的计算，简单直观，不需要太多的数学知识就可以应用。

一、风险中性定价理论

风险中性定价原理是指在对资产进行定价时，资产的风险与其价格无关，或定价过程中不考虑资产的风险。

【例 5 - 3】 某股票当前的市场价格为 100 元，根据该股票的风险特征，其必要收益率为 10%，如果市场上的无风险利率为 5%，则 1 年后到期的远期股票价格应该是 110 元还是 105 元？

如果 1 年后到期的股票的远期价格为 110 元，交易中以无风险利率借入资金 100 元，买入该股票，同时按 110 元卖出该股票 1 年后到期的远期合约。

1 年后，无论股票价格涨跌，该交易者均可将持有的股票按 110 元卖给远期买入者，然后将 105 元归还资金贷出方，此策略可使交易者获得 5 元的无风险套利收益。所以，该股票远期价格应该等于 105 元而不是 110 元。即资产的远期价格应该按无风险利率确定而不是按预期收益确定。

因此，任何资产的远期价格应该等于该资产的现值按无风险收益进行投资的终值，或任何资产的现值等于该资产的远期价格按无风险利率贴现的现值。

即期价格和远期价格所涉及的资金成本或贴现率与资产风险无关，且标的资产未来上涨和下跌的概率由无风险利率决定，此结论即为风险中性定价原理。

二、二叉树定价模型的假设和适应情形

二叉树期权定价模型假设标的资产价格波动只有两个方向，即向上或向下，且假设在整个考察期内，标的资产价格每次向上（或向下）波动的概率和幅度不变。

二叉树模型将考察的存续期分为若干阶段，根据标的资产价格的历史波

动率模拟出标的资产价格在整个存续期内所有可能的变化路径，按照标的资产价格与执行价格的关系得出每一路径上的每一节点的期权价格，最后根据概率和贴现率计算出期权的价格。对于美式期权，由于可以提前行权，每一节点上期权的理论价格应为期权行权收益和用贴现法计算出的期权价格两者较大者。

基于风险中性定价原理，二叉树模型可以对标的资产远期价格进行预期，且可以对价格变动为离散型的欧式期权、美式期权进行定价。

三、利用二叉树模型对欧式期权进行定价

（一）标的资产不支付收益的欧式期权的价格

1. 欧式看涨期权的价格

（1）利用二叉树模型的基本方法确定看涨期权的价格。在当前 t 时刻，标的资产的价格为 S，经过时间（$T-t$）后，价格或上升至 S_u，或下跌至 S_d，如图 5-1 所示。假设无风险利率为 r，求 T 时期到期、行权价格为 K 的该标的资产看涨期权的价格以及上涨概率 ρ。

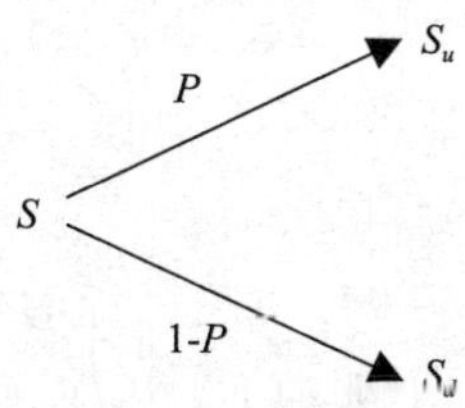

图 5-1　标的资产现价及未来价格

该标的资产看涨期权的现价为 C，当标的资产价格为 S_u 或 S_d 时，看涨期权的价格或上涨至 C_u，或下跌至 C_d，期权价格关系如图 5-2 所示。

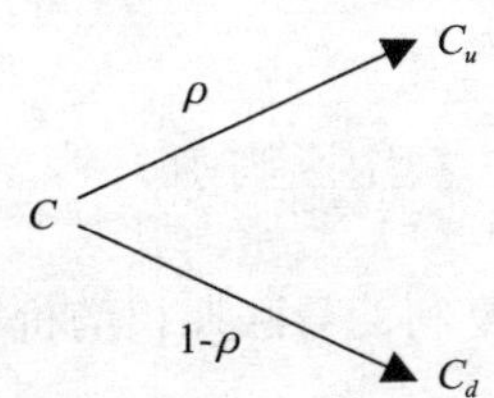

图 5-2　期权现价及未来价格

其中 u 和 d 称为上涨和下跌因子，或称上升系数和下跌系数，u 和 d 分别为：

$$u=\frac{S_u}{S},\ d=\frac{S_d}{S}$$

$$C_u=\max\{S_u-k,0\}$$

$$C_d=\max\{S_d-k,0\}$$

$(T-t)$ 时间后的远期价格应该等于每一种远期价格可能的加权平均，即期价格等于远期价格按无风险利率进行贴现的现值：

$$S=\frac{\rho\cdot S_u}{(1+r)^{(T-t)}}+\frac{(1-\rho)\cdot S_d}{(1+r)^{(T-t)}}=\frac{\rho\cdot S\cdot u}{(1+r)^{(T-t)}}+\frac{(1-\rho)\cdot S\cdot d}{(1+r)^{(T-t)}} \tag{5-6}$$

整理式（5-6），可得无风险利率 r，标的资产价格上涨的概率 ρ 与上涨因子和下跌因子之间的关系：

$$(1+r)^{(T-t)}=\rho\cdot u+(1-\rho)\cdot d \tag{5-7}$$

根据式（5-7），可得标的资产在时间（$T-t$）时上涨的概率 ρ 和下跌的概率 $1-\rho$ 的表达式：

$$\rho=\frac{(1+r)^{(T-t)}-d}{u-d} \tag{5-8}$$

$$1-\rho=\frac{u-(1+r)^{(T-t)}}{u-d} \tag{5-9}$$

通过公式（5-8）和（5-9）可见，标的资产价格上涨和下跌的概率取决于无风险利率和标的资产上涨和下跌因子，与资产的风险无关。

当标的资产价格上涨至 S_u 时，看涨期权的价格为 C_u；标的资产价格下跌至 S_d 时，看涨期权的价格为 C_d。

看涨期权在（$T-t$）时的价格应该等于 C_u 和 C_d 的加权平均，看涨期权当前的价格等于（$T-t$）时的远期价格按无风险利率进行贴现的现值，即：

$$C=\frac{\rho}{(1+r)^{(T-t)}}\cdot C_u+\frac{1-\rho}{(1+r)^{(T-t)}}\cdot C_d \tag{5-10}$$

如果无风险利率为连续复利，看涨期权的价格为：

$$C=\frac{\rho}{e^{r(T-t)}}\cdot C_u+\frac{1-\rho}{e^{r(T-t)}}\cdot C_d \tag{5-11}$$

【例5-4】 T为0时刻股票价格为10元，T为1时刻股票价格上涨至12元的概率为70%，下跌至7元的概率为30%。假设无风险年利率为4%（非连续复利），计算T为0时刻、执行价格为10元的该标的股票的欧式看涨期权的价格。

由题中条件可知，股票在1年后有两种可能的结果——12元和7元。当股票价格等于12元时，看涨期权的价格应该等于2元；当股票价格等于7元时，看涨期权的价格应该等于0。

上涨和下跌因子u和d分别为1.2和0.7，题中虽然给定了上涨和下跌的概率，但应根据无风险利率和上涨及下跌因子重新计算。

$$1-\rho=\frac{u-(1+r)^{(T-t)}}{u-d}=\frac{1.2-(1+4\%)^{1}}{1.2-0.7}=0.32$$

$$\rho=(1-0.32)=0.68$$

该标的欧式看涨期权当前的价格$C=0.68\times2/1.04=1.31$（元）

标的资产不支付收益的美式看涨期权的价格等于欧式看涨期权的价格。

（2）使用复制策略确定看涨期权的价格。某交易者拥有资金C，考虑以下两种策略：

策略A：购买一张价格等于C的看涨期权，初始持仓头寸为C；

策略B：借入成本为r的无风险资产L，和自有资金C一并用于购买$\triangle$份价格等于S的标的资产，初始持仓头寸为$L+\triangle S$。

如果定价合理，策略A和策略B的价值应该相等，看涨期权的价格为：

$$C=L+\triangle S \tag{5-12}$$

在$(T-t)$时期权到期，标的资产价格上涨至S_u或下跌至S_d，看涨期权的价格将上涨至C_u或下跌至C_d，公式（5-1）为：

$$L(1+r)^{(T-t)}+\triangle S_u=C_u \tag{1}$$

$$L(1+r)^{(T-t)}+\triangle S_d=C_d \tag{2}$$

解（1）、（2）式可得：

$$\triangle S_u-\triangle S_d=C_u-C_d$$

$$\Delta=\frac{C_u-C_d}{S_u-S_d}\approx\frac{dC}{dS} \tag{5-13}$$

$$L=(C_u-\triangle S_u)/(1+r)^{(T-t)}\text{或}L=(C_d-\triangle S_d)/(1+r)^{(T-t)} \tag{5-14}$$

将$\triangle$和L值带入式（5－12），即可得到看涨期权的价格。

【例5－5】使用复制策略计算例5－4中看涨期权的价格。

$$\Delta=\frac{C_u-C_d}{S_u-S_d}=\frac{2-0}{12-7}=0.4$$

$$L=(C_u-\triangle S_u)/(1+r)^{(T-t)}=(2-0.4\times12)/(1+4\%)=-2.69(\text{元})$$

$$C=L+\triangle S=-2.69+0.4\times10=1.31\ (\text{元})$$

两种方法所得结果相同。

计算结果中$\triangle$大于0，L小于0，表明策略B中，资金为空头，即借入资金，标的资产为多头。

2. 欧式看跌期权的价格

（1）利用二叉树模型的基本方法确定看跌期权的价格。当标的资产的价格上涨至S_u和下跌至S_d时，看跌期权的价格分别为P_u和P_d，如图5－3所示。

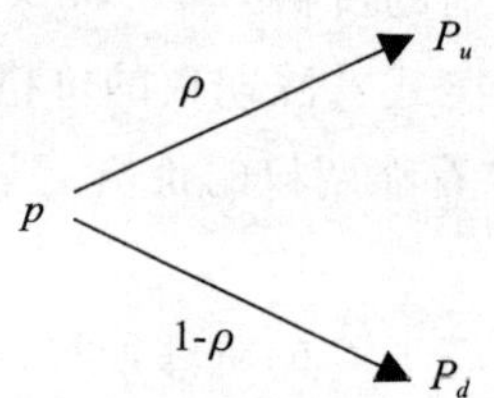

图5－3 期权现价及未来价格

P_u和P_d分别为：$P_u=\max\{k-S_u,0\}$，$P_d=\max\{k-S_d,0\}$

$$P=\frac{\rho}{(1+r)^{(T-t)}}\cdot P_u+\frac{1-\rho}{(1+r)^{(T-t)}}\cdot P_d \tag{5-15}$$

式中上涨和下跌的概率ρ和$1-\rho$的计算与看涨期权相同。

如果无风险利率为连续复利形式，看跌期权的价格为：

$$P=\frac{\rho}{e^{r(T-t)}}\cdot P_u+\frac{1-\rho}{e^{r(T-t)}}\cdot P_d \tag{5-16}$$

【例5－6】假设一年期无风险利率为3%，某公司股票的当前价格$S=8$元，一年后其价格有两种可能的结果：上涨至12元，或下跌至6元，计算执行价格为10元的该标的欧式看跌期权的价格。

根据以上条件，$u=12/8=1.5$，$d=6/8=0.75$；当S分别为12元和6元时，看跌期权价格分别为0和4元。

$$\rho = \frac{(1+r)^{(T-t)} - d}{u-d} = \frac{(1+3\%) - 0.75}{1.5 - 0.75} = 0.3733$$

$1-\rho = 0.6267$

看跌期权的价格 $= (1-\rho) \times P_d / (1+r)^{(T-t)}$

$= 0.6267 \times 4/1.03 = 2.43$（元）

（2）使用复制策略确定看跌期权的价格。某交易者拥有资金 P，考虑以下两种策略：

策略 A：购买一张价格等于 P 的看跌期权，初始持仓头寸为 P；

策略 B：卖空△份价格等于 S 的标的资产，将所得资金和自有资金 P 进行无风险投资，得到无风险资产 L，策略 B 的初始持仓头寸为 $L+\triangle S$。

如果定价合理，策略 A 和策略 B 的价值应该相等，看跌期权的价格为：

$$P = L + \triangle S \tag{5-17}$$

在 $(T-t)$ 时期权到期，标的资产价格上涨至 S_u 或下跌至 S_d，看跌期权的价格将下跌至 P_u 或上涨至 P_d，式（5－17）为：

$$L(1+r)^{(T-t)} + \triangle S_u = P_u \tag{1}$$

$$L(1+r)^{(T-t)} + \triangle S_d = P_d \tag{2}$$

解（1）、（2）式可得：

$$\triangle S_u - \triangle S_d = P_u - P_d$$

$$\Delta = \frac{P_u - P_d}{S_u - S_d} \approx \frac{dP}{dS} \tag{5-18}$$

$$L = (P_u - \triangle S_u)/(1+r)^{(T-t)} \text{或} L = (P_d - \triangle S_d)/(1+r)^{(T-t)} \tag{5-19}$$

将△和 L 值带入式（5－17），即可得到看跌期权的价格。

【例 5－7】 使用复制策略计算例 5－6 中看跌期权的价格。

$$\Delta = \frac{P_u - P_d}{S_u - S_d} = \frac{0-4}{12-6} = -0.6667$$

$$L = (P_u - \triangle S_u)/(1+r)^{(T-t)}$$

$$= (0 + 0.6667 \times 12)/(1+3\%) = 7.7674$$

$P = L + \triangle S = 7.7674 - 0.6667 \times 8 = 2.43$（元）

两种方法所得结果相同。

计算结果中△小于 0，L 大于 0，表明策略 B 中，无风险资产 L 为多头，标的资产为空头。

3. 上涨和下跌因子 u 和 d 的估计方法。如果标的资产按年计算的方差为 σ^2，$(T-t)$ 时间段的方差为 $(T-t)\sigma^2$，标准差为 $\sigma(T-t)^{0.5}$，则上涨和下跌因子 u 和 d 分别为：

$$u=1+\sigma\cdot(T-t)^{0.5}$$

$$d=1-\sigma\cdot(T-t)^{0.5}$$

当波动率为连续复利的形式时，上涨和下跌的因子的表达式如下：

$$u=e^{\sigma\sqrt{T-t}} \qquad d=e^{-\sigma\sqrt{T-t}}$$

【例 5-8】 某股票当前价格为 20 元，以复利测算的该股票历史年波动率为 20%，连续复利的年无风险利率为 5%，请用二叉树模型计算 6 个月后到期、执行价格为 20 元的该股票的欧式看涨和看跌期权的价格（该股票在期权剩余期限内不支付股息）。

根据以上条件，该股票的上涨和下跌因子分别为：

$$u=e^{\sigma\sqrt{T-t}}=e^{20\%\times\sqrt{0.5}}=1.1519$$

$$d=e^{-\sigma\sqrt{T-t}}=e^{-20\%\times\sqrt{0.5}}=0.8681$$

$$\text{上涨的概率}=\rho=\frac{e^{r(T-t)}-d}{u-d}=\frac{e^{5\%\times0.5}-0.8681}{1.1519-0.8681}=0.5539$$

$$\text{下跌的概率}=1-\rho=1-0.5539=0.4461$$

标的资产 6 个月以后的价格 S_u 和 S_d 分别为：

$$S\cdot u=S_u=20\times1.1519=23.04\text{（元）}$$

$$S\cdot d=S_d=20\times0.8681=17.36\text{（元）}$$

当 $S=S_u=23.04$ 元时，$C_u=3.04$（元）

当 $S=S_d=17.36$ 元时，$C_d=0$

$$\text{看涨期权的价格为：}C=\frac{0.5539}{e^{5\%\times0.5}}\times3.04=1.64\text{（元）}$$

或采用复制策略：

$$\Delta=\frac{C_u-C_d}{S_u-S_d}=\frac{3.04}{23.04-17.36}=0.5353$$

$$L=(C_u-\Delta S_u)/e^{(T-t)r}$$

$$=(3.04-0.5353\times23.04)/1.0253=-9.0646$$

$C = S \times \triangle + L = 20 \times 0.5353 - 9.0646 = 1.64$

当 $S = S_u = 23.04$ 元时，$P_u = 0$

当 $S = S_d = 17.36$ 元时，$P_d = 2.64$（元）

看跌期权的价格为：$P = \frac{0.4461}{e^{5\% \times 0.5}} \times 2.64 = 1.15$（元）

或采用复制策略：

$$\Delta = \frac{P_u - P_d}{S_u - S_d} = \frac{-2.64}{23.04 - 17.36} = -0.4647$$

$$L = (P_u - \triangle S_u)/e^{(T-t)\times r} = (0 + 0.4647 \times 23.04)/1.0253 = 10.4416(\text{元})$$

$$p = S \times \triangle + L = -20 \times 0.4647 + 10.4416 = 1.15\ (\text{元})$$

如果标的资产收益率服从正态分布，假设置信度为95%，置信水平，也称为显著水平为 $1-95\% = 0.05$，$Z_{0.05/2}$ 对应的正态分布值为1.96，则标的资产价格上下限的因子u和d分别为：

$$u = 1 + 1.96\sigma \cdot \sqrt{T-t}$$

$$d = 1 - 1.96\sigma \cdot \sqrt{T-t}$$

（二）标的资产支付收益的欧式期权的价格

1. 欧式看涨期权的价格。

（1）利用二叉树模型的基本方法确定看涨期权的价格。当标的资产以连续复利的形式支付收益率 q，且无风险资产的收益也以连续复利方式支付，资产价格的增长率和即期价格的贴现率为 $r-q$。1单位资产的即期价格和远期价格的关系如下：

$$1 = \frac{\rho \cdot u + (1-\rho) \cdot d}{e^{(r-q)(T-t)}}$$

标的资产上涨和下跌概率 ρ 和 $1-\rho$ 分别为：

$$\rho = \frac{e^{(r-q)(T-t)} - d}{u - d} \tag{5-20}$$

$$1 - \rho = \frac{u - e^{(r-q)(T-t)}}{u - d} \tag{5-21}$$

$$C = \frac{\rho}{e^{(r-q)(T-t)}} \cdot C_u + \frac{1-\rho}{e^{(r-q)(T-t)}} \cdot C_d \tag{5-22}$$

如果标的资产以非连续复利的方式支付收益，收益率为 q，且无风险资产的收益也为非连续复利方式支付，看涨期权的定价公式如下：

$$C=\frac{\rho}{(1+r-q)^{(T-t)}}\cdot C_u+\frac{1-\rho}{(1+r-q)^{(T-t)}}\cdot C_d \tag{5-23}$$

（2）使用复制策略确定看涨期权的价格。由式（5-12）可知，看涨期权的价格 $C=L+\triangle S$，当标的资产以连续复利方式支付收益，收益率为 q，期权到期时，标的资产价格上涨至 S_u 或下跌至 S_d，看涨期权的价格分别为：

$$Le^{(r-q)(T-t)}+\triangle S_u=C_u \tag{1}$$

$$Le^{(r-q)(T-t)}+\triangle S_d=C_d \tag{2}$$

解（1）和（2）式，可得：

$$\Delta=\frac{C_u-C_d}{S_u-S_d}\approx\frac{dC}{dS}$$

$$L=(C_u-\triangle S_u)/e^{(r-q)(T-t)}\text{或}L=(C_d-\triangle S_d)/e^{(r-q)(T-t)} \tag{5-24}$$

将 Δ 和 L 带入公式（5-12），即可得到标的资产以连续复利方式支付收益的看涨期权价格。

2. 欧式看跌期权的价格

（1）利用二叉树模型基本方法确定看跌期权价格。当标的资产以连续复利的形式支付收益率 q，且无风险资产的收益也为连续复利方式支付时，资产价格的增长率和即期价格的贴现率为 $r-q$。标的资产上涨和下跌的概率由公式（5-18）和（5-19）确定，看跌期权的价格为：

$$P=\frac{\rho}{e^{(r-q)(T-t)}}\cdot P_u+\frac{1-\rho}{e^{(r-q)(T-t)}}\cdot P_d \tag{5-25}$$

如果标的资产以非连续复利的方式支付收益，收益率为 q，且无风险资产的收益也为非连续复利方式支付，看跌期权的定价公式如下：

$$P=\frac{\rho}{(1+r-q)^{(T-t)}}\cdot P_u+\frac{1-\rho}{(1+r-q)^{(T-t)}}\cdot P_d \tag{5-26}$$

（2）使用复制策略确定看跌期权的价格。由公式（5-17）可知，看跌期权的价格 $P=L+\triangle S$，当标的资产以连续复利方式支付收益时，收益率为 q，期权到期时，标的资产价格上涨至 S_u 或下跌至 S_d，看跌期权的价格分别为：

$$Le^{(r-q)(T-t)}+\triangle S_u=P_u \tag{1}$$

$$Le^{(r-q)(T-t)} + \triangle S_d = P_d \quad (2)$$

解（1）和（2）式，可得：

$$\Delta = \frac{C_u - C_d}{S_u - S_d} \approx \frac{dC}{dS}$$

$$L = (P_u - \triangle S_u) / e^{(r-q)(T-t)} \text{或} L = (P_d - \triangle S_d) / e^{(r-q)(T-t)} \quad (5-27)$$

将△和 L 带入公式（5－17），即可得到标的资产以连续复利方式支付收益的看跌期权的价格。

四、资产价格的树型结构

以上得出的欧式期权定价模型，是基于比较简单的树结构，即时间段无论长短，如 1 年或半年，均按一期考虑。树结构只有一层，而现实情况可将时间按一期考虑，也可将时间分为多期，如将 1 年分为 4 期或 12 期，每期称为一个步进。时间间隔越短、步进数越多，对未来节点价格的预期准确性也越高。

在二叉树定价模型假设的基础上，增加假设：在整个考察期内，标的资产价格每次向上（或向下）波动的概率和幅度不变，即各步进的概率 ρ 和上涨及下跌因子是相等的。

首先计算上涨和下跌因子 u 和 d，以及上涨和下跌的概率 ρ 和 $1-\rho$，然后计算最后节点上标的资产价格和对应期权价格，根据后面各节点上期权价格推出前面节点期权价格，最后得到期权现值，即期权价格。

【例 5－9】按两步进计算例 5－8 中看涨和看跌期权的价格。

期权的剩余期限为 6 个月，如果分两步进计算，每个步进涵盖 3 个月的时间，树结构参见图 5－4。

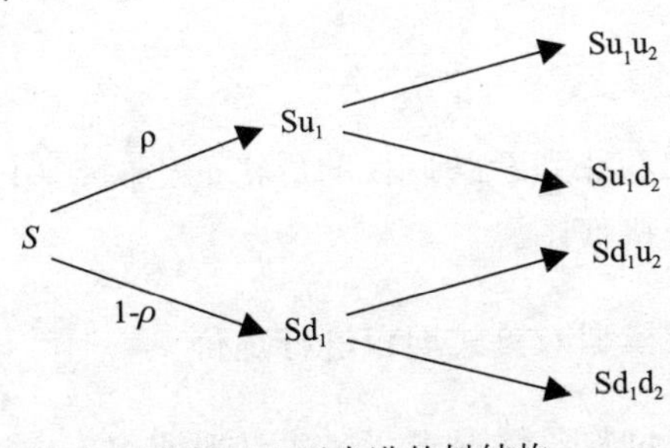

图 5－4　两步进的树结构

首先计算股票每个步进（3 个月）的上涨和下跌因子以及各节点股票的价格：

$$u = e^{\sigma\sqrt{(T-t)}} = e^{20\% \times \sqrt{3/12}} = 1.1052$$

$$d = e^{-\sigma\sqrt{(T-t)}} = e^{-20\% \times \sqrt{3/12}} = 0.9048$$

$S_{u_1} = 20 \times 1.1052 = 22.10$（元）

$S_{d_1} = 20 \times 0.9048 = 18.10$（元）

$S_{u_1u_2} = 22.10 \times 1.1052 = 24.42$（元）

$S_{u_1d_2} = 22.10 \times 0.9048 = 20$（元）

$S_{d_1u_2} = 18.10 \times 1.1052 = 20$（元） $= Su_1d_2$

$S_{d_1d_2} = 18.10 \times 0.9048 = 16.38$（元）

$$\rho = \frac{e^{(T-t)\cdot r} - d}{u - d} = \frac{e^{5\% \times 3/12} - 0.9048}{1.1052 - 0.9048} = 0.5378$$

$$1 - \rho = 1 - 0.5378 = 0.4622$$

在以上数据的基础上，先计算最后一个步进期权的价格，然后逐级计算，最终计算出起点期权的价格，即期权的现价。

对于执行价格等于 20 元的看涨期权，期权到期时，标的资产价格为 $S_{u_1u_2}$、$S_{u_1d_2}$、$S_{d_1u_2}$和 $S_{d_1d_2}$时，期权的价格分别为 4.42、0、0、0。

第一步进看涨期权的价格 $C_{u_1} = \rho \times C_{u_1u_2} / e^{r \times 3/12} = 2.25$

$C_{d_1} = 0$

$C = \rho \times C_{u_1} / e^{r \times 3/12} = 1.24$

对于执行价格等于 20 元的看跌期权，期权到期时，标的资产价格为 $S_{u_1u_2}$、$S_{u_1d_2}$、$S_{d_1u_2}$和 $S_{d_1d_2}$时，期权的价格分别为 0、0、0、3.63。

第二步进看涨期权的价格 $P_{d_1} = (1-\rho) \times P_{d_1d_2} / e^{r \times 3/12} = 2.25$

$P_{u_1} = 0$

$P = (1-\rho) \times P_{d_1} / e^{r \times 3/12} = 0.76$

分两步进计算的看涨和看跌期权的价格，比例 5－15 用一个步进计算的看涨和看跌期权的价格低。

五、利用二叉树模型对美式期权进行定价

在标的资产不支付收益情况下，美式看涨期权不应该提前行权，美式看

涨期权的价格与欧式看涨期权的价格应该相等，因此标的资产不支付收益的美式看涨期权定价可由公式（5－1）得出。

美式看跌期权和标的资产支付收益的美式看涨期权均有可能被提前执行，美式期权的价格与欧式期权的价格可能不相等，以上情形下使用二叉树模型对美式期权进行定价，对行权和不行权分别进行考虑。

【例5－10】 某股票当前价格为100元，该股票历史年波动率经测算为20%，年无风险利率是5%，该股票无股息，请用二叉树模型对6个月以后到期（按两步进考虑）、执行价格为102元的该股票的美式看跌期权进行定价（以复利计算）。

上涨和下跌因子 u 和 d 分别为：

$$u = e^{\sigma\sqrt{(T-t)}} = e^{20\% \times \sqrt{3/12}} = 1.1052$$

$$d = e^{-\sigma\sqrt{(T-t)}} = e^{-20\% \times \sqrt{3/12}} = 0.9048$$

$$\rho = \frac{e^{(T-t)\cdot r} - d}{u-d} = \frac{e^{5\% \times 3/12} - 0.9048}{1.1052 - 0.9048} = 0.5378$$

$$1-\rho = 1 - 0.5378 = 0.4622$$

$$S_{u_1} = 100 \times 1.1052 = 110.52\ （元）$$

$$S_{d_1} = 100 \times 0.9048 = 90.48\ （元）$$

$$S_{u_1u_2} = 110.52 \times 1.1052 = 122.15\ （元）$$

$$S_{u_1d_2} = 110.53 \times 0.9048 = 100\ （元）$$

$$S_{d_1d_2} = 90.48 \times 0.9048 = 81.87\ （元）$$

期权到期时对应标的资产价格为 $S_{u_1u_2}$、$S_{u_1d_2}$、$S_{d_1d_2}$，执行价格为102元的看跌期权的价格分别为 $P_{u_1u_2}=0$、$P_{u_1d_2}=P_{d_1u_2}=102-100=2$（元）、$P_{d_1d_2}=102-81.87=20.13$（元），然后向前计算各节点期权的价格。

$$P_{u_1} = \frac{1-\rho}{e^{r(T-t)}} \cdot P_{u_1d_2} = \frac{0.4622}{e^{5\% \times 3/12}} \times 2 = 0.9129\ （元）$$

$$P_{d_1} = \frac{\rho \cdot P_{u_1d_2} + (1-\rho) \cdot P_{d_1d_2}}{e^{r\cdot(T-t)}}$$

$$= \frac{0.5378}{e^{5\% \times 3/12}} \times 2 + \frac{0.4622}{e^{5\% \times 3/12}} \times 20.13 = 10.25\ （元）$$

然后比较在第一层和第二层各节点上行权，还是继续持有期权，哪种策略更为有利，按有利的情形确定期权价格。标的资产价格、对应和计算的期权价格以及行权和持有期权等的比较见表5-1。

表中P的计算：

$$P=\frac{0.91\times\rho+11.52\times(1-\rho)}{e^{r\times0.25}}=\frac{0.91\times0.5378+11.52\times0.4622}{1.0126}$$

$$=5.74\text{（元）}$$

表5-1　二叉树结构中各节点标的资产价格、期权价格以及交易者的选择

节点	股票价格（元）	在此节点的行权收益（元）	在此节点执行期权获得的预期利润贴现到此节点的期权价格	在此节点上执行该看跌期权是否为好的选择
第三层节点	122.15	0	/	/
	100.00	2	/	/
	81.87	20.13	/	/
第二层节点	110.52	0	$\frac{0\times\rho+2\times(1-\rho)}{e^{r\times0.25}}\approx0.91$（元）	不是
	90.48	11.52	$\frac{2\times\rho+20.13\times(1-\rho)}{e^{r\times0.25}}\approx10.25$（元）	是
初始值	100.00	0	$\frac{0.91\times\rho+11.52\times(1-\rho)}{e^{r\times0.25}}\approx5.74$（元）	不是

表中可见，在第二层各节点上，当标的资产价格为110.52元时，交易者的行权收益为0，而此节点计算出的期权价格为0.91元，所以该节点上的价格取0.91元；当标的资产为90.48元时，行权收益为11.52元（102-90.48），而此节点计算的期权价格为10.25元，所以该节点上价格取11.52元，看跌期权各节点的价格如图5-5所示。

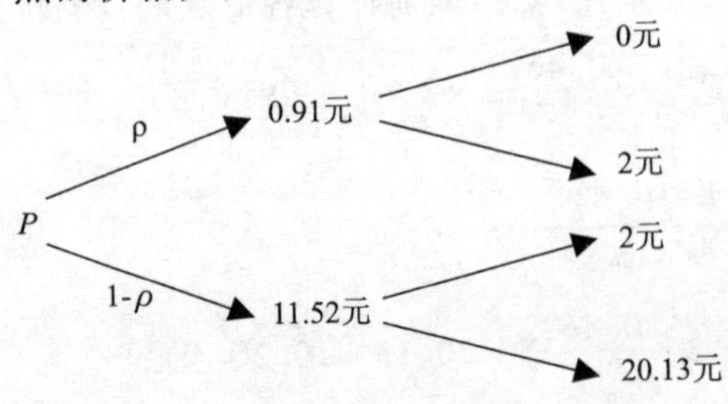

图5-5　看跌期权各节点的价格

六、其他期权定价模型

（一）三叉树期权定价模型

二叉树期权定价模型假设标的资产价格波动只有两个方向，即向上或向下；而三叉树期权定价模型假设标的资产价格波动方向有三个，即向上、向下和水平，如图 5 - 6 所示。

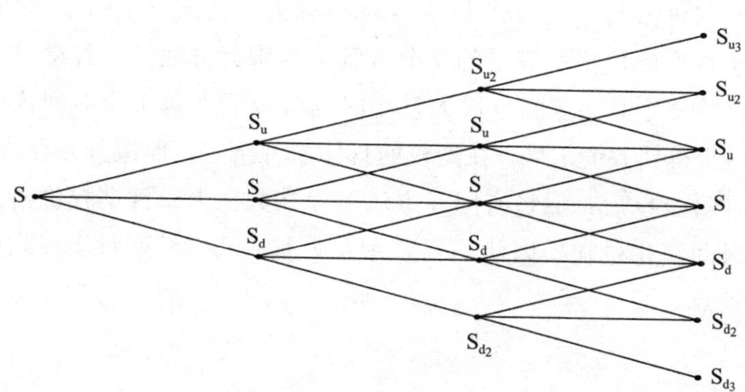

图 5 - 6　三叉树结构图

在使用二叉树模型对期权定价时，为提高计算精确度，往往需要尽可能减小每个步进的时间跨度，这样步进的数量就会相应增加。如果步进数量很多，则通常需利用计算机编程。随着每个步进时间跨度的不断减小和步进数量的不断增多，计算量将呈指数级增长，相应的计算速度将越来越慢。B. Kamrad、P. P. Boyal 和 Y. Tian 等各自独立地研究了风险中性条件下的三叉树模型方法，其和二叉树模型的根本区别在于假定每个步进下标的资产价格有三种可能变化状态。在步进数量相同的情况下，三叉树模型所能产生的标的资产可能的价格数量要比二叉树模型多得多，因此计算的复杂程度更高，但结果的准确度也应该相应提高。

（二）非参数定价方法

Black - Scholes 期权定价模型的应用基础是标的资产价格变化服从几何布朗运动（对数正态分布），继而导出期权定价公式。非参数定价方法指的是标的资产价格（或标的指数）未来随时间的演化并不受任何分布函数形式限制，而是利用数学上的数据匹配密度函数方法构造它的非参数估计，进而计算期权的均衡价格。以股指期权为例，首先根据股票价格指数的历史走势利用数学方法构造它的非参数估计，之后在此基础上计算以该股票价格指数为标的的指数期权均衡价格。

（三）有限元方法

由于期权价格与标的资产价格与时间有关，公式（5－5）给出了期权价格或衍生资产的价格所满足的微分方程。有限元方法是一种微分方程的数值解法，在将整个时间区间分成大量小时间段以后在每个小时间段内用微分方法一步一步得到数值结果。在期权的具体条件给定，即微分方程式（5－5）的边界条件给定以后，通过有限元方法可以在数值上得到期权价格随标的资产价格的时间演化过程。因此，有限元方法和二叉树模型对于美式期权定价一样特别有效。

第六章

股票期权和股指期权交易策略

本章主要介绍简单期权策略的适用情形和应用，包括对标的资产持仓的保护和规避标的资产价格风险等，期权价差策略、组合期权策略和合成标的资产与合成期权策略等交易策略的目的、基本操作、损益分析和应用等。

第一节　简单期权策略及应用

简单期权策略包括买进看涨期权、买进看跌期权、卖出看涨期权、卖出看跌期权四种最基本的策略。

一、买进看涨期权

（一）适用的市场环境

标的资产价格呈现以下情形时，可考虑买进看涨期权：

第一，标的资产市场处于牛市；

第二，预期标的资产价格上涨；

第三，预期标的资产价格见底，此时市场波动率正在扩大，或隐含波动率低。

隐含波动率（Implied Volatility）是指期权价格反映的波动率。隐含波动率低是指期权价格反映的波动率低于预期波动率或历史波动率；反之亦然。如果历史波动率能够反映当前或未来波动率，或预期波动率合理，则隐含价格波动率低表明期权价格被低估的可能性很大，有回归合理而上涨的可能，隐含波动率会随之提高。当期权价格回归合理时，买进看涨期权便可获利。

标的资产价格处于下跌趋势，若已经出现见底信号，而此时标的资产波动率加大，如果标的资产价格由跌转升，又因波动率大而有较大上涨可能，就会增加看涨期权多头的获利机会和空间，若标的资产大幅下跌看涨期权多头仅损失权利金。所以，此情形下适合买进看涨期权。

（二）损益分析

看涨期权买方建仓后，可选择在到期前将期权对冲平仓，或持有期权至到期。期权到期时，如果是实值期权，则可要求行权，或交易所自动行权；如果是平值或虚值期权，通常不考虑行权，期权作废。对于美式期权，还可考虑是否在期权到期前行权。由于标的资产不支付红利的美式看涨期权不应该在到期前行权，所以股指期权等不考虑提前行权的问题，只有支付标的资产红利的股票期权（含 ETF 期权）才考虑是否提前行权。对于提前行权的相关内容可参考第三章第四节的介绍。本部分只对期权到期前对冲平仓和持有期权至到期两种情形的损益结果进行分析。

由于到期前对冲平仓的损益主要取决于期权建仓和平仓的价差，所以到期前对冲平仓的损益分析主要研究期权的价格特征，即期权价格和标的资产价格的关系。本部分只研究期权到期时标的资产价格对期权交易者损益的影响。

构建期权策略、使用期权规避标的资产价格风险以及利用期权进行投资或投机，大部分情况下要考虑持有期权至到期。因此，对期权到期时损益结果的分析与对期权价格特征的分析同样重要，甚至更重要。

看涨期权多头到期时损益状况参见图 6 – 1。

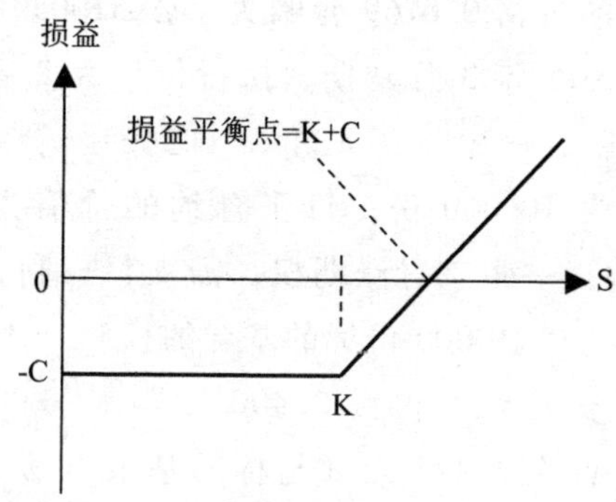

图 6 – 1　到期时看涨期权多头损益状态

注：C 为期权的价格，K 为执行价格，S 为标的资产价格。

看涨期权多头到期时的损益结果，也是买方最大的盈亏结果。期权到期时，标的资产价格越高，对看涨期权多头越有利。标的资产价格对看涨期权多头损益的影响见表 6 – 1。

表 6 – 1　　到期时标的资产价格对看涨期权多头损益的影响

<table>
<tr><th>标的资产价格范围</th><th>标的资产价格变动方向及买方损益</th><th>期权头寸处置方法</th></tr>
<tr><td>$0 \leqslant S \leqslant K$</td><td>处于亏损状态。无论 S 高低，多头最大损失不变，等于权利金</td><td>不执行期权，期权作废，买方损失权利金</td></tr>
<tr><td>$K < S < K + C$</td><td>处于亏损状态。损益随 S 高低而变化，但损失小于权利金</td><td rowspan="3">可向交易所提出行权申请，或由交易所自动行权，按执行价格买进标的资产。如果考虑行权费后期权变为虚值，或考虑行权至交割，标的资产价格可能下跌，则需谨慎考虑是否行权</td></tr>
<tr><td>$S = K + C$</td><td>损益 =0，$K + C$ 为损益平衡点</td></tr>
<tr><td>$S > K + C$</td><td>处于盈利状态，盈利随 S 提高而增加</td></tr>
</table>

【例 6 – 1】 以上证 50ETF 期权为例分析看涨期权多头损益状况。

2015 年 2 月 17 日是马年国内证券交易的最后日期，某交易者认为节后上证指数会延续节前的上涨态势，于是决定利用上证 50ETF 看涨期权赚取收益。2 月 17 日收盘时，上证 50ETF 的收盘价为 2. 411 元，交易者在临近收盘时以等于结算价的价格 0. 0769 元购买一张 510050C1503M02400（合约标的为上证 50ETF、2015 年 3 月到期、执行价格为 2. 400 元的看涨期权）。该期权的行权方式为欧式，2015 年 3 月 25 日到期（合约到期月份的第四个星期三），合约单位为 10 000 份，每张合约的价值为 769 元（0. 0769 × 10 000），即交易者购买一张该看涨期权，需支付权利金总额 769 元，便拥有以 2. 400 元的价格购买 10 000 份标的基金的权利。

以上信息表明，交易者取得按 2. 400 元购买一份基金权利的成本为 0. 0769 元，损益平衡点为 2. 477 元（与标的基金市场价格保持一致，保留小数点后三位），即标的基金的价格为 2. 477 元时交易者盈亏平衡（不考虑交易成本）。

期权到期时（2015 年 3 月 25 日）交易者的损益情形见表 6 – 2，期权最低价等于最小变动价位 0. 0001 元。

表 6 – 2　　期权到期时标的基金价格范围、交易者损益和期权头寸处理方式

<table>
<tr><th>上证 50ETF 的价格范围</th><th>上证 50ETF 的价格的变动方向及交易者损益</th><th>期权头寸处置方法</th></tr>
<tr><td>S≤2. 400 元</td><td>处于亏损状态。无论 S 大小，交易者损失不变，等于权利金 0. 0769 元，损失率为 100%</td><td>不执行期权</td></tr>
<tr><td>2. 400 元 <S <2. 477 元</td><td>处于亏损状态。损失随 S 变化而变化，但小于权利金</td><td rowspan="3">执行期权，按 2. 400 元买进标的基金，并按大于 2. 400 元的价格将标的基金卖出，获得行权收益</td></tr>
<tr><td>S =2. 477 元</td><td>损益为 0，2. 477 元为损益平衡点</td></tr>
<tr><td>S >2. 477 元</td><td>处于盈利状态，盈利随 S 变化而变化，可能超过甚至远远高出权利金支出</td></tr>
</table>

在期权未到期时，若标的基金价格持续下跌，如行权无望，交易者可将期权卖出平仓，从而减小损失。所以，图 6 – 1 为看涨期权多头到期日损益

状态，更确切的说是到期时损益状态，或最大损益状态。

考虑交易成本时，按照第二章对交易成本的分析，设交易成本为万分之4.5，行权费为0.6/10 000元，由于行权费不足以影响期权的执行，所以只要期权处于实值状态，即标的基金上涨至执行价格以上时，交易者即可要求行权。

考虑交易成本的损益平衡点 =2.400 +0.0769 ×（1 +4.5/10 000）+0.6/10 000 =2.477（元）

即标的基金的价格上涨至2.477元以上时交易者方可盈利。

3月20日，标的基金的价格上涨至2.635元，该期权的价格为0.2367元，如果买方将期权卖出了结期权的话则：

平仓损益 =0.2367 ×（1 −4.5/10 000）−0.0769 ×（1 +4.5/10 000）

=0.16（元）

标的资产价格上涨越多，交易者盈利越多，盈利可能是权利金的几倍甚至几十倍，最大亏损为期权费加交易成本：

1张期权的最大损失额 =10 000 ×0.0769 ×（1 +4.5/10 000）

=769.35（元）

最大损失可达100%。

该期权2015年3月25日到期，如果持有到期行权时，行权买进标的基金，交易者持有基金的成本为2.477元，如果行权收益等于平仓收益：

标的基金价格 =0.16 +2.477 =2.637（元）

标的基金价格与当日的基金市场价格相等，如果考虑卖出基金的交易费用，基金的价格应在2.637元以上。

在期权即将到期时，交易者应对标的基金价格趋势进行分析，并考虑持仓愿望，决定继续持有期权还是平仓了结期权。

（三）买进看涨期权的基本运用

1. 看多标的资产后市，买进看涨期权获取行权或价差收益。通过对相关标的资产价格变动的分析，交易者认为标的资产价格上涨可能性很大，则可考虑买进看涨期权。当标的资产价格上涨时，权利金通常也会上涨，交易者可以在市场上以更高的价格卖出期权获利，也可以持有合约至到期获得行权收益。即使标的资产价格下跌，买方的最大损失也只是支付的权利金。

通常情况下，期权价格涨跌值小于标的资产价格涨跌值。对于看涨期权，期权价格低于或远低于标的资产价格，所以看涨期权的涨跌幅大于标的资产的涨跌幅。如果预期标的资产价格上涨，使用相同资金购买看涨期权，收益率通常高于标的资产的涨幅。

●ETF 期权与标的基金投资收益率比较，以上海证券交易所相关产品为例。

【例 6-2】 3 月 6 日收盘时，上证 50ETF 以 2.339 元收盘，3 月 13 日收盘价为 2.455 元，基金上涨了 0.116 元，涨幅为 4.96%。上证 50ETF 期权 510050C1503M02400 在以上交易日的结算价分别为 0.0282 元和 0.0738 元，上涨了 0.0456 元，涨幅为 161.70%。

由于上证 50ETF 期权执行价格数量较少，实值和虚值程度均不是很深，所以期权价格会随标的基金价格涨跌而变化，涨跌幅远高于标的基金涨跌幅。

例如，在以上时间段，上证 50ETF 期权 3 月到期的 8 个不同执行价格的看涨期权，其中 6 个涨幅超过了 100%，只有执行价格为 2.200 元和 2.250 元的两个虚值程度较深的看涨期权的涨幅不到 100%，分别为 67.65% 和 82.40%。

以上信息看出，上证 50ETF 看涨期权的涨幅远高于标的基金的涨幅。如果使用相同金额的资金进行投资，投资期权的收益率将远高于投资标的基金的收益率。

某交易者在 3 月 6 日临近收盘时以 0.0282 元的价格购买了 1 张 510050C1503M02400，如果券商按每手 10 元收取手续费，则：

考虑手续费的权利金 = 0.0282 + 10/10 000 = 0.0292

手续费 = 成交金额 × 0.001/0.0282 × 100% = 3.55%，由于期权价格低，所以手续费相对较高。

交易者支付权利金 + 手续费 = 0.0292 × 10 000 = 292（元）

3 月 13 日临近收盘时以 0.0738 元将期权平仓，则：

扣除手续费后的卖价 = 0.0738 ×（1 - 10/10 000）= 0.0737（元）

平仓收益 =（0.0737 - 0.0292）× 10 000 = 445（元）

收益率为 152.4%。

如果交易者以2.339元购买标的基金，券商按万分之3.5收取佣金，使用同样资金可购买12 000份标的基金，则：

买价+交易成本=2.339×12 000×(1+3.5/10 000)=28 077.82（元）

3月13日将基金以收盘价卖出，则：

卖出所得=2.455×12 000×(1-3.5/10 000)=29 449.69（元）

收益率为4.89%。

由此可见，当预期股票市场上涨，指数基金的价格会随之上涨，上涨幅度与标的指数接近，可通过投资ETF看涨期权获得远高于投资标的基金收益率的目的。

当然，如果对标的基金价格趋势分析错误，损失率也将远远高于投资标的基金。

例如，3月2日收盘时，上证50ETF的收盘价为2.441元，3月6日以2.339元收盘，下跌了0.102元，跌幅为4.18%。510050C1503M02400期权在以上交易日的结算价分别为0.0992元和0.0282元，下跌了0.071元，跌幅为251.77%。如果交易者3月2日买入看涨期权并在3月6日卖出时，将损失惨重。

从以上结果看出，当标的基金下跌时，ETF看涨期权的跌幅远远高于标的基金的跌幅。如果交易者3月2日以结算价购买了该看涨期权并于3月6日卖出损失会很惨重。如果不平仓而持有到期不能行权时，交易者将损失全部投资，损失率为100%。

●股指期权与股指期货投资收益率比较，以中国金融期货交易所仿真期权为例。

【例6-3】本例采用与例6-2一致的时间段。3月6日，沪深300股价指数以3478.52点收盘，沪深300股指期货合约IF1503的收盘价为3490.2点，沪深300股指仿真期权合约IO1503-C-3450的收盘价为129.2点。

该日，交易者在临近收盘时以129.2点购买了10张IO1503-C-3450期权，期权的合约乘数为100元/点。

交易者支付期权费=129.2×100×10=129 200（元）

如果期货公司向该交易者收取的佣金为每张期权合约10元，则：

交易者的期权费+手续费=129 200+100=129 300（元）

3月13日，沪深300股票价格指数收盘价为3617.66点，较3月6日收盘价上涨了139.14点，涨幅为4%；IO1503－C－3450以198.2点收盘，较3月6日收盘价上涨了69点，涨幅为53.41%。交易者以收盘价将看涨期权卖出，则：

卖出价－手续费＝198.2×100×10－100＝198 100（元）

该笔期权交易获利＝198 100－129 300＝68 800（元）

收益率为53.21%。

由此可见，该执行价格的沪深300股指看涨期权的涨幅也远高于沪深300股价指数的上涨幅度，而且无论指数上涨还是下跌，均不存在补充资金的问题。

交易者在临近收盘时以3487.52点买入IF1503合约。

合约价值＝300×3 487.52＝1 046 256（元）

当日结算价为3489.2点。如果期货公司按10%收取保证金（在交易所保证金基础上加2%），则：

交易者需缴纳保证金＝3 489.2×300×10%＝104 676（元）

交易所手续费按成交金额的万分之0.25收取，期货公司在交易所的基础上加10%，则：

交易者需支付手续费＝1 046 256×0.25/10 000×（1＋10%）＝28.77（元）

保证金＋手续费＝104 676＋28.77＝104 704.8（元）

比期权建仓时的初始投资少24 595.23元，可作为追加保证金的预留资金。

3月13日，IF1503合约以3622.8点收盘，较3月6日收盘价上涨了144.28点，涨幅为4.15%。交易者在临近收盘时平仓的话：

卖价－手续费＝3 622.8×300－3 622.8×300×0.25/10 000×（1＋10%）
＝1 086 810（元）

该笔期货投资收益＝1 086 810－1 046 256－28.77＝40 525.3（元）

收益率＝40 525.3/104 704.8×100%＝38.70%

由于交易者建仓后期货合约上涨，为简化分析，没有考虑中间保证金变化。

以上结果可见，沪深300股指期货合约的收益率高于标的指数的涨幅，但低于该执行价格（接近平值）看涨期权的收益率。

而且，股指期权的收益率也低于 ETF 期权的收益率。当日，如果股票价格指数下跌，股指看涨期权的损失率也应该低于 ETF 期权的损失率。

例如，3 月 2 日收盘时，510050C1503M02400 的收盘价为 147.6 点，3 月 6 日收盘价为 73.5 点，下跌了 74.1 点，跌幅为 53.41%。如果交易者在 3 月 2 日临近收盘时买入该看涨期权，在 3 月 6 日临近收盘时卖出，损失率超过 50%。

3 月 2 日收盘时，IO1503 结算价为 3610.6 点，收盘价为 3606.2 点，3 月 6 日收盘价为 3478.52 点，下跌了 127.68 点，跌幅为 3.67%。如果交易者以 3606.2 点买入建仓，以 3478.52 点卖出平仓，不考虑交易成本，损失 38 304 元，则：

损失率 = 38 304/(3 610.6 × 300 × 10%) = 35.36%

在股指期货下跌时，根据每日结算的要求，期货合约多头需要补交保证金。为简化计算，本例不进行每日结算，根据 3 月 2 日和 3 月 5 日结算价的差计算持仓盈亏和补交保证金额度。3 月 5 日 IO1503 结算价为 3496.2 点。

交易者持仓亏损 = (3 606.2 − 3 496.2) × 300 = 33 000（元）

当日保证金 = 3 496.2 × 300 × 10% = 140 866（元）

需补交保证金 = 33 000 + (104 866 − 3 610.6 × 300 × 10%) = 29 548（元）

而建仓时较期权初始投资少 24 595.23 元，保证金账户仍有一定欠缺。

买进沪深 300 股指期货合约的损失率高于股票价格指数的跌幅（保证金原因），而低于买进沪深 300 股指看涨期权的损失率。但进行股指期货投资时必须要预留一部分资金，以备满足交易所补交保证金的要求。

●单只股票期权与标的股票投资收益比较，以香港交易所上市产品为例。

【例 6－4】 由于香港交易所 H 股与内地股票市场的相关度较高，所以本例分析所取时间段与例 6－2 和例 6－3 相同。

3 月 6 日，香港交易所招商银行 H 股以 17.02 港元收盘，执行价格为 17 港元的招商银行 H 股看涨期权的收盘价为 0.42 港元，合约价值为 210 港元 (0.42 × 500)，交易者在临近收盘时以 0.42 港元购买了 100 张该看涨期权，使用资金 21 000 港元（不考虑交易成本）。

3 月 13 日，该股票收盘价为 18.26 港元，较 3 月 6 日收盘价上涨了 1.24 港元，涨幅为 7.29%。看涨期权的价格涨至 1.36 港元，上涨了 0.94 港元，涨幅为 223.81%。交易者以此价格将期权平仓了结，平仓所得为 68 000 港元，则：

期权投资收益 =（1.36 - 0.42）×500×100 = 47 000（港元）

投资收益率为 223.81%。

由此可见，股票期权的投资收益可以远远高于标的股票的上涨幅度。同样，当对标的资产价格趋势判断错误时，期权损失率也会远远高于标的股票的下跌幅度。

若 3 月 2 日，招商银行 H 股收盘价为 17.94 港元，3 月 6 日下跌至 17.02 港元，下跌了 0.92 港元，跌幅为 5.13%；该例中的期权价格为 1.11 港元，3 月 6 日下跌至 0.42 港元，下跌了 0.69 港元，跌幅为 62.16%。如果 3 月 2 日买入了该看涨期权，在 3 月 6 日卖出的话，也将损失惨重，损失率远高于标的股票的下跌幅度。

2. 买进看涨期权实现更高的杠杆效应。与其他交易方式相比，期货交易的特点之一是具有较高的杠杆效应，交易者买进看涨期权比买进标的期货合约，所达到的杠杆效应可能更高。

当预期股市上涨时，投入相同的资产买进股指期货合约，可获得高于股指或股票上涨幅度的收益率，而买进股指看涨期权或 ETF 期权，获得的收益率可能更高。

【例 6 - 5】 2015 年 3 月初，某交易者认为内地股市会有一定幅度上涨，希望能够赚取比股指涨幅更高的收益，考虑对股指期货合约或股指看涨期权合约进行投资。

3 月 6 日，沪深 300 股价指数的收盘价为 3478.2 点，3 月 18 日上涨至 3846.05 点，较 3 月 6 日上涨了 367.53 点，涨幅 10.57%。如果该交易者分别买入沪深 300 股指期货合约或不同执行价格的该标的看涨期权合约，根据盈亏结果分析投资品种的杠杆效应。

①买进股指期货合约。交易者以 3490.2 点买入 IF1503 股指期货合约，期货公司按合约价值的 10% 收取保证金时，则：

交易者缴纳保证金：3 489.2 ×300 ×10% = 104 676（元）

使用 104 676 元资金，便可拥有 1 047 060 元（3 490. 2 ×300）的合约标的，从而享受该笔交易带来的盈利，该笔期货交易的杠杆为 10 倍。

②买进股指看涨期权。沪深 300 股指仿真期权合约的合约乘数为 100 元/点，而相同标的期货合约的合约乘数为 300 元/点，所以，与持有一张股指期货合约的效应相当，需买入 3 张股指看涨期权。

交易者以收盘价购买 IO1503 – C – 3450 合约、IO1503 – C – 3000 合约、IO1503 – C – 3700 合约和 IO1503 – C – 3800 合约各 3 张，收盘价分别为 129. 2 点、489. 5 点、40. 7 点和 23. 8 点。

合约乘数为 100 元/点，每只期权购买 3 张，投入的期权费分别为 38 760 元、146 850 元、12 210 元和 7 140 元。

支付期权费后，与持有股票价格指数的效用相当，可获取股票价格指数上涨的收益。

3 月 6 日至 18 日，以上股指期货合约和股指看涨期权合约的价格、涨跌值、涨跌幅及损益状况见表 6 – 3。

表 6 – 3　　同时买卖 IF1503 合约和 IO1503 合约的损益比较

合约	IF1503	不同执行价格的 IO1503 看涨期权（仿真）			
		3450 点	3000 点	3700 点	3800 点
建仓价（点）	3490. 2（买）	129. 2（买）	489. 5（买）	40. 7（买）	23. 8（买）
平仓价（点）	3813（卖）	370. 6（卖）	815. 6（卖）	126. 6（卖）	87. 1（卖）
涨跌（点）	322. 8	241. 4	326. 1	85. 9	63. 3
涨跌幅	9. 25%	186. 84%	66. 62%	211. 06%	265. 97%
损益（元）	96 840	72 420	97 830	25 770	18 990
投入资金（元）	1 046 760	38 760	146 850	12 210	7 140
资金收益率	92. 51%	186. 84%	66. 62%	211. 06%	265. 97%

IF1503 合约的损益 = 合约涨跌价格 × 合约乘数

投入资金为建仓时缴纳的保证金。由于在持仓时间段期货合约处于盈利状态，所以不考虑保证金变动，资金收益率为该笔交易损益结果与投入资金的比率。

IO1503 看涨期权的损益 = 合约涨跌价格 × 合约乘数 ×3

投入资金 = 期权的权利金价值 = 期权价格 × 合约乘数 ×3

资金收益率 = 损益/投入资金

表 6 – 3 可见，当标的指数上涨 10.57% 时，期货合约上涨了 9.25%。该笔交易用 104 676 元赚取 96 840 元的收益，投资收益率为标的指数涨幅的 10 倍。这便是期货保证金制度所带来的杠杆效应，也是保证金制度带来的以小博大的效果。

对于股指看涨期权，支付权利金后，便享有按约定价格购买标的指数的权利，也视同持有了标的指数。标的指数上涨时，看涨期权价格通常也会随之上涨。虽然期权价格上涨值通常低于标的指数上涨值，但由于权利金通常低于或远低于标的指数，表 6 – 3 中的期权价格分别为标的指数的 3.71%、14.07%、1.17% 和 0.68%，所以期权上涨幅度远高于标的指数的涨幅。

本例中，当标的指数上涨 10.57% 时，以上看涨期权中涨幅最低为 66.62%，最高达 265.97%，权利金越低，涨幅越大。执行价格为 3000 点的期权的权利金投入高于期货合约交易保证金，其收益率低于期货合约的收益率；权利金越低，期权涨幅越大，收益率越高，杠杆效应越大。

同样，买进看涨期权与买进期货合约不同。买进股指期货合约并持有到期，如果交割结算价高于买进期货合约的价格，期货交易便可盈利，而且可以实现杠杆效应；而买进看涨期权则不同，如果买进股指期权合约并持有至到期，当交割结算价在期权的损益平衡点之下或在行权价之下，即便买入看涨期权后标的指数上涨，但看涨期权多头也会亏损，即买进看涨期权后标的指数上涨，看涨期权买方仍有可能亏损。

本例中，如果买入期货合约和期权合约后均持有到期，假设交割结算价为 3720 点，期货合约盈利 229.8 点，合约涨幅为 6.58%，投资收益率为 65.86%，杠杆效应仍为 10 倍。因此，无论是否持有合约至到期，买进期货合约建仓时，期货合约的涨跌幅与标的指数一致时，期货合约收益率便为标的指数涨跌幅的杠杆倍数。而看涨期权的行权盈亏和收益率情况则不同，买进看涨期权并持有到期，损益结果见表 6 – 4。

表 6－4　　不同执行价格 IO1503 合约的损益及收益率比较

执行价格（点）	3450	3000	3700	3800
权利金（点）	129.2	489.5	40.7	23.8
损益平衡点	3579.2	3489.5	3740.7	3823.8
期权执行	执行	执行	执行	不执行
行权盈亏（点）	140.8	230.5	－20.7	损失权利金
盈亏值（元）	42 240	69 150	－6 210	－7 140
投入资金（元）	38 760	146 850	12 210	7 140
资金损益率	108.98%	47.09%	－50.86%	－100.00%

表 6－4 可见，买进看涨期权并持有到期时，看涨期权盈亏结果与标的指数涨跌方向不完全一致，损益平衡点低于交割结算价的看涨期权处于盈利状态，且权利金越低，收益率越高，而损益平衡点高于交割结算价的看涨期权处于亏损状态。即标的指数上涨时，买进看涨期权并持有到期仍然可能亏损，且损失最高可达 100%。

因此，如果选择权利金低的期权，标的资产大幅上涨时，期权的杠杆效应会较高，投资该类期权能够获得较高的投资收益率。如果选择虚值程度较深的看涨期权，虽然权利金低，但当标的资产价格上涨幅度有限时，则期权到期或临近到期时仍然处于虚值状态，会损失部分或全部权利金；即便期权处于实值状态，如果交割结算价低于期权的损益平衡点，到期执行期权仍然会有一定程度亏损。

所以，看涨期权高杠杆效应的实现，不仅要分析标的资产价格趋势、权利金高低，还要综合分析标的资产价格涨跌幅度以及权利金、执行价格和损益平衡点的关系。

3. 卖出所持资产的同时买进相关标的看涨期权。交易者持有股票、ETF 或股指期货合约等金融资产，继续看好证券市场后市，但又担心价格下跌。如果将持仓卖出，又不甘心失去所持资产价格上涨所带来的收益。在此情形下，交易者可在卖出所持资产的同时，买进该资产或与该资产价格相关的看涨期权。如果将所持标的资产卖出后，标的资产价格继续上涨，交易者可行权按执行价格将卖出标的资产买进，或将期权对冲平仓，从而享受到标的资产价格上涨的好处；如果卖出标的资产后其价格下跌，卖出标的资产规避了持仓风险，但期权头寸亏损。

所以，此策略既可规避持仓风险，又可获得标的资产价格上涨的收益，但要付出权利金的代价。

【例 6-6】 某交易者于 2015 年初买入 200 000 份上证 50ETF，持有至 3 月初，担心股票市场调整，会导致持仓损失。交易者将基金卖出，同时买进该标的看涨期权。

由于在当前价位基金的 10 日、20 日、30 日、60 日均线形成交叉，而 2.400 元在所有均线以上。所以，如果基金价格反转至 2.400 元以上，则基金价格进一步上涨的可能性较大。因此，交易者将期权的行权价确定为 2.400 元。

交易者在临近收盘时以 2.339 元的价格将所持基金卖出，同时以 0.0282 元的价格买进 20 张 510050C1503M02400 期权，相当于锁定了未来买回基金的价格，可在基金价格上涨时行权买入基金，而基金下跌时可放弃行权。分析策略的损益结果：

如果交易者持有期权至到期日，当标的基金价格在 2.400 元及以上时，交易者可申请行权，以 2.400 元买入基金，挽回了之前卖出基金的错误，但按照选定的行权价，买回基金的价格比卖出基金的价格要高，高出的差额计算如下：

差额 = 2.4 - 2.339 + 0.0282 + 0.6/10 000 = 0.0893（元）

其中 0.6/10 000 元为行权费。此公式还没有考虑购买期权的交易成本；如果基金价格等于或小于 2.400 元，交易者会放弃行权，损失权利金 0.0282 元。

期权到期前，期权价格通常会随标的基金价格涨跌而变化。标的基金价格上涨时，交易者可卖出期权赚取价差收益，弥补卖出基金的损失；标的基金价格下跌，且不看涨后市，交易者可卖出期权平仓，以减少权利金损失。

3 月 13 日，标的基金的价格上涨至 2.455 元：

交易者损失 = (2.455 - 2.339) × 200 000 = 23 200（元）

期权的价格上涨至 0.0738 元：

期权盈利 = (0.0738 - 0.0282) × 20 × 10 000 = 9 120（元）

由于期权价格上涨值小于标的基金价格上涨值，所以只能部分弥补卖出基金的损失。交易者可选择将期权平仓，如果看好后市，可继续持有至期权到期。

由此可见，在卖出标的资产的同时考虑买进看涨期权策略时，需考虑：第一，如果标的资产价格下跌，会增加期权费支出；第二，如果标的资产价格上涨至执行价格以上时，交易者可行权买进标的资产，达到继续持仓的目的。但该策略中，将标的基金买进的价格比卖出价格高。

因此，在选择期权时，要对期权价格、执行价格以及期权剩余期限等指标进行综合分析，然后做出最优决策。

4. 与卖出套期保值同时使用，作为卖出套期保值的补充工具。该策略与卖出标的资产同时买进看涨期权策略相似，均为在卖出标的资产或卖出标的期货合约的同时，买进相关标的的看涨期权。但两种策略的作用和功能不同。

该策略是在卖出套期保值的基础上加上了一个看涨期权多头。交易者为规避现货多头的价格风险而卖出了相关期货合约时，如果标的资产价格下跌，期货盈利可弥补标的资产价格下跌的风险；如果标的资产价格上涨，现货持仓价值增加，可弥补期货空头价格风险。所以，卖出套期保值者在对冲标的资产价格风险的同时，也失去了标的资产价格上涨的获利机会。

为弥补上述遗憾，交易者可考虑在卖出期货合约的同时买进相关期货合约的看涨期权。如果标的资产价格下跌，期货空头可规避价格下跌的风险；如果标的资产价格上涨，交易者执行看涨期权，按执行价格买进期货合约，将期货空头平仓，从而继续持有现货多头，享受现货价格上涨带来的好处。但无论价格涨跌，都将付出权利金的代价。

5. 作为套期保值工具，买进看涨期权规避标的资产价格风险。如果未来计划买入股票、指数基金或股指期货合约，但担心价格上涨，而目前资金尚未到位，交易者可买入以上标的的看涨期权实现以约定价格买进标的资产的目的。

与买进期货合约对冲标的资产价格上涨风险相比，利用买进看涨期权规避标的资产价格风险具有以下特征：

第一，初始投入可以更低。即购买看涨期权所支付的权利金可以低于购买期货合约所需交纳的保证金。

第二，标的资产价格变化对现货持仓有利时，如计划购买股票组合而股票市场价格下跌，期货头寸亏损，套期保值者需要补交保证金，此时由于在期货市场建仓买入期货合约，期货的亏损充抵了现货价格有利变动所带来的盈利。而看涨期权买方也会产生亏损，但既不用支付任何额外费用，又可限制最大损失；当计划买入的标的资产价格下跌值远远高于期权费时，交易者还可享受标的资产价格有利变化所产生的利润。所以，此情形下利用看涨期权多头规避标的资产价格上涨风险比利用期货多头更有利。

第三，当标的资产价格变化对现货持仓不利时，如标的资产价格上涨，交易者在期货市场的盈利会弥补所提高的现货购买成本；购买看涨期权也可达到此目的，但通过看涨期权多头规避标的资产价格上涨的风险往往比通过买进期货合约对冲标的资产价格风险要多付出权利金的代价。

第四，如果在期权到期前将持仓了结，即将看涨期权对冲平仓，同时在现货市场买进标的资产。如果标的资产价格上涨，看涨期权价格将随之上涨，但期权价格上涨值低于标的资产价格上涨值，期权盈利有可能与标的资产损失有较大差额；而期货合约涨跌值与标的资产价格涨跌值基本一致，在对冲价格风险方面买进期货合约的损益与标的资产价格变化应该更接近。

以上比较可见，当标的资产上涨可能性较大时，买进期货合约对冲未来买进标的资产成本提高的风险较为有利；当未来趋势不明，担心标的资产价格上涨，可考虑买进看涨期权对未来购买标的资产进行保险。

【例 6 - 7】 某交易者 2015 年 3 月中旬有 5 000 万元资金到账。2015 年 2 月初，他认为当时国内股市具有投资价值，希望能够获取跟踪沪深 300 股票价格指数的收益，决定投资沪深 300ETF（A300ETF）。该交易者计划通过沪深 300 股指期货或沪深 300 股指仿真期权规避股市上涨风险（假设均为实际产品），试分析两种方式的效果。

2 月 9 日收盘时，沪深 300 股票价格指数为 3345. 92 点，A300ETF 收盘价为 3. 338 元，IF1503 的收盘价为 3408. 3 点、结算价为 3395. 0 点，2015 年 3 月到期的接近平值的看涨期权 IO1503 - C - 3350 的收盘价为 222. 9 点、结算价为 237. 7 点。交易者在临近收盘时以等于收盘价的价格建仓。

利用股指期货对冲标的基金价格风险，由于沪深 300 股指期货的标的为沪深 300 股价指数，其涨跌幅与标的指数的涨跌幅基本一致；A300ETF 的股票构成与沪深 300 指数的成分股构成一致，其涨跌幅与指数涨跌幅也基本一致。因此，利用股指期货对冲标的基金价格风险，期货合约建仓的交易量应该与未来要买入基金的量基本一致。

如果交易者在 2 月 9 日以 3408.3 点的价格买入 49 张 IF1503 期货合约，则：

合约价值 = 3 408.3 × 300 × 49 = 50 102 010（元）

如果保证金按 10% 收取，则：

交易者需缴纳保证金 = 3 395.0 × 300 × 49 × 10% = 49 906 50（元）

其以年无风险利率 10% 借入 700 万元资金，存入保证金账户，多余的资金留作补足保证金。

3 月 16 日，交易者资金到账。当日收盘时，沪深 300 股票价格指数为 3705.74 点，较 2 月 9 日上涨了 359.82 点，涨幅为 10.75%；A300ETF 收盘价为 3.738 元，IF1503 的收盘价为 3713.8 点、结算价为 3708.6 点，IO1503 - C - 3350 的收盘价为 361.5 点、结算价为 358.4 点。

交易者在临近收盘时将期货合约平仓，损益为：

买卖期货合约损益 = 49 ×（3 713.8 - 3 408.3）× 300 = 4 490 850（元）

归还借款利息 = 7 000 000 × 10% × 23/365 = 44 109.6（元）

期货盈利减融资成本（不计交易费用）= 4 490 850 - 44 109.6

= 4 446 740.4（元）

可用于购买基金的资金 = 50 000 000 + 4 446 740.4 = 54 446 740.4（元）

以 3.738 元买入 14 560 000 份基金，使用资金 54 425 280 元，剩余资金 21 460.4 元，用于支付交易费用等。

如果在期初（2 月 9 日）能够以 3.338 元买入基金，14 560 000 份基金需使用资金 48 601 280 万元，交易者成本提高 5 824 000 元，而期货盈利 4 446 740.4 元，期货盈利较现货成本提高少 1 377 259.6 元，期货盈利部分抵补了购买现货提高的成本。

以上结果表明，2 月 9 日至 3 月 16 日，沪深 300 指数上涨了 10.75%，IF1503 的涨幅为 8.96%，A300ETF 的涨幅为 11.98%。因此，由于被保值资产 A300ETF 的涨幅大于保值工具的涨幅，致使期货盈利不能完全弥补购买基金所提高的成本。可以考虑通过分析 A300ETF 价格波动率与沪深 300 指数波动率，计算最优套期保值比率，以提高套期保值效果。

如果交易者使用期权规避股票价格上涨风险，购买看涨期权的份数参照股指期货合约，因为沪深 300 股指期权的合约乘数为每点 100 元，较沪深

300股指期货合约的合约乘数小3倍，所以期权建仓应是期货建仓的3倍，即49×3=147份。

以222.9点购买147张IO1503-C-3350合约，则：

合约价值=222.9×147×100=3 276 630（元）

由于不存在补交保证金的问题，所以交易者只需借入初始需要投入的权利金即可，交易者以10%的成本借入3 300 000元。

交易者在3月16日临近收盘时将期权以收盘价平仓，则：

买卖期权合约损益=147×(361.5-222.9)×100=2 037 420（元）

归还借款利息3 000 000×10%×23/365=18 904.11（元）

期权盈利减融资成本（不计交易费用）=2 037 420-18 904.11

=2 018 515.89（元）

购买基金所提高的成本与期权盈利差额较大，为3 805 484.11元(5 824 000-2 018 515.89)，该结果远不如买进股指期货合约的对冲效果。

本策略建仓时使用期权份数与股指期货合约份数一致，由于并不考虑执行期权，而且期权涨跌值小于标的指数涨跌值，所以不能完全规避购买标的基金成本提高的风险。

下面分析期权价值与被保值价值一致策略：

以222.9点购买2 243张IO1503-C-3350合约，则：

合约价值=2 243×222.9×100=49 996 470（元）

交易者以10%的成本借入50 000 000元。

交易者在3月16日临近收盘时将期权以收盘价平仓，损益为：

买卖期权合约损益=2 243×（361.5-222.9）×100=31 087 980（元）

归还借款利息=50 000 000×10%×23/365=315 068.49（元）

期权盈利减融资成本（不计交易费用）=31 087 980-315 068.49

=30 772 911.51（元）

由于期权涨跌幅远远超过标的基金涨跌幅，所以，期权盈利远远超过购买基金所提高的成本：

差额=30 772 911.51-5 824 000=24 948 911.51（元）

但是，如果标的基金大幅下跌，期权的价格也会大幅下跌，损失也会远远超过购买基金所减少的成本。如果期权的价格下跌至最低价0.1点，加上借款成本，期权交易损失可能超过100%，购买基金所减少的成本远远不能弥补期权交易的损失。

所以，利用期权规避标的资产价格风险，应考虑期权价格变化与所保值资产价格变化的关系，用期权的Delta作为建仓头寸的依据，会取得较好的保值效果，具体措施为：

如果IO1503－C－3350期权合约的Delta为0.3852，则以此比例作为期权合约与沪深300指数的涨跌比率，1张股指期货合约需要3/0.3852张期权合约来替代，49张股指期货合约共需381.62（49×3/0.3852）张期权合约，取整数值382张。

以222.9点购买382张IO1503－C－3350合约，则：

合约价值＝382×222.9×100＝8 514 780（元）

交易者以10%的成本借入8 600 000元。

交易者在3月16日临近收盘时将期权以收盘价平仓，损益为：

买卖期权合约损益＝382×(361.5－222.9)×100＝5 294 520（元）

归还借款利息＝8 600 000×10%×23/365＝54 191.78（元）

期权盈利减融资成本（不计交易费用）＝5 294 520－54 191.78

＝5 240 328.2（元）

基本上能够弥补购买基金所提高的成本。

差额＝5 824 000－5 240 328.2＝583 671.8（元）

不能完全弥补的原因在于购买期权合约数量取整以及沪深300股价指数与标的基金涨跌值的差异等。

二、卖出看涨期权

看涨期权卖方损益与买方正好相反，一方的盈利恰好是另一方的亏损，但买卖双方损益特点不同，看涨期权卖方能够获得的最高收益为卖出期权收取的权利金，而损失却可能远高于权利金。

（一）适用的市场环境

标的资产价格呈现以下情形时，可考虑卖出看涨期权：

第一，标的资产市场处于熊市；

第二，标的资产价格横盘整理，市场波动率低或收窄，或隐含波动率高。

标的资产价格处于横盘整理或下跌，期权买方行权的机会很小，交易者可通过卖出看涨期权获取权利金收益或期权价差收益；隐含价格波动率高表明期权价格被高估的可能性很大，有回归合理而下跌的可能，当期权价格回归合理时，隐含波动率会随之降低，所以此情形适合卖出看涨期权。

（二）损益分析

建仓时，交易者卖出看涨期权获得期权费，但是由于要缴纳保证金，而且保证金要高于期权费，所以卖出看涨期权也需要一定的初始资金，当行情发生不利变动时，还要补交保证金。

交易者卖出看涨期权的主要目的是获取期权费，而且最大收益也是建仓时收取的期权费。

卖方收取期权费后，必须承担按约定的执行价格卖出标的资产的义务。

看涨期权卖方在没有收到履约要求时，可考虑买进期权对冲平仓，或继续持有看涨期权空头合约直至到期。

看涨期权空头到期时损益状况参见图 6－2。图 6－2 也显示看涨期权空头最大的损益结果。

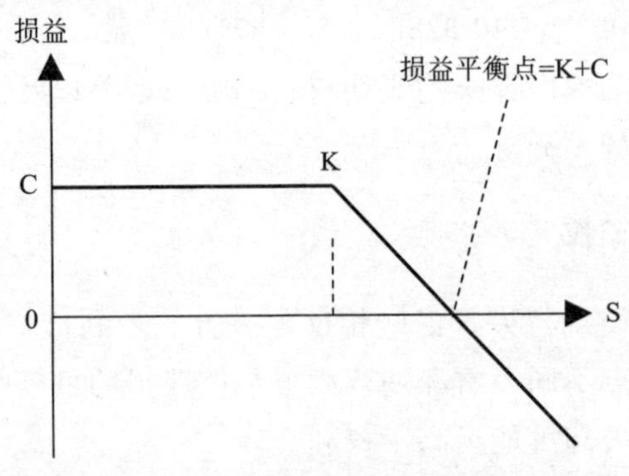

图 6－2　到期时看涨期权空头损益状态

标的资产价格变化对看涨期权空头损益的影响见表 6－5。

表 6-5　　到期时标的资产价格对看涨期权空头损益的影响

<table>
<tr><th>标的资产的价格范围</th><th>标的资产价格的变动方向及卖方损益</th><th>期权头寸处置方法</th></tr>
<tr><td>$0 \leqslant S \leqslant K$</td><td>处于盈利状态。无论 S 高低，最大盈利不变，等于权利金</td><td>买方不会执行期权，期权作废，卖方获得权利金</td></tr>
<tr><td>$K < S < K + C$</td><td>处于盈利状态。盈利随 S 高低而改变，但低于权利金</td><td rowspan="3">如果买方行权，交易者被要求履约时，以执行价格卖出标的资产</td></tr>
<tr><td>$S = K + C$</td><td>损益 =0，K + C 为损益平衡点</td></tr>
<tr><td>$S > K + C$</td><td>处于亏损状态，亏损随 S 高低而改变，标的资产价格越高，卖方亏损越大，甚至远远高于权利金收入</td></tr>
</table>

以上证 50ETF 期权为例分析看涨期权空头损益状况。

【例 6-8】 交易者以 0.0769 元的价格卖出一张 510050C1503M02400，分析其盈亏状态。

该期权的权利金为 0.0769 元，执行价格为 2.400 元，则：

交易者的损益平衡点 =0.0769 +2.4000 =2.477（元）

在期权到期前，期权价格通常会随标的基金价格变化而变化，标的基金价格上涨时，期权价格通常会上涨。如果标的基金持续上涨，为减小损失，交易者可买进期权对冲平仓；反之，标的基金价格下跌时，期权价格通常会下跌，对交易者有利，交易者也可以买进期权对冲平仓，获取价差收益。期权到期时交易者损益结果见表 6-6。

（三）卖出看涨期权的基本运用

看涨期权空头的最大损益结果或到期时的损益状况参见图 6-2。

表 6－6　　期权到期时标的基金价格范围、交易者损益和期权头寸处理方式

上证 50ETF 的价格范围	上证 50ETF 的价格的变动方向及交易者损益	期权头寸处置方法
0.0001 元≤S≤2.400 元	处于盈利状态。无论 S 高低，盈利不变，等于权利金 0.0769 元，损失率为 100%	买方不执行期权
2.400 元 < S < 2.477 元	处于盈利状态。盈利随 S 变化而变化，但小于权利金	买方执行期权，交易者被指定履约时，按 2.400 元卖出标的基金
S = 2.477 元	损益 = 0，2.477 元为损益平衡点	
S > 2.477 元	处于亏损状态，亏损随 S 上涨而增加，可能远远超过权利金收入	

1. 不看涨标的资产后市，卖出看涨期权获取权利金收益。交易者通过对标的资产价格变动趋势的分析，认为标的资产价格会下跌，或窄幅整理，可卖出看涨期权，收取一定数额的权利金。待标的资产价格下跌时，看涨期权的市场价格通常也随之下跌，交易者可买进期权对冲平仓，获得价差收益；如果坚信标的资产价格不会上涨，交易者可持有期权至到期，实现获得全部权利金收入的目的。

虽然卖出看涨期权最大的收益为权利金，而损失可能远远超过权利金，但由于多数期权买方行权的机会很小，或即使行使也处于亏损状态，所以期权卖方的收益往往高于买方。

交易者通过对期权及标的资产价格趋势的分析，选择不同的到期时间、执行价格以及适当的入市时机，有可能获得丰厚的利润。但对于资金有限的投资者来讲，由于卖出期权需要缴纳保证金还可能被要求追加保证金，则应避免卖出无保护看涨期权。

【例 6－9】如果沪深 300 指数下跌，比较卖出沪深 300 股指仿真期权和沪深 300 股指期货合约的损益状况。

2015 年 1 月 27 日，沪深 300 指数收盘价为 3574.93 点，至 2 月 6 日，该指数下跌至 3312.42 点；1 月 27 日，IF1503 的收盘价和结算价分别为 3605.0

点和 3615.0 点，2 月 6 日的收盘价和结算价分别为 3370.8 点和 3346.2 点；1 月 27 日，IO1503－C－3600 合约的收盘价和结算价分别为 298.1 点和 298.8 点，2 月 6 日，该期权的收盘价和结算价分别为 123.5 点和 133.5 点。

如果某交易者有 500 万元，在 1 月 27 日以收盘价建仓，于 2 月 6 日以收盘价平仓，分别计算投资于 IF1503 合约或投资于 IO1503－C－3600 合约的损益。

（1）期货交易损益计算。

1 月 27 日收盘：

IF1503 合约价值＝3 605.0×300＝1 081 500（元）

期货公司按 10% 收取保证金的话：

交易者需缴纳保证金＝3 615.0×300×10%＝108 450（元）

500 万元可开仓合约数＝5 000 000/108 450＝46（张）

该交易者决定保证金占用 70% 左右，所以开仓卖出 30 张 IF1503 合约：

合约总价值＝3 605.0×300×30＝32 445 000（元）

保证金占用＝3 605.0×300×30×10%＝3 244 500（元）

账户中可用资金（可留作弥补保证金）＝5 000 000－3 244 500
＝1 755 500（元）

2 月 6 日收盘：

IF1503 合约价值 3 370.8×300＝1 101 240（元）

该交易者买入该合约平仓。

期货合约投资收益＝(1 081 500－1 011 240)×30＝2 107 800（元）

收益率＝2 107 800/3 244 500×100%＝64.97%

按 500 万元资金计算：

收益率＝2 107 800/5 000 000×100%＝42.16%

（2）期权交易损益计算。

1 月 27 日收盘：

IO1503－C－3600 合约价值＝298.1×100＝29 810（元）

中国金融期货交易所每手看涨期权交易保证金＝(股指期权合约当日结算价×合约乘数)＋max(标的指数当日收盘价×合约乘数×股指期权合约保证金调整系数－虚值额,最低保障系数×标的指数当日收盘价×合约乘数×股指期权合约保证金调整系数)

其中，沪深300股指期权合约保证金调整系数为15%，最低保障系数为0.667。

标的指数当日收盘价×合约乘数×股指期权合约保证金调整系数－虚值额＝298.1×100×15%－（3 600－3 574.93）＝4446.43（元）

最低保障系数×标的指数当日收盘价×合约乘数×股指期权合约保证金调整系数＝0.667×3 574.93×100×15%＝35 767.17（元）

该看涨期权每手保证金＝（298.8×100）＋35 767.17＝65 647.17（元）

500万元可开仓合约数为＝5 000 000/65 647.17＝76（张）

如果保证金占用不超过70%，加上卖出期权所得权利金，交易者决定开仓卖出75张期权合约：

保证金占用＝65 647.17×75＝4 923 538（元）

账户中可用资金（可留作弥补保证金）＝5 000 000－4 923 538＋29 810×75
＝2 312 212（元）

2月6日收盘：

IO1503－C－3600合约价值＝123.5×100＝12 350（元）

交易者买入该合约平仓。

期权合约投资收益＝（29 810－12 350）×75＝1 309 500（元）

收益率＝1 309 500/5 000 000×100%＝26.19%

以上结果表明，在标的指数下跌时，看涨期权价格下跌幅度高于标的指数下跌幅度，但下跌值小于指数下跌值，如指数下跌了262.51点，跌幅为7.34%；期权收盘价下跌了174.6点，跌幅为58.57%。虽然卖出期权可获得权利金，但要缴纳较高的保证金，所以交易者必须有自有资金尚可通过卖出期权获利；而且，期权涨跌值通常低于指数涨跌值，相同资金投入时，收益率低于股指期货合约收益率。

2. 卖出看涨期权对冲标的资产多头头寸。如果交易者对标的资产后市谨慎看多，则在买入标的资产的同时可卖出该标的的看涨期权，或已经持有标的资产，当价格上涨一定水平后，如果担心价格下跌，可采取卖出看涨期权策略。标的资产多头可以对看涨期权空头形成担保，所以此策略视同有保护的看涨期权策略，卖出期权建仓时称为备兑开仓。如果标的资产多头与看涨期权空头对应的标的资产相当，看涨期权空头应该不用缴纳保证金。

持有某股票、ETF、股指期货合约等，均可通过卖出相关标的的股票期权、ETF 期权和股指期货期权，实现对冲标的资产多头头寸增加标的资产利润的目的。

【例 6－10】2015 年初，某交易者持有上证 50ETF 100 000 份，并认为所持基金会随国内股票市场进一步上涨，但又担心股票市场会有较大幅度调整，所以决定卖出上证 50ETF 看涨期权增加所持标的基金利润的目的。如果标的基金上涨至行权价格以上，交易者履约将所持基金卖出，实现以较高价格卖出持仓的目的。为了能以较高价格卖出标的基金，所卖出的看涨期权执行价格应该较高。

该交易者在 2 月 26 日临近收盘时，以等于结算价的价格 0. 1295 元卖出 510050C1503M02550 期权合约 10 张：

获得权利金收入＝0. 1295×100 000＝12 950（元）

当日上市的期权，执行价格最高的是 2. 550 元，交易者认为该期权的到期时间和执行价格合适，甚至可以更高。

在期权到期时（3 月 25 日），如果标的基金的价格大于执行价格，期权买方会执行期权，无论标的基金的价格较执行价格高出多少，交易者履约只能以 2. 550 元的价格将所持基金卖出，其卖价较 2 月 26 日基金收盘价高出 0. 100 元，加上权利金收入：

高出幅度＝（0. 100＋0. 1295）/2. 450×100%＝9. 37%

如果标的基金的价格等于或小于 2. 550 元，期权买方会放弃行权，交易者获得全部权利金收入。

【例 6－11】某交易者于 2014 年 12 月 12 日以每股 17. 12 港元的价格买入 50 000 股招商银行 H 股，有：

股票总市值＝17. 12×50 000＝856 000（港元）

持有 20 天后，2015 年 1 月 2 日，该股票价格上涨至 19. 90 港元，交易者认为股票价格仍有进一步上涨潜力，但又担心新年过后股市下跌，于是以 0. 52 港元的价格卖出执行价格为 21 港元的该股票看涨期权 100 张。如果股票价格上涨至 21 港元以上，交易者可以 21 港元履约将股票卖出，加上权利金收入：

交易者的股票卖出价为 21＋0. 52＝21. 52（港元）

但 1 月标的股票一直表现不佳，1 月 26 日，股票价格跌至 18. 54 港元，该看涨期权的价格也跌至0.01港元，交易者决定将股票和期权同时平仓。以0.01港元的价格将看涨期权空头头寸对冲平仓：

平仓收益 =0.52 -0.01 =0.51（港元）

相当于股票售价每股提高0.51港元，该策略没有考虑交易成本以及保证金资金占用成本。

组合策略损益状态见图6-3。

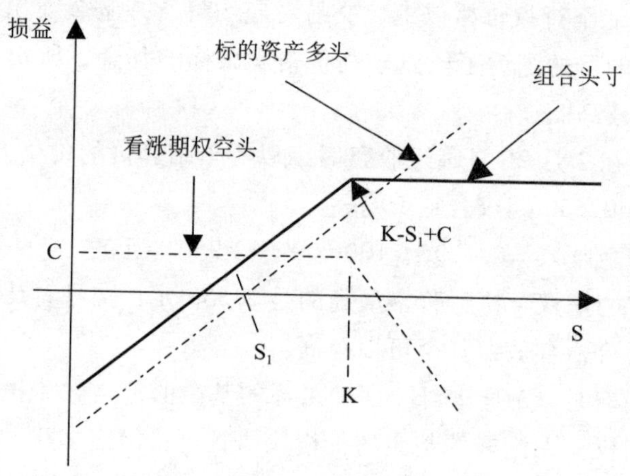

图6-3 看涨期权空头与标的资产多头的组合

图中，S_1 =17.12港元/股，C =0.52港元/股，K =21港元/股。

构建该期权策略主要考虑的因素：

第一，看涨期权执行价格。所卖出期权的执行价格越高，买方行权的可能性越小，交易者赚取权利金的可能性越大；买方行权时，交易者履约卖出标的资产的价格越高。但执行价格越高，看涨期权的权利金越低，卖出期权对增加标的资产持仓利润的影响越小。

第二，标的资产价格变化趋势。如果预期标的资产价格能够上涨至期权的执行价格与权利金以及行权费的和以上，则单独持有标的资产更有利，即预期标的资产价格大幅上涨时不宜采用此策略；如果预期标的资产价格下跌，则不会购买或继续持有标的资产。所以，此策略适用于对标的资产价格谨慎看多的情形。

第三，图6-3可见，看涨期权空头与标的资产多头的组合等同于一个

看跌期权空头。因此，构建此策略可与直接卖出看跌期权进行比较。

3. 卖出看涨期权，以降低期货多头套期保值者未来购买标的资产成本。利用期货多头对冲标的资产价格风险的套期保值者，当标的资产价格下跌时，期货市场亏损，购买现货的成本降低，期货和现货两个市场盈亏相抵。在此情形下，如果在买进期货合约的同时卖出看涨期权，当标的资产价格下跌时，看涨期权空头盈利，视同降低了套期保值者购买标的资产的成本。交易者持有的期货合约多头对看涨期权空头形成担保，所以，卖出的看涨期权也称为有保护的看涨期权空头。当期货合约数量与看涨期权空头数量匹配时，卖出的看涨期权应该不用缴纳保证金。

【例 6－12】 2015 年 3 月中旬，国内股市结束调整，开始了新一轮上涨。某机构 6 月有一笔资金到账，计划购买与沪深 300 股票价格指数高度相关的股票组合，担心股市上涨致使购买成本提高，在 2015 年 4 月 1 日以 4100 点的价格买进 2015 年 6 月到期的沪深 300 股指期货合约（IF1506），同时决定卖出执行价格较高的沪深 300 股指看涨期权。当时沪深 300 股票价格指数为 4074 点，交易者通过对股市未来价格趋势的分析，决定选择卖出 2015 年 6 月到期、执行价格为 4800 点的沪深 300 股指看涨期权（IO1506－C－4800，假设交易所已推出了该期权）。分析股指期货合约和期权合约到期时，该交易者的损益结果。

下面分别分析买入股指期货合约和买入股指期货合约的同时卖出股指看涨期权的情形。

①如果交易者仅买入股指期货合约来对冲股市上涨风险，建仓后如果股市上涨，股指期货盈利，而购买股票组合的成本提高，如果股市下跌，股指期货亏损，而购买股票组合的成本降低，期货和现货两个市场盈亏大致相抵，从而达到了锁定未来购买股票组合成本的目的，无论股市大幅上涨还是下跌，交易者购买股票组合的成本与期货合约建仓时的股市水平相当。在股市下跌时，其购买股票组合的成本会高于市场平均成本。

②交易者在买入股指期货合约的同时卖出股指看涨期权，在沪深 300 股指期货合约和仿真期权合约到期日（2015 年 6 月 19 日），沪深 300 股指期货合约的交割结算价 S_T 为一下情形时：

当 S_T 在 4800 点及以下时，看涨期权买方放弃行权，交易者赚取权利金；交易所按 S_T 将期货合约平仓，期货市场盈利，但买入股票组合的成本提高，期货与现货盈亏大致相抵，交易者赚取的期权费相当于降低了购买股票组合的成本。所以，交易者选择的期权合约执行价格越高，获得期权费的可能性越大，且不会影响期货和现货盈亏相抵的套期保值效果。

当 S_T 在4800点以上，交易者所持看涨期权空头被指定履约时，以4800点将期货合约多头平仓，再以高于4800点的成本买进股票组合，当沪深300股价指数高出4800点的值大于卖出期权所得期权费时，交易者购买股票组合的成本会高于期货建仓时价格水平，超过越多，成本提高越多。因此，如果标的指数上涨至执行价格以上时，看涨期权空头会影响套期保值效果。

S_T 在4800点以下，看涨期权作废，交易者股票购买成本降低额与期货合约亏损额大致相抵，可实现期货套期保值的目的，同时赚取权利金收入，但购买股票组合的成本高于市场平均水平。期权的执行价格越高，赚取权利金的可能性越大，但权利金也越低。股市下跌幅度越大，交易者购买股票的成本高出市场平均水平越多，权利金收入对交易者购买股票组合成本的影响就越小。

三、买进看跌期权

（一）适用的市场环境

标的资产价格呈现以下情形时，可考虑买进看跌期权：

第一，标的资产市场处于熊市；

第二，预期标的资产价格下跌；

第三，预期标的资产价格见顶，此时市场波动率正在扩大，或隐含波动率低。

当标的资产价格处于上涨趋势，但已经出现见顶信号，而此时标的资产波动率加大，如果标的资产价格由升转跌，波动率扩大增加了看跌期权多头的获利机会和空间，而标的资产大幅上涨的话看跌期权多头仅损失权利金。隐含波动率低表明期权价格反映的波动率低于预期波动率，期权价格被低估的可能性大，所以以上情形适合买进看跌期权。

（二）损益分析

与买进看涨期权相似，看跌期权买方建仓后，可选择在到期前将期权对冲平仓，或持有期权至到期。买进美式看跌期权，还可考虑在期权到期前行权了结期权头寸。但是，对于股票期权，红利支付越高，看跌期权买方提前行权的可能性越小（相关分析参加第三章第四节）。

看跌期权到期时多头的损益状况参见图 6－4，这也是看跌期权买方的最大损益结果。

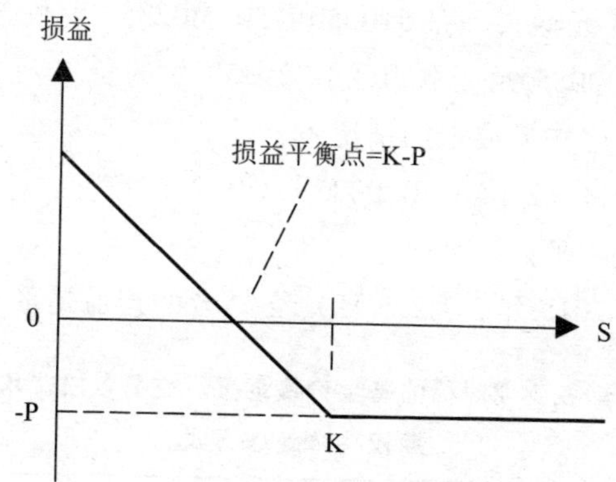

图 6－4 到期时看跌期权多头损益状态

注：P 为看跌期权的权利金，K 为执行价格。

标的资产价格越低，对看跌期权多头越有利，标的资产价格对看跌期权多头损益的影响见表 6－7。

表 6－7 期权到期时标的资产价格对看跌期权多头损益的影响

标的资产的价格范围	标的资产价格的变动方向及买方损益	期权头寸处置方法
S≥K	处于亏损状态，无论 S 高低，最大损失不变，等于权利金	不执行期权，期权作废，买方损失权利金
K－P＜S＜K	处于亏损状态，亏损随 S 高低而变化，但小于权利金	可向交易所提出行权申请，或由交易所自动行权，按执行价格卖出标的资产。但如果考虑行权费后期权变为虚值，或考虑行权至交割，标的资产价格可能上涨，则需谨慎考虑是否行权
S＝K－P	损益为 0，K－P 为损益平衡点	
S＜K－P	处于盈利状态，盈利随 S 高低而变化，标的资产价格等于 0 时买方盈利最大，等于 K－P	

【例 6－13】以上证 50ETF 期权为例分析看跌期权多头损益状况。

2015 年 3 月 6 日，某交易者认为国内股票市场要进行一段时间的调整和一定幅度的下跌，于是决定利用上证 50ETF 看跌期权赚取收益。3 月 6 日收盘时，上证 50ETF 的收盘价为 2. 339 元，交易者在临近收盘时以等于结算价的价格 0. 0085 元购买一张 510050P1503M02350 期权合约。

交易者支付 0. 0085 元便取得了按 2. 350 元的价格购买一份上证 50ETF 的权利，即在不考虑交易成本的情况下：

标的基金的价格 =2. 350 －0. 0085 =2. 342（元）

此时交易者盈亏平衡。

期权到期时（2015 年 3 月 25 日）交易者的损益情形见表 6－8。

表 6－8　期权到期时标的基金价格范围、交易者损益和期权头寸处理方式

上证 50ETF 的价格范围（元）	标的资产价格的变动方向及买方损益	期权头寸处置方法
S≥2. 350 元	处于亏损状态，无论 S 高低，其损失不变，等于权利金 0. 0085 元，损失率为 100%	不执行期权
2. 342 元 < S < 2. 350 元	处于亏损状态，亏损随 S 变化而变化，但小于权利金	执行期权，按 2. 350 元的价格卖出标的基金
S =2. 342 元	损益为 0，2. 342 元为损益平衡点	
S < 2. 342 元	处于盈利状态，盈利随 S 变化而变化，S 等于 0 时盈利最大，等于（2. 350 －0. 0085）元	

在期权到期前，若标的基金价格持续上涨，如果行权无望，交易者可将期权卖出平仓，从而减小损失。所以，图 6－4 为看涨期权多头到期日损益状态，更确切的说是到期时损益状态或最大损益状态。

考虑交易成本时，交易手续费为每手 10 元，行权费为每手 0. 6 元。

（考虑交易成本）损益平衡点 =2. 350 －0. 0769 ×（1 +10/10 000）－0. 6/

10 000 = 2.273（元）

标的基金的价格下跌至2.273元以下时交易者方可盈利。

标的基金价格下跌越多，交易者盈利越多，盈利可能是权利金的几倍甚至几十倍，最大亏损为期权费加交易成本。

1张期权的最大损失额 = 10 000 × 0.0085 × (1 + 10/10 000)

= 85.085（元）。

（三）买进看跌期权的基本运用

1. 看空标的资产后市，买进看跌期权获取行权或价差收益。如果交易者认为标的资产价格有较大幅度下跌的可能，则可以考虑买进看跌期权策略。如果标的资产价格下跌，看跌期权的价格通常会上涨，交易者可将期权卖出平仓获利；交易者也可以持有合约至到期，获得行权收益；如果标的资产价格不跌反涨，期权价格会下跌，看跌期权也不会被执行，买方最大损失为支付的期权费；交易者也可将看跌期权卖出平仓，以减少权利金损失。

2. 买进看跌期权实现更高的杠杆效用。与买进看涨期权的杠杆效用相似，如果标的资产价格下跌，看跌期权价格通常会随之上涨，而且涨幅通常大于标的资产跌幅。因此，买进看跌期权可获得标的资产价格下跌的收益，且收益率高于甚至远高于标的资产的跌幅。由此获得较高的杠杆效应，而且买进看跌期权的杠杆效应也可高于卖出相同标的期货合约的杠杆效应。

利用买进看跌期权实现超过标的指数下跌幅度的收益，交易策略和结果参见第二章期权与期货合约杠杆效应比较的相关实例。

3. 买进看跌期权保护标的资产多头头寸。交易者已经买进了标的资产，其既想持有标的资产享受价格上涨的好处，又担心价格下跌而遭受损失。在此情形下，可买进看跌期权对标的资产持仓加以保护，达到规避标的资产价格下跌风险的目的。

期权到期时，如果标的资产价格下跌至执行价格以下，交易者行权按执行价格将标的资产卖出，可以实现按较高价格卖出标的资产的目的，但要考虑权利金成本；如果标的资产价格在执行价格以上，交易者标的资产持仓会继续受益，看跌期权作废，期权费造成标的资产持仓成本提高。因此，购买的看跌期权起到了为标的资产保险的目的，但要付出保险成本。

如果在期权到期前结束持仓，即分别将标的资产头寸和期权合约平仓，标的资产价格下跌、看跌期权价格上涨，看跌期权平仓收益可以部分弥补标的资产价格下跌造成的损失。

【例6－14】交易者于2014年12月12日以每股17.12港元的价格买入招商银行H股并持仓至2015年1月2日。当股票价格上涨至19.90港元时，交易者想继续持仓，又担心股票价格下跌，于是决定买进该股票看跌期权对股票持仓加以保护。交易者以0.98港元的价格买进2015年3月到期、执行价格为20港元的该股票看跌期权，分析该策略的效应。

如果股票价格上涨至20港元以上，交易者放弃行权，可享受股票价格上涨的利润，与不购买期权相比，会增加期权费的投入成本，但交易者可将期权卖出对冲平仓，以减少期权费损失，其最大损失为期权费。如果股票价格下跌至20港元以下，如跌至10港元，交易者可行权以每股20港元的价格将股票卖出，实现了期权的保险功能，但实际售价比执行价格低0.98港元，即期权成本。交易者也可将期权卖出平仓，当标的股票价格下跌时，看跌期权价格会上涨，交易者期权头寸的盈利可弥补或部分弥补股票价格下跌的损失。

1月26日，股票价格下跌至18.54港元，下跌1.36港元（19.90－18.54）；该看跌期权的价格上涨至1.47港元，上涨了0.49港元（1.47－0.98），股票实际售价提高至19.03港元（18.54＋0.49），看跌期权价格上涨部分弥补了标的资产价格下跌的损失；该期权为美式期权，交易者可行权将股票按20元卖出，但考虑权利金时，实际售价为19.02港元（20－0.98）。

由此可见，通过看跌期权，能够保证股票售价在执行价格与期权费的差额之上，如果在到期前了结期权，平仓了结比行权了结可能更有利。

所以，买进看跌期权可以实现保护标的资产多头的目的，但需付出权利金代价。

4. 买进看跌期权规避所持标的资产价格下跌风险。持有股票、ETF或与股指成分股构成一致的股票组合，当其认为所持资产价格趋势不明朗，为规避价格下跌风险，可买入该资产的看跌期权，即可规避标的资产价格下跌的风险，也不会丧失标的资产价格上涨带来的利润。所以，该目的与前述

“保护标的资产多头头寸”的目的相同，即买进看跌期权实现为现货持仓保险的目的。

若标的资产价格下跌至执行价格以下，交易者可执行期权，以执行价格将标的资产卖出，或将期权对冲平仓。由于标的资产价格下跌而看跌期权价格通常会上涨，期权的平仓收益可弥补或部分弥补其所持资产价格下跌造成的损失。如果标的资产价格上涨至执行价格以上，交易者可放弃执行期权，其最大的损失为权利金，而此时持有的标的资产价格上涨获得的超额收益可能远高于其损失的权利金。

通过买进对应的股票期权、ETF 期权和股指期权可以实现上述目的。

股票价格指数期权虽然没有对应的标的资产，但标的股票价格指数与 ETF 指数一致时，持有 ETF 者可买进 ETF 期权锁定未来的最低卖价，也可买进相关股票价格指数期权锁定卖价。例如，交易者如果持有上证 50ETF，可买进上证 50 股指期权锁定价格。

与卖出期货合约对冲标的资产价格下跌风险相比，利用买进看跌期权规避标的资产价格风险具有以下特征：

第一，初始投入更低，杠杆效用更大。购买看跌期权所支付的权利金较卖出期货合约所需交纳的保证金更少。

第二，如果标的资产价格变化对现货持仓有利时，如标的资产价格上涨，期货持仓亏损，套期保值者需要补交保证金。此时，由于在期货市场建仓卖出期货合约，期货亏损抵补了现货价格有利变动所带来的盈利。而看跌期权买方也会产生亏损，但既不用支付任何额外费用，又可限制最大损失；当标的资产价格上涨远远高于期权费时，交易者还可享受标的资产价格有利变化所产生的利润。所以此情形下利用看跌期权多头规避标的资产价格下跌风险比利用期货空头对冲标的资产价格风险更有利。

第三，当标的资产价格变化对现货持仓不利时，如标的资产价格下跌，交易者在期货市场的盈利可弥补降低的现货卖出收入；购买看跌期权也可达到此目的。同样，通过看跌期权多头规避标的资产价格下跌风险，比通过卖出期货合约对冲标的资产价格风险要多付出权利金的代价。

第四，在期权到期前将持仓了结，即将看跌期权对冲平仓，同时将标的资产卖出，如果标的资产价格上涨，标的资产持仓会继续盈利，而看跌期权价格平仓会有一定损失，但最大损失为期权费；如果标的资产价格下跌，看跌期权价格通常会上涨，但期权价格上涨值低于标的资产价格下跌值，期权盈利有可能与标的资产损失有较大差额；而期货合约涨跌值与标的资产价格涨跌值基本一致，在对冲价格风险方面卖出期货合约的损益与标的资产价格变化应该更接近。

以上比较可见，当标的资产下跌可能性较大时，买进期货合约对冲标的资产价格风险较为有利；当未来趋势不明，担心标的资产价格下跌，可考虑买进看跌期权对标的资产持仓进行保险。

【例 6－15】某基金经理持有与沪深 300 股价指数成分股构成基本一致的股票组合。2015 年 1 月底，其股票组合的市值达 5 000 万元，该基金经理认为股市会有一定幅度下跌，决定利用沪深 300 股指期货合约或沪深 300 股指期权合约规避股票组合价格风险。1 月 27 日，沪深 300 指数收盘价为 3574. 93 点，如果交易者分别利用 IF1503 和 IO－P－3600 规避股票组合价格风险，分析股指期货和股指期权规避股票组合价格风险的效果。

①1 月 27 日，交易者以 3620 点的价格卖出 IF1503 合约。

合约价值为 3 620 ×300 =1 086 000（元）

假设股票组合对沪深 300 的 β 系数为 1，5 000 万元股票市值需要卖出的合约数为：

卖出合约数 =50 000 000/1 086 000≈46（张）

即卖出 46 张，该合约当日结算价为 3615. 0 点。保证金比例为 10%：

交易者需缴纳保证金 =46 ×3 615 ×300 ×10% =4 988 700（元）

②1 月 27 日，交易者以 200 点的价格买进 IO1503－P－3600，标的指数的价值为 3574. 93 点，买入的期权合约数与期货合约控制的标的指数价值相当：

需买入期货合约数 =46 ×3 =138（张）

需支付期权费 =200 ×138 ×100 =2 760 000（元）

期货合约的保证金占用大于期权合约的权利金总额。

如果持有合约至到期，股指期货合约和期权合约的交割结算价为 3886. 79 点，以上两合约交割和行权损益为：

①期货合约的交割损益 =(3 620－3 886. 79) ×300 ×46

= -3 681 702（元）

随着标的指数上涨，交易者还需补交保证金。

②由于交割结算价大于行权价，所以看跌期权作废。交易者损失全部权利金 2 760 000 元。

期货交易较期权交易多亏损 921 502 元（3 681 702 - 2 760 000），而且由于期货建仓后标的基金一直上涨，所以交易者需追加保证金，按照 3880 点核算保证金，交易者保证金至合约到期日逐渐追加至 5 354 400 元（3 880 ×300 ×10% ×46）。3 月 20 日，沪深 300 股价指数上涨至 3892. 57 点，较 1 月 27 日上涨了 317. 64 元，涨幅为 8. 89%，交易者股票持仓的涨幅与标的指数应该一致，市值增加 444. 5 万元（5 000 ×8. 89%），持仓增值将弥补期货合约的亏损。

与期货交易相比，期权买方不用再缴纳任何费用，权利金损失也低于期货合约的亏损，所以，本例中，采用期权策略规避股票组合价格风险比期货策略有利，但权利金损失也是一笔不小的数额。

5. 买进看跌期权，限制买进标的资产的风险。交易者预期股市上涨而买入股票、ETF 或股指期货合约，但在买进上述金融资产后又担心价格下跌。为避免交易错误，在买进标的资产的同时买进该标的看跌期权，利用看跌期权多头限制买进标的资产的风险。

如果在买进标的资产后，标的资产价格下跌，交易者可行权按执行价格将标的资产卖出，或卖出看跌期权，期权的权利金收益可以部分弥补标的资产多头产生的损失，从而利用看跌期权限制买进标的资产的风险；如果买进标的资产后其价格上涨，标的资产多头盈利，看跌期权多头会有一定损失，最大损失为全部权利金。

所以，此策略可以限制买进标的资产的风险，但要付出权利金的代价。

6. 与买进套期保值同时使用，作为买进套期保值的补充工具。该策略与限制买进标的资产风险策略相似，均为在买进标的资产或买进标的期货合约的同时，买进相关标的的看跌期权。但两策略的作用和功能不同。

该策略是在买进套期保值的基础上加上了一个看跌期权多头。交易者计划买进现货资产，如买进与股指期货合约对应的股票组合，但担心未来股市上涨，而买进相关股指期货合约以对冲股市上涨风险时。如果标的资产价格

上涨，期货盈利可弥补购买标的资产成本提高的风险；如果标的资产价格下跌，购买现货的成本降低，可弥补期货多头的损失。所以，买进套期保值者在对冲标的资产价格风险的同时，也失去了标的资产价格下跌的获利机会。

为弥补上述遗憾，可在买进期货合约的同时买进相关期货合约的看跌期权。如果标的资产价格上涨，期货多头可规避价格上涨的风险，期权作废或有一定损失；如果标的资产价格下跌，交易者执行看跌期权，按执行价格卖出期货合约，将期货多头平仓，然后以较低的市场价格买进标的资产，从而享受现货价格下跌带来的好处。但无论价格涨跌，都将付出权利金的代价。

四、卖出看跌期权

看跌期权卖方损益与买方正好相反，一方的盈利恰好是另一方的亏损，但买卖双方损益特点不同，看跌期权卖方能够获得的最高收益为卖出期权收取的权利金，而损失却可能远高于权利金。

（一）适用的市场环境

标的资产市场呈现以下情形时，可考虑卖出看跌期权：

第一，标的资产市场处于牛市；

第二，标的资产横盘整理，市场波动率低或收窄，或隐含波动率高。

标的资产价格处于横盘整理或上涨，期权买方行权的机会很小，或即便行权也处于亏损状态。交易者可通过卖出看跌期权获取权利金收益或期权价差收益；市场波动率低或收窄，表明横盘趋势会持续；隐含波动率高表明期权价格被高估的可能性较大，此情形适合进行期权空头操作。

（二）损益分析

建仓时，交易者卖出看跌期权获得期权费，但是要缴纳保证金，而且保证金要高于期权费。所以，与卖出看涨期权相似，卖出看跌期权也需要一定的初始资金，当行情发生不利变动时，还要补交保证金。

交易者卖出看跌期权的主要目的是获取期权费，而且最大收益也是建仓时获取的期权费。

卖方收取期权费后，必须承担按约定的执行价格买进标的资产的义务。

期权卖方在没有被要求履约时，可选择买进看跌期权对冲平仓，或持有合约至到期。

期权到期时，看跌期权空头损益状况见图6－5，图6－5也是看跌期权空头最大损益结果。

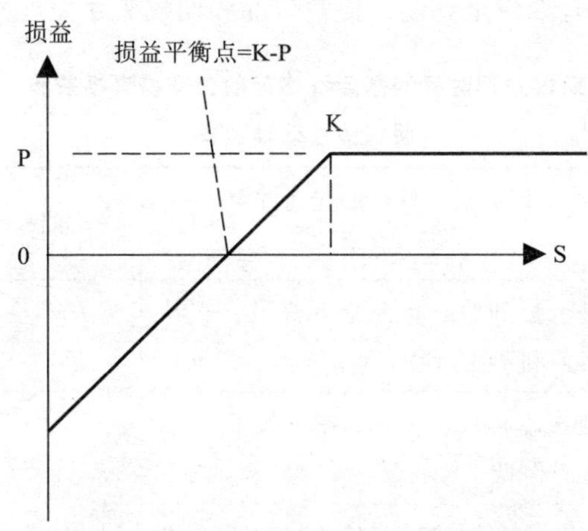

图6－5　到期时看跌期权空头损益状态

期权到期时，标的资产价格对看跌期权卖方损益的影响见表6－9。

表6－9　　到期时标的资产价格对看跌期权空头损益的影响

标的资产的价格范围	标的资产价格的变动方向及卖方损益	期权头寸处置方法
S≥K	处于盈利状态，无论S高低，最大盈利不变，等于权利金	买方不会执行期权，期权作废，卖方获得权利金
K－P＜S＜K	处于盈利状态。盈利随S高低而变化，但低于权利金	买方行权时，如果卖方被要求履约，以执行价格买进标的资产
S＝K－P	损益＝0，K－P为损益平衡点	
S＜K－P	处于亏损状态，亏损随S高低而变化，标的资产价格趋于0时卖方亏损最大，等于P－K	

【**例 6-16**】2015 年 3 月 6 日，某交易者卖出一张 IO1503-P-3600 合约，卖出价为 142.5 点，该期权当日结算价为 140.2 点，标的指数沪深 300 的收盘价为 3601.26 点。分析基金价格对交易者损益的影响及交易者处理期权头寸的方式。

如果交易者持有期权至到期，损益状况和期权头寸处理方式见表 6-10。

表 6-10　　期权到期时标的基金价格范围、交易者损益和期权头寸处理方式

<table>
<tr><th>标的资产的价格范围</th><th>标的资产价格的变动方向及卖方损益</th><th>期权头寸处置方法</th></tr>
<tr><td>S≥3600 点</td><td>处于盈利状态，无论 S 高低，交易者盈利不变，等于 142.5 点</td><td>买方不会执行期权，期权作废</td></tr>
<tr><td>(3600-142.5) 点 < S < 3600 点</td><td>处于盈利状态。盈利随 S 变化而变化，但低于权利金</td><td rowspan="3">接受买方行权，按执行价格与交割结算价的差结算盈亏</td></tr>
<tr><td>S = 3457.5 点</td><td>损益 = 0，3600 - 142.5 = 3457.5 点为损益平衡点</td></tr>
<tr><td>S < 3457.5 点</td><td>处于亏损状态，亏损随 S 变化而变化，标的资产价格等于 0 时亏损最大，等于 3457.5 点</td></tr>
</table>

在期权到期前，如果标的指数持续上涨，看跌期权的价格通常会随之下跌，交易者可买进期权对冲平仓，赚取价差收益，也可持有期权至到期，赚取全部权利金。

如果标的指数下跌，交易者根据对标的指数价格趋势的判断，可买进期权对冲平仓，减小损失，或继续持仓等待标的指数价格逆转，但要准备资金补充保证金。

期权到期时，如果交割结算价在执行价格以下，交易所会自动执行实值额大于行权费的期权，以交割结算价与执行价格的差结算交易者的盈亏，卖方的履约损益 = 交割结算价 - 执行价格 + 权利金，其最大亏损等于执行价格与权利金的差。

3 月 20 日期权到期，交割结算价为 3886.79 点，期权买方放弃行权，交易者赚取全部权利金 14 250 元（142.5×100）。虽然标的指数有较大涨幅，但交易者获得的最大收益也只是卖出期权的权利金。

【例 6－17】 分析例 6－16 中卖出期权获得的权利金与需要支付的保证金的关系。

交易者应缴纳的保证金计算如下：

每手看跌期权交易保证金 =（股指期权合约当日结算价×合约乘数）+ Max（标的指数当日收盘价×合约乘数×股指期权合约保证金调整系数－虚值额，最低保障系数×股指期权合约行权价格×合约乘数×股指期权合约保证金调整系数）

其中，沪深 300 股指期权合约保证金调整系数为 15%，最低保障系数为 0.667。

标的指数当日收盘价×合约乘数×股指期权合约保证金调整系数－虚值额 = 3 601.26×100×15%－（3 601.26－3 600）×100 = 53 892.9（元）

最低保障系数×股指期权合约行权价格×合约乘数×股指期权合约保证金调整系数 = 0.667×3 600×100×15% = 36 018（元）<53 892.9（元）

建仓时交易者需缴纳的保证金 = 140.2×100 + 53 892.9

= 67 912.9（元）

交易者卖出期权收取的期权费为 142.5×100 元，需要缴纳 67 912.9 元保证金，远高于期权费。如果卖出期权后标的指数上涨，交易者还需补交保证金。所以，期权卖方在卖出期权时，必须准备一定的初始资金，还要留有一定的储备资金。

（三）基本运用

1. 不看跌标的资产后市，卖出看跌期权获取权利金收益。交易者卖出看跌期权后，如果标的资产价格上涨至执行价格以上，则买方不会行权，持有到期的话可获得全部权利金收入；卖方也可在期权到期前买进看跌期权对冲平仓。如果标的资产价格上涨的话，看跌期权价格通常会下跌，卖方可获得价差收益。总之，如果交易者对标的资产价格趋势分析正确，即标的资产价格不涨，便可能实现预期目的。

与卖出看涨期权相似，从国外实际的交易情况看，卖出看跌期权也会获利丰厚。但必须考虑价格不利变化时追加保证金要求，因此对资金有限的投资者应避免卖出无保护看跌期权。

【例6-18】卖出看跌期权价差策略及损益分析，以沪深300股指仿真期权为例。

2015年1月底，交易者认为国内股市将高位横盘整理或进一步上涨，决定通过卖出股指看跌期权获取权利金收益。

1月27日，交易者以201.6点卖出IO1503-P-3600合约，当日标的指数收盘价为3574.93点。建仓后至3月11日，标的指数呈现窄幅整理态势，3月11日标的指数以3592.84点收盘，比1月27日收盘价高17.91点，高出0.5%。建仓时：

该期权的内涵价值=3600-3574.93=25.07（点）

时间价值=201.6-25.07=176.53（点）

理论上，看跌期权价格随标的资产价格上涨而下跌，且随着到期日的临近，时间价值逐渐消失。所以，当标的资产横盘时，时间价值逐渐减小，期权价格下跌。因此，该例中，标的指数横盘时，看跌期权价格下跌了96.9点，以104.7点收盘，跌幅达48.07%，交易者将看跌期权空头平仓：

平仓收益=(201.6-104.7)×100=9 690（元）

卖出该看跌期权需要缴纳保证金=标的指数当日收盘价×合约乘数×股指期权合约保证金调整系数-虚值额=3 574.93×100×15%=53 623.95（元）

建仓时交易者需缴纳的保证金=201.6×100+53 623.95

=73 783.95（元）

在考虑资金占用的情况下：

交易者卖出看跌期权的投资收益率=9 690/73 783.95×100%=13.13%

如果交易者继续持仓，3月12日后，标的指数大幅上涨，看跌期权大幅下跌，合约到期时，标的指数上涨至3892.57点，该合约的交割结算价为3886.79点，高于该看跌期权的执行价格，所以期权作废：

交易者赚取到全部权利金=201.6×100=20 160（元）

投资收益率=20 160/73 783.95×100%=27.32%

由此可见，当标的资产价格上涨或稳盘时，卖出看跌期权便可能获利，但

并不是无本投资，而是要缴纳保证金，保证金要求越低，卖方的收益率越高。

2. 卖出看跌期权，对冲标的资产空头头寸。如果交易者对标的资产价格谨慎看空，可在卖出标的资产的同时，或持有标的资产空头时，卖出执行价格较低的看跌期权。如果标的资产价格上涨，所获得的权利金等于提高了标的资产的卖价；如果标的资产价格下跌，或期权买方行权，看跌期权空头被要求履约，以执行价格买进标的资产，将其所持标的资产空头平仓。

此策略为一个标的资产空头和一个看跌期权空头的组合，标的资产空头对卖出看跌期权形成担保，该策略可视为有担保的看跌期权策略。如果标的资产空头和看跌期权空头数量匹配，看跌期权空头应该不需要缴纳保证金。上证 50ETF 期权备兑开仓的相关规则只规定了标的资产多头和看涨期权空头同时持仓的情形，即此情形看涨期权空头属于备兑开仓。并未对同时持有标的资产空头和看跌期权空头做出相关认可，此情形看跌期权空头的需缴纳保证金。

对于计划在未来购买现货的企业，在利用看涨期权套期保值时，可在买进看涨期权的同时卖出执行价格较低的看跌期权，执行价格的选择可考虑企业未来购买现货的成本。如果标的资产价格上涨，看涨期权头寸盈利，同时还收获了看跌期权的权利金；如果标的资产价格下跌，交易者可接受买方行权，按执行价格买进标的资产，并进行交割，实现其购买标的现货的目的，其卖出看跌期权的权利金收入可使购买价格进一步降低。

【例 6－19】2015 年 4 月 11 日，沪深 300 指数收盘价为 4344.42 点，交易者认为沪深 300 指数上涨过快，近期会有一定幅度下跌，于是在临近收盘时以 4377.0 点卖出 1 张 IF1504，当日该合约的结算价为 4373.6 点。交易者认为以 4000 点将股指期货合约空头平仓较为满意，于是在卖出股指期货合约的同时，以 14.1 点的价格卖出 3 张 IO1504－P－4000 合约。不考虑交易成本和行权费，分析该策略的损益结果。

如果期货交易保证金按 10% 收取：

1 张期货合约缴纳保证金＝4 373.6×10%×300＝1 312 080（元）

卖出 3 张看跌期权，由于股指期货合约的标的与看跌期权的标的同为沪深 300 股价指数，两合约的合约乘数分别为 300 元/点和 100 元/点，3 张期权合约对应 1 张期货合约，因此，1 张期货合约空头可以对 3 张看跌期权空头形成保护，即以上 3 张看跌期权空头为有保护的看跌期权，应该无需缴纳保证金。

卖出 3 张看跌期权的权利金收入 = 14.1 × 3 × 100 = 4 230（元）

4 月 17 日为期货合约和期权合约的最后交易日和到期日。如果交割结算价 $S_T \geqslant 4000$ 点，看跌期权作废，交易所以交割结算价结算期货空头，加上卖出期权的权利金收入，该策略损益 = 4 373.6 + 14.1 − S_T 点，权利金收入相当于提高了期货合约的卖价，3 张期权折合为 1 张，与期货合约的合约乘数一致。

如果交割结算价低于 4000 点，交易所以交割结算价结算期权合约，同时结算期货合约：

损益 = 4 373.6 + 14.1 − 4 000 = 387.7（点）

盈利 = 387.7 × 300 = 116 310（元）

所以，如果标的指数上涨，卖出看跌期权意味着提高了期货合约的卖价；标的指数在 4000 点以下，交易者可以将期货合约空头以 4 000 点对冲平仓，同时还可赚取权利金收入。但如果标的指数在 4000 点以下，交易者盈利不会随标的指数下跌而增加。因此，该策略适用于对标的资产价格谨慎看空的市场环境。

构建该组合策略主要考虑的因素：

第一，看跌期权的执行价格。所卖出期权的执行价格越低，买方行权的可能性越小，对构建该组合策略越有利，但执行价格越低，看跌期权的权利金越低，卖出期权对增加标的资产空头持仓利润的影响越小。

第二，标的资产价格变化趋势。如果预期标的资产价格下跌至期权执行价格与权利金的差以下时，单独持有标的资产更为有利，即预期标的资产价格大幅下跌时不宜采用此策略；如果预期标的资产价格上涨，则不会卖出或继续持有标的资产空头。所以，此策略适用于对标的资产价格谨慎看空的市场情形。

3. 卖出看跌期权，实现低价买进标的资产的目的。投资者想买进标的资产但认为价格偏高时，可通过卖出执行价格较低的看跌期权实现低价买进标的资产的目的。如果标的资产价格上涨且价格超过执行价格，看跌期权买方放弃行权，投资者赚取权利金收益；如果标的资产价格下跌至执行价格以

下，投资者被指定行权，按执行价格买进标的资产，实现了低价买进标的资产的目的。

4. 卖出看跌期权，以提高期货空头套期保值者卖出产品的价格。利用期货空头对冲标的资产价格风险的套期保值者，当标的资产价格上涨时，期货市场亏损，卖出现货的收入提高，期货和现货两个市场盈亏相抵。在此情形下，如果在卖出期货合约的同时卖出看跌期权，标的资产价格上涨时，看跌期权空头盈利，视同提高了套期保值者卖出标的资产的价格。交易者持有期货合约空头对看跌期权空头形成担保，所以卖出的看跌期权也称为有保护的看跌期权空头。当期货合约数量与看跌期权空头数量匹配时，卖出的看跌期权可以不用缴纳保证金。上海证券交易所目前尚未推出对持有有保护看跌期权降低保证金的相关规定。

【例 6－20】某机构投资者持有与沪深 300 股票价格指数高度相关的股票组合，2015 年 1 月至 3 月，国内股市进入调整期。2015 年 3 月 5 日，交易者以 3550 点的价格卖出 2015 年 6 月到期的沪深 300 股指期货合约（IF1506），同时决定卖出执行价格较低的沪深 300 股指看跌期权。当时沪深 300 股票价格指数为 3500 点时，交易者通过对股市未来价格趋势的分析，决定选择卖出 2015 年 6 月到期、执行价格为 2800 点的沪深 300 股指看跌期权（IO1506－P－2800）。分析股指期货合约和期权合约到期时，该交易者的损益结果。

下面分别分析卖出股指期货合约和卖出股指期货合约的同时卖出股指看跌期权的情形：

①交易者仅卖出股指期货合约来对冲股市下跌风险，建仓后如果股市下跌，股指期货盈利，而卖出股票组合的收入减少；如果股市上涨，股指期货亏损，而卖出股票组合的收入提高，期货和现货两个市场盈亏大致相抵，从而达到了锁定未来股票组合售价的目的。无论股市大幅上涨还是下跌，交易者卖出股票组合的收入与期货合约建仓时的股市水平相当。在股市上涨时，其卖出股票组合的收入会低于市场平均价格。

②交易者在卖出股指期货合约的同时卖出股指看涨期权，在沪深 300 股指期货合约和仿真期权合约到期日（2015 年 3 月 20 日），沪深 300 股指期货合约的交割结算价 S_T 为以下情形时：

S_T在2800点及以上，看跌期权买方放弃行权，交易者赚取权利金；按S_T将期货合约平仓，期货市场盈利，但卖出股票组合的收入相应降低，期货与现货盈亏大致相抵，交易者赚取的期权费相当于提高了卖出股票组合的收入。所以，交易者选择的期权合约执行价格越低，获得期权费的可能性越大，且不会影响期货和现货盈亏相抵的套期保值效果。

S_T在2800点以下，交易者看跌期权被指定履约时，以2800点买进期货合约，将所持期货合约空头平仓，再以低于2800点的市场价格卖出股票组合，当沪深300股价指数低于2800点的值大于交易者卖出期权所得的期权费时，卖出股票组合的收入会低于期货合约建仓时的价格水平，超过越多，卖价降低越多。因此，如果标的指数低于执行价格较多时，卖出看跌期权对套期保值效果的影响会比较大。

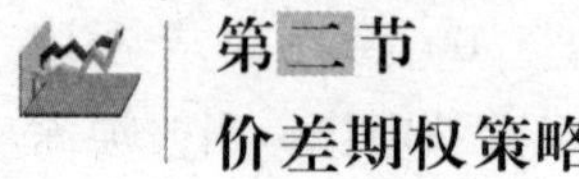

第二节 价差期权策略

一、价差期权策略特点和基本类型

价差期权策略是指同时买进或卖出相同类型的两个或多个期权头寸，可以是两个或多个看涨期权的组合，也可以是两个或多个看跌期权的组合。

期权价差策略类似于期货价差套利策略，通过构建价差期权降低单一期权交易对行情判断错误的损失，但也降低了行情判断正确的收益。

价差期权策略最常用的是牛市价差期权策略和熊市价差期权策略，此外，还有蝶式价差期权、日历价差期权策略等。

构建价差策略通常通过建仓时不同执行价格或不同到期时间的期权价格差，和平仓时或到期时期权价格随标的资产价格涨跌情况不同，分析盈亏并构建适合的期权价差策略，对冲平仓了结期权头寸，或持仓至期权到期了结期权头寸，持有期权至到期损益结果更易分析和控制。

对于采用实物交割的期权，行权后要交割，标的资产价格变化会导致损

益结果与行权时不同，而且卖方为履约购买标的资产后至行权时，标的资产价格也会产生一定变化，所以采用实物交割的期权，如股票期权、ETF 期权等，构建策略时的分析结果与实际损益会有一定差异。股指期权到期时采用现金结算，所以构建价差策略更易控制盈亏结果。

建仓和平仓或期权到期时的价差关系可根据期权定价原理确定，通过分析不同执行价格期权或不同到期时间期权的合理价差，买进低估期权卖出高估期权，并预计期权价格随标的资产价格而改变，待价差回归合理而获取投资收益。

当看涨与看跌期权的市场价格关系与理论价格关系不符，或执行价格变化与看涨、看跌期权价格变化的关系不符时，可设计套利策略（参见第三章相关内容和案例）。本节构建组合策略时不考虑定价问题，主要依据对标的资产价格变化趋势、波动率大小的分析，根据相同期限不同执行价格的期权价格变化特征或相同执行价格不同到期时间的期权价格变化特征等选择期权头寸。

价差期权策略买进和卖出的期权数量一致，所以风险有限，因此在保证金要求上应低于卖出无保护期权。

上海证券交易所股票期权试点交易规则规定：投资者以持有的相关合约（以下简称“成分合约”）构建组合策略的，按照组合策略对应的标准收取保证金，即根据组合期权可能产生的风险或亏损收取保证金。但目前构建上证 50ETF 期权组合略策时并未按此规定执行，保证金收取仍按单方向卖出执行。

二、牛市价差期权和熊市价差期权

（一）牛市价差期权（Bull Spreads）

牛市价差期权策略是指所构建的期权组合在标的资产价格上涨时可以获利，即当预期标的资产价格上涨时可通过构建牛市价差期权策略获利，标的资产价格下跌时交易者亏损。该策略也因此被称为牛市价差期权策略。

牛市价差期权可以通过两个看涨期权构建，也可以通过两个看跌期权构建。

1. 通过看涨期权构建牛市价差期权。

（1）构建。购买一个较低执行价格的看涨期权，同时出售一个相同标的、相同到期时间的较高执行价格的看涨期权。

交易者预期标的资产价格上涨时可采用买进看涨期权策略，但需要支付权利金。为减少权利金支付，交易者可通过卖出看涨期权获得权利金，以抵补买进看涨期权的权利金支出。

建仓时，买进看涨期权 1，支付权利金 C_1；卖出较高执行价格的看涨期权 2，得到期权费 C_2。

对于看涨期权，执行价格越高，权利金应该越低，所以买进期权的权利金 C_1 大于卖出期权的权利金 C_2。

建仓时权利金收支状况为净支出，净支出 $= C_1 - C_2$，也是该策略最大亏损。

建仓时现金流状况：初始投入 $= C_1 - C_2$，由于该策略最大亏损不超过初始投入，所以，对卖出的看涨期权应该无需要求缴纳保证金。

（2）到期日损益结构图。图 6－6 可见，交易者在买进看涨期权 1 的同时卖出看涨期权 2，相当于降低了看涨期权 1 的初始投入，但也丧失了获得更高收益的可能。

如果标的资产价格上涨至 K_2 以上，该组合策略不如单一看涨期权策略。所以，该策略适用于预期标的资产后市上涨，但上涨幅度不是很大的市场情形。

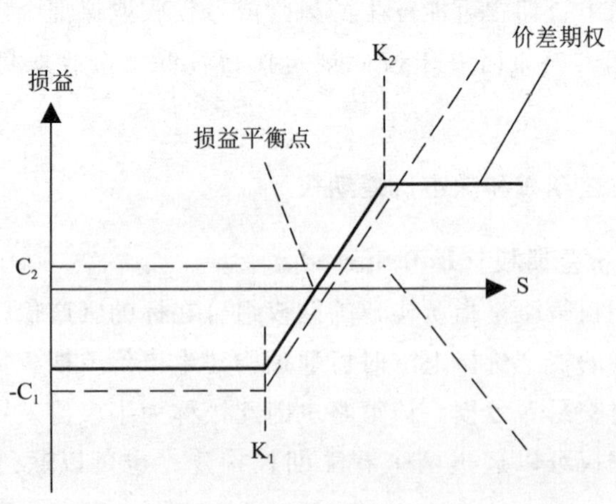

图 6－6　看涨期权构建的牛市价差期权损益状态

（3）损益分析。期权到期时：

①损益平衡点 $=K_1+C_1-C_2$

②当 $S\leqslant K_1$ 时，亏损最大，损失 $=C_1-C_2$

③当 $S\geqslant K_2$ 时，盈利最大，盈利 $=(K_2+C_2)-(K_1+C_1)=(K_2-K_1)-(C_1-C_2)$

④当 $K_1<S<K_2$ 时，损益 $=S-(K_1+C_1)+C_2$

如果 $S<K_2$，采用组合策略比单独投资期权 1 有利，获得的期权费 C_2 或充抵期权 1 权利金损失，或补充期权 1 的盈利。

$S>K_1+C_1-C_2$ 时开始盈利，$S\geqslant K_2$ 时盈利达到最大，为 $(K_2-K_1)-(C_1-C_2)$ 且保持不变。由于标的资产价格上涨时盈利，因此称为牛市策略，但并非标的资产价格越高交易者盈利越大。

由于卖出期权 2 锁住了买进看涨期权的收益空间，所以，当预期标的资产有较大上涨空间时，不适宜构建此策略。

综上分析，卖出的看涨期权执行价格越高对策略越有利，但执行价格过高的看涨期权的权利金低，对减少看涨期权多头权利金支出意义不大。因此，构建此策略时要综合考虑标的资产价格趋势、期权权利金和执行价格的关系等因素。

【例 6-19】 2015 年初，交易者预期国内股市还有一定上涨空间，决定通过看涨期权获利，由于认为股市上涨空间有限，又希望减少期权费支出，故决定构建牛市价差期权策略。

2015 年 2 月 16 日，上证 50ETF 的收盘价为 2.394 元，交易者在临近收盘时以等于结算价的价格买进 1 张 510050C1503M02200 合约，同时卖出 1 张 510050C1503M02500 合约，权利金分别为 0.209 元和 0.0294 元，分析损益结果。

该策略对应每份基金的损益状况为：

建仓时权利金支出 $=0.209-0.0294=0.1796$（元）

比单一策略减少支出 0.0294 元，降低 14.07%。

该策略的损益平衡点 $=K_1+C_1-C_2=2.2+0.209-0.0294$

$=2.3796$（元）

标的基金价格上涨至 2.3796 元以上该策略盈利，上涨至 2.5 元以上时盈利达到最大。

最大盈利 $=(K_2-K_1)-(C_1-C_2)=(2.5-2.2)-(0.209-0.0294)$
$=0.1204$（元）

标的基金价格下跌至 2.3796 元以下该策略开始亏损，下跌至 2.2 元以下亏损达到最大，为建仓时的权利金支出 0.1796 元。

2015 年 3 月 25 日为 2015 年 3 月到期的上证 50ETF 期权的最后交易日和行权日，该日上证 50ETF 的收盘价为 2.604 元，每份基金实现盈利 0.1204 元：

该策略可实现的总盈利 $=0.1204\times 10\,000=1\,204$（元）

如果仅买进 510050C1503M02200 合约：

实现盈利 $=2.604-2.2-0.209=0.195$（元）

由于标的基金价格上涨超过 2.5 元，而卖出的看涨期权锁住了买进看涨期权的收益空间。因此，在标的资产有较大幅度上涨的情况下，卖出更高执行价格的期权相对较好，但组合策略的初始投入会提高。而且，510050C1503M02500 合约是建仓时执行价格最高的期权。

如果在 3 月 16 日将期权头寸对冲平仓，以上两合约的价格分别为 0.3125 元和 0.0375 元，标的基金的价格为 2.51 元：

每份基金盈利 $=(0.3125-0.209)+(0.0294-0.0375)=0.0954$（元）

如果在 3 月 19 日将期权头寸对冲平仓，以上两合约的价格分别为 0.3902 元和 0.0902 元，标的基金价格为 2.587 元：

每份基金盈利 $=(0.3125-0.209)+(0.0294-0.0902)=0.1204$（元）

与持有至到期的损益结果相当。

所以，当标的资产价格较高时，无论对冲平仓还是持有合约至到期，该策略均可获利，但最大盈利不超过 0.1204 元。

在标的基金价格上涨幅度较大，如果仅买进看涨期权 1 获利会更高。因此，该策略适宜标的资产价格上涨有限的情形。

2. 通过看跌期权构建牛市价差策略

（1）构建。通过出售较高执行价格看跌期权，同时购买相同标的、相同到期时间的较低执行价格的看跌期权。

当投资者预期标的资产价格有上涨可能，但又担心下跌时，可考虑该策略。

如果预期标的资产价格不会下跌，或有一定幅度上涨，可通过卖出看跌期权获利。但如果判断错误，卖出期权后标的资产价格下跌，交易者会遭受

较大损失。为防止标的资产价格下跌使看跌期权空头遭受较大损失，可买进看跌期权锁定风险，但锁定风险的同时也降低了卖出单一期权的收益。

无论是通过看涨期权还是通过看跌期权构建牛市价差期权，均为买进低执行价格的期权，卖出高执行价格的期权。

建仓时，卖出看跌期权 1，得到权利金 P_1；买进较低执行价格的看跌期权 2，支付权利金 P_2。

对于看跌期权，执行价格越高权利金也应该越高，所以 $P_1 > P_2$。

建仓时权利金收支状况为净收入，净收入 $= P_1 - P_2$，也是该策略的最大盈利。

建仓时现金流状况：虽然该策略的最大损失有限，但为保证履约，交易者应按组合头寸缴纳保证金。由于该策略的最大亏损为 $(K_1 - P_1) - (K_2 - P_2) = (K_1 - K_2) - (P_1 - P_2)$，正常情况下，保证金要求应该不超过最大亏损。因此，虽然该策略建仓时有权利金价差收入，但仍需要一定的初始资金，初始资金应该不超过或等于最大亏损与权利金价差收入的差，且不随标的资产价格涨跌而增加。

（2）到期日损益结构图。图 6－7 可见，交易者在卖出看跌期权 1 的同时买进看跌期权 2，当标的资产价格下跌时，该策略可锁定交易者的损失，但买进看跌期权 2 导致标的资产价格下跌时收益减少。

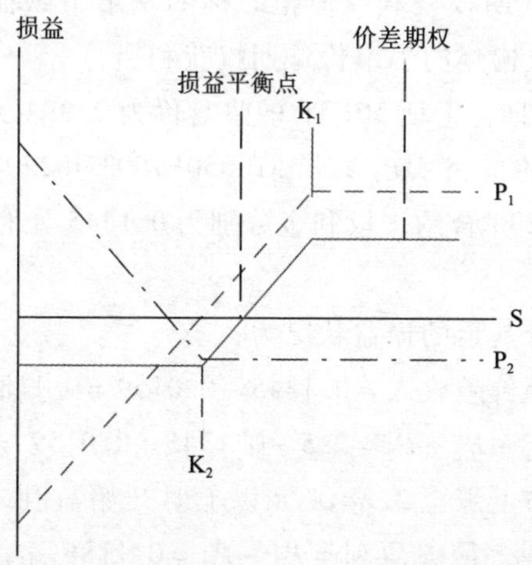

图 6－7　看跌期权构建的牛市价差期权损益状态

（3）损益分析。期权到期时：

①损益平衡点 $=K_1-P_1+P_2$

②当 $S\geqslant K_1$ 时，盈利最大，盈利 $=P_1-P_2$

③当 $S\leqslant K_2$ 时，亏损最大，亏损 $=(K_1-K_2)-(P_1-P_2)$

④当 $K_2<S<K_1$ 时，损益 $=K_1+P_1-S-P_2$

如果 $S\geqslant K_1$，交易者盈利最大，为 P_1-P_2，且盈利保持不变。此时如果采用单一期权盈利更高。如果交易者对标的资产价格趋势判断错误，标的资产价格下跌会遭受较大损失，为此买进期权 2 规避标的资产价格下跌的风险。

如果 $S\leqslant K_2$，交易者损失 $=(K_1-K_2)-(P_1-P_2)$，亏损达到最大。正是由于买进了看跌期权，交易者的亏损有限，但也只有 $S\leqslant K_2$ 时，该组合策略才比单一看跌期权策略有利。

因此，该牛市价差策略实际上是担心标的资产大幅下跌时对卖出看跌期权进行保护的策略。

如果买进执行价格较高的看跌期权，对卖出看跌期权的保护作用更好，但期权的权利金也会较高。因此，构建此策略要综合考虑标的资产价格趋势、期权的权利金和执行价格的关系。

【例 6-20】2015 年初，交易者预期国内股市还有一定上涨空间，决定卖出上证 50ETF 看跌期权获利，但担心标的基金下跌而导致大幅亏损，于是决定通过看跌期权构建的牛市价差期权获利。

2015 年 2 月 16 日，上证 50ETF 的收盘价为 2.394 元，交易者在临近收盘时以等于结算价的价格卖出 1 张 510050P1503M02500 合约，同时买进 1 张 510050P1503M02200 合约，权利金分别为 0.1345 元和 0.0159 元，分析损益结果。

该策略对应每份基金的损益状况为：

建仓时，权利金价差收入 $=0.1345-0.0159=0.1186$（元）

损益平衡点 $=K_1-P_1+P_2=2.5-0.1345+0.0159=2.3814$（元）

当标的基金价格上涨至 2.3814 元以上时开始盈利，上涨至 2.5 元时达到该策略的最大盈利，最大盈利 $=P_1-P_2=0.1186$ 元，即该策略的最大盈利为建仓时获取的权利金价差收入。

当标的基金价格下跌至 2. 3814 元以下时开始亏损，下跌至 2. 2 元时达到该策略的最大亏损。

$$
\begin{aligned}
\text{最大亏损} &= (K_1 - K_2) - (P_1 - P_2) \\
&= (2.5 - 2.2) - (0.1345 - 0.0159) = 0.1814 \ (\text{元})
\end{aligned}
$$

如果以此最大亏损为限收取保证金，交易者还需初始资金 0. 0628 元 (0. 1814 - 0. 1186)，加上建仓时的权利金价差收入 0. 1186 元，一并归入保证金账户，但亏损不会超过按以上方法收取的保证金，所以持仓过程无需考虑追加保证金。

2015 年 3 月 25 日合约到期时，标的基金价格为 2. 604 元，该策略实现盈利 0. 1186 元，低于用相同执行价格的看涨期权构建的牛市价差期权盈利。

如果在 3 月 16 日（T 日）将期权头寸对冲平仓，期权 1 和期权 2 的价格分别为 0. 0312 元和 0. 0003 元，则：

$$
\begin{aligned}
\text{策略盈利} &= (P_1 - P_{1T}) - (P_{2T} - P_2) \\
&= (0.1345 - 0.0312) + (0.0003 - 0.0159) = 0.0877 \ (\text{元})
\end{aligned}
$$

如果在 3 月 19 日将期权头寸对冲平仓，以上两合约的价格分别为 0. 0001 元和 0. 0063 元，则：

$$
\begin{aligned}
\text{每份基金盈利} &= (0.1345 - 0.0063) + (0.0001 - 0.0159) \\
&= 0.1124 \ (\text{元})
\end{aligned}
$$

可见，标的资产价格较高时该策略盈利，但最大盈利有限，为建仓时获得的权利金价差收益，仅在持有至到期时才可实现。

如标的基金价格上涨幅度较大，该策略不会获得更高的收益。所以，该策略同样不适宜标的资产价格大幅上涨的情形。

（二）熊市价差期权（Bear Spreads）

与牛市价差期权策略相同的是，熊市价差期权策略是由相同标的资产、相同到期时间、但不同执行价格的看涨期权或看跌期权组成；不同的是，无论是用看涨期权还是用看跌期权构建熊市价差期权，均为买进高执行价格的期权，卖出低执行价格的期权。

该策略的特点是在标的资产价格下跌时能够获利，因此被称为熊市价差期权策略。

1. 两个看涨期权构建的熊市价差期权。

(1) 构建。卖出一个较低执行价格的看涨期权，同时买进一个相同标的、相同到期时间的较高执行价格的看涨期权。

如果预期标的资产价格不会上涨，可通过卖出看涨期权获利，但如果判断错误，卖出期权后标的资产价格上涨，交易者会遭受较大损失。为防止标的资产价格上涨使看涨期权空头遭受较大损失，可买进看涨期权锁定风险，但锁定风险的同时也降低了卖出单一期权能够获得的权利金收入。

建仓时，卖出看涨期权 1，得到权利金 C_1；买进较高执行价格的看涨期权 2，得到期权费 C_2。

由于 $C_1 > C_2$，该策略在建仓时权利金价差为净收入，净收入 $= C_1 - C_2$，也是该策略最大的盈利。

虽然买进看涨期权 2 可以控制看涨期权空头的风险，但当标的资产价格上涨时该策略仍然有一定的损失，为保证履约，应按组合头寸缴纳保证金。

由于该策略的最大亏损为 $(K_2 - K_1) - (C_1 - C_2)$，所以，收取的保证金应该以该最大亏损为限。

与通过看跌期权构建的牛市价差策略相似，该策略建仓时虽然有权利金价差收入，但也需要一定的初始资金，初始资金应该不超过或等于最大亏损与权利金价差收入的差，且不随标的资产价格涨跌而增加。

(2) 期权到期时损益结构图。图 6－8 可见，交易者在卖出看涨期权 1 的同时买进看涨期权 2，当标的资产价格上涨时，该策略可锁定交易者的损失，但买进看涨期权 2 冲抵了卖出期权 1 的部分权利金收入。

(3) 损益分析。由于该策略与用看涨期权构建的牛市价差策略相反，当使用相同标的、相同执行价格的看涨期权时，两种策略的损益平衡点相同，但盈亏结果刚好相反。

期权到期时：

①损益平衡点 $= K_1 + C_1 - C_2$，与用相同执行价格看涨期权构建的牛市价差期权相同。

②当 $S \leqslant K_1$ 时，盈利最大：盈利 $= C_1 - C_2$

③当 $S \geqslant K_2$ 时，亏损最大：亏损 $= (K_2 - K_1) - (C_1 - C_2)$

$$= (K_2 - K_1) + (C_2 - C_1)$$

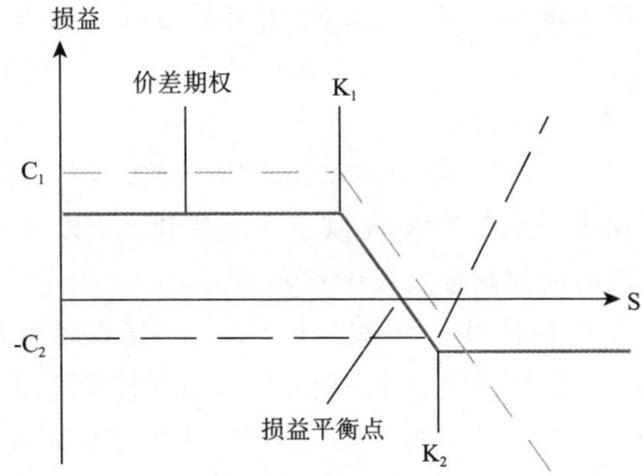

图 6－8　看涨期权构建的熊市价差期权损益状态

④当 $K_1 < S < K_2$：损益 $= K_1 + C_1 - C_2 - S$

如果 $S \leqslant K_1$，交易者盈利最大，为 $C_1 - C_2$，且盈利保持不变，此时如果采用单一期权盈利更高。如果交易者对标的资产价格趋势判断错误，标的资产价格上涨会遭受较大损失，为此买进期权 2 规避标的资产价格上涨的风险。

如果 $S \geqslant K_2$，交易者损失 $= (K_2 - K_1) - (C_1 - C_2)$，为此策略的最大亏损，但正是由于买进了看涨期权 2，交易者亏损有限。也只有当 $S \geqslant K_2$ 时，该组合策略才比单一看涨期权策略有利。

因此，该熊市价差策略实际上是担心标的资产价格有一定幅度上涨时对卖出看涨期权进行保护的策略。

如果买进执行价格较低的看涨期权，对卖出看涨期权的保护作用更好，但期权的权利金也会较高。因此，构建此策略要综合考虑标的资产价格趋势、期权的权利金和执行价格的关系。

【例 6－21】 用例 6－19 中的数据构建熊市价差期权，并分析损益结果。

2015 年 2 月 16 日，交易者以 0.209 元的价格卖出 1 张 510050C1503M02200 合约，同时以 0.0294 元的价格买进 1 张 510050C1503M02500 合约。

该策略对应每份基金的损益状况为：

建仓时权利金收入 = 0.209 － 0.0294 = 0.1796（元）

损益平衡点 $= K_1 + C_1 - C_2 = 2.2 + 0.209 - 0.0294 = 2.3796$（元）

标的基金价格上涨至2.3796元以上时开始亏损，上涨至2.5元以上亏损达到最大。

最大亏损$=(K_2-K_1)-(C_1-C_2)$

$=(2.5-2.2)-(0.209-0.0294)=0.1204$（元）

标的基金价格下跌至2.3796元以下开始盈利，下跌至2.2元以下盈利达到最大，为建仓时的权利金收入0.1796元。

由于期权到期时标的基金价格大于2.5元，所以该策略亏损1 204元（$0.1204\times10\,000$），如果不使用看涨期权对卖出期权风险加以控制，则期权到期时标的基金以2.604元收盘，看涨期权空头被指定履约时，亏损0.195元（$-2.604+2.2+0.209$）。所以，标的资产大幅上涨时，买进看涨期权对看涨期权空头形成了保护。

2. 通过两个看跌期权构建熊市价差期权

（1）构建。熊市价差策略可通过购买较高执行价格的看跌期权和出售一个相同标的、相同到期日的较低执行价格的看跌期权构建。利用看跌期权构造熊市价差期权需要一笔初始资金，这是因为购买的看跌期权价格高于出售的看跌期权价格。

与牛市价差期权类似，熊市价差期权减少了购买单一期权当标的资产价格向不利方向变动时的损失，但同时也限制或降低了单一期权的盈利水平。

建仓时，买进看跌期权1，支付权利金P_1；卖出执行价格较低的看跌期权2，得到期权费P_2。

由于$P_1>P_2$，所以该策略建仓时权利金价差状况为支出，支出$=P_1-P_2$，也是该策略最大亏损。

建仓时现金流状况：初始资金投入$=P_1-P_2$，由于该策略最大亏损不超过初始投入，因此无需对看跌期权空头收取保证金。

该策略需要一笔初始资金，等于P_1-P_2，比购买单一期权1减小支出P_2，即通过卖出执行价格低的看跌期权获取期权费，以充抵单一期权费支出，P_1-P_2也是该策略最大亏损。

（2）到期日损益结构图。图6-9可见，交易者在买进看跌期权1的同时卖出看跌期权2，当标的资产价格下跌时，该策略可锁定交易者的损失，但卖出看跌期权2冲减了买进期权1的收益。

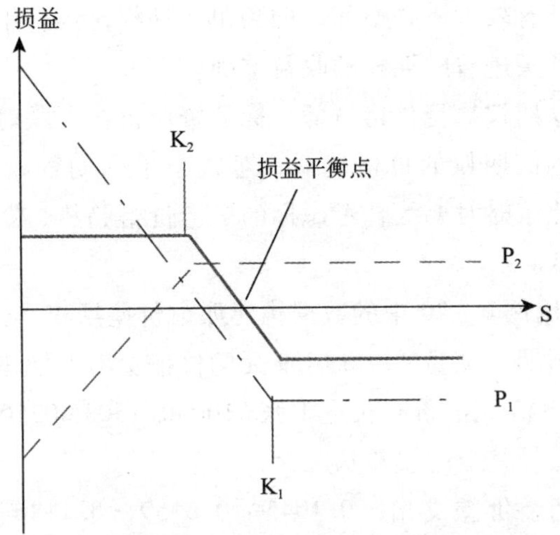

图 6－9　看跌期权构建的熊市价差期权损益状态

（3）损益分析。交易者预期标的资产价格下跌时可采用买进看跌期权策略，但需要支付权利金。为减少权利金支付，可通过卖出看跌期权获得权利金，以抵补买进看跌期权的权利金支出。

由于该策略与用看跌期权构建的牛市价差策略相反，当使用相同标的、相同执行价格的看跌期权时，两种策略的损益平衡点相同，但盈亏结果刚好相反。

期权到期时：

①损益平衡点 $=(K_1-P_1)+P_2$

②当 $S \geqslant K_1$ 时，亏损最大，亏损 $=P_1-P_2$

③当 $S \leqslant K_2$ 时，盈利最大，盈利 $=(K_1-K_2)-(P_1-P_2)$

④当 $K_2<S<K_1$ 时，损益 $=K_1-P_1+P_2-S$

如果 $S \geqslant K_2$，采用组合策略比单独投资期权 1 有利，获得的期权费 P_2 或充抵期权 1 的权利金损失，或补充期权 1 的盈利。

如果标的资产价格下跌至损益平衡点 $K_1-P_1+P_2$ 以下，该策略实现盈利，$S \leqslant K_2$ 时盈利达到最大，为 $(K_1-K_2)-(P_1-P_2)$ 且保持不变。由于标的资产下跌时盈利，因此被称为熊市策略，但并非标的资产价格越低交易者盈利越大。

如果标的资产有较大下跌空间，购买单一期权比组合策略有利，即由于卖出期权2锁住了买进看跌期权的收益空间。

所卖出的看跌期权执行价格越低，标的资产价格下跌时该策略的盈利越高，但执行价格越低期权的价格越低，对减小单一期权权利金支出意义不大。因此，构建此策略时要综合考虑标的资产价格趋势、期权权利金和执行价格的关系等因素。

【例6-22】用例6-20中的数据构建熊市价差期权，并分析损益结果。

2015年2月16日，交易者以0.0159元的价格卖出1张510050P1503M02200合约，同时以0.1345元的价格买进1张510050P1503M02500合约。

该策略对应每份基金的损益状况为：

建仓时，权利金价差支出=0.1345-0.0159=0.1186元，为标的资产价格上涨时的最大亏损。

损益平衡点 $=K_1-P_1+P_2=2.5-0.1345+0.0159=2.3814$（元）

当标的基金价格上涨至2.3814元以上时开始亏损，上涨至2.5元时达到该策略的最大亏损，为权利金收入和支出的差0.1186元。

当标的基金价格下跌至=2.3814元以下时开始盈利，下跌至2.2元时达到该策略的最大盈利：

$$
\begin{aligned}
\text{最大盈利} &= (K_1-K_2)-(P_1-P_2)\\
&= (2.5-2.2)-(0.1345-0.0159)=0.1814\ (\text{元})
\end{aligned}
$$

期权到期时，标的基金的价格为2.604元，该策略亏损，亏损为0.1186元。如果仅采用买进单一的看跌期权策略，损失全部权利金0.1345元。所以，卖出看跌期权减少了单一策略的权利金损失。

三、多头蝶式价差期权和空头蝶式价差期权

蝶式价差期权（Butterfly Spreads）由相同标的、相同到期时间的两个不同执行价格和两个相同执行价格，共四个看涨期权或看跌期权组成。

根据对标的资产价格波动幅度的预期不同，可以构建不同类型的蝶式价差期权。

如果预期标的资产波动幅度较小时，可通过构建多头蝶式价差期权获利；如果预期标的资产价格有较大幅度波动，但波动方向不确定，则可通过

构建空头蝶式价差期权获利。

（一）多头蝶式价差期权

多头蝶式价差期权可以通过看涨期权构建，也可以通过看跌期权构建。此类蝶式价差期权无论用看涨期权构建，还是用看跌期权构建，权利金价差均为净支出，也因此称为多头蝶式策略。标的资产价格窄幅整理时获利，大幅波动时产生一定的亏损。但最大盈利和最大亏损均有限。

1. 通过看涨期权构建多头蝶式价差期权

（1）构建。同时购买一个较低执行价格和较高执行价格的看涨期权，再卖出两个中间执行价格的看涨期权。中间执行价格的看涨期权接近平值期权，低执行价格的看涨期权为实值期权，高执行价格的看涨期权为虚值期权。

如果标的资产价格在当前价位波动，即未来标的资产价格波动率很小时，运用该策略就会获利；标的资产价格有一定幅度的上涨或下跌，该策略会有少量损失。

建仓时，买进看涨期权 1 和 3，支付权利金 C_1+C_3，同时卖出 2 份看涨期权 2，得到权利金 $2C_2$。由于期权 3 为实值期权，权利金等于内涵价值与时间价值的和，平值期权和虚值期权的权利金等于时间价值，所以，通常情况下，C_1+C_3 大于 $2C_2$。

建仓时权利金价差状况为支出，支出 $=C_1+C_3-2C_2$。

建仓时现金流状况：初始资金投入 $=C_1+C_3-2C_2$，由于该策略在标的资产价格有较大幅度上涨和下跌时均会产生亏损，标的资产价格大幅下跌时的最大亏损为初始投入的资金，大幅上涨时的最大损失为 $(K_3+C_3)+(K_1+C_1)-2\times(K_2+C_2)=(K_3+K_1-2K_2)+(C_1+C_3-2C_2)$，如果 $K_3+K_1-2K_2<0$，则最大亏损不超过已经投入的初始资金，所以不需要对期权空头再收取保证金；如果 $K_3+K_1-2K_2>0$，则除已经投入的初始资金外，交易者还需按组合头寸的最大损益状况缴纳保证金。

（2）到期日损益结构图。图 6-10 可见，标的资产价格等于 K_2 时该策略盈利最大。由于建仓时标的资产价格接近 K_2，所以标的资产价格不发生变化或小幅波动时该策略盈利，标的资产大幅涨跌时亏损，但最大盈利和最大亏损均有限。

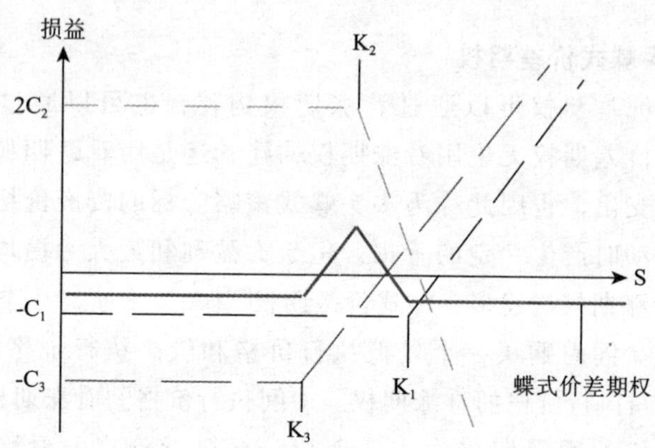

图 6-10 看涨期权构建的多头蝶式价差期权损益状态

（3）损益分析。在期权到期时：

①如果标的资产价格下跌至 K_2 与 K_3 之间，即：

当 $K_3 < S \leqslant K_2$ 时，损益 $= (S - K_3 - C_3) - C_1 + 2C_2$

当 $S = S_1 = K_3 + C_3 + C_1 - 2C_2$ 时损益平衡，S_1 为标的资产价格下跌时的损益平衡点，即左侧的损益平衡点。

②当标的资产价格下跌至 S_1 以下时开始亏损，下跌至期权 3 的执行价格 K_3 以下时亏损达到左侧亏损的最大值，且亏损不再随标的资产价格下跌而增加，即：$S \leqslant K_3$ 时，亏损达到最大且不随标的资产价格变化而改变，亏损 $= (C_1 + C_3) - 2C_2$，该亏损值等于建仓时初始投入的资金。

该结果表明，如果期权到期，标的资产价格下跌至实值期权 3 的执行价格 K_3 以下，交易者损失其全部投入的初始资金。所以，K_3 越小，达到左侧最大亏损值时允许标的资产价格下跌值越多，但 K_3 越小，权利金越高，策略的初始投入和亏损值越大。

由于期权 2 为执行价格与标的资产价格最接近的期权，所以是不可选择的。

因此，建仓时资金投入的多少以及标的资产价格下跌时亏损额的大小取决于期权 1 和 3 的选择，期权 1 和 3 的执行价格越高、权利金越低，初始投入的资金越少，标的资产价格下跌时亏损较小。

因此，选择购买执行价格较高的看涨期权 1 和 3，权利金低，初始投入少。

③当 $K_2 < S \leqslant K_1$ 时，损益 $= (-K_3 - C_3) - C_1 + 2 \times (K_2 + C_2) - S$。

当 $S = S_2 = 2 \times (K_2 + C_2) - (K_3 + C_3 + C_1)$ 时损益平衡，S_2 为标的资产价格上涨时的损益平衡点，即右侧的损益平衡点。

④盈利区间 $K_3 + C_3 + C_1 - 2C_2 < S < 2 \times (K_2 + C_2) - (K_3 + C_3 + C_1)$

$S = K_2$ 时盈利最大，即该策略的最大盈利等于 $K_2 + 2C_2 - (K_3 + C_3 + C_1)$

期权 3 的损益平衡点（$K_3 + C_3$）越小，该策略的最大盈利越大。对于看涨期权，执行价格越低、损益平衡点也越低。看涨期权的执行价格越低，虽然权利金越高，但执行价格降低值大于权利金提高值。例如，2015 年 2 月 16 日，2015 年 3 月到期的执行价格分别为 2.45 元和 2.50 元的上证 50ETF 看涨期权的权利金分别为 0.0429 元和 0.0294 元，损益平衡点分别为 2.4929 元和 2.5294 元。

因此，选择购买的实值期权 3 的执行价格越低，该策略的盈利水平越高；期权 1 的权利金越高，该策略的盈利水平也越高。权利金越高的看涨期权，执行价格越低。

因此，当预期标的资产价格不会大幅波动时，为提高盈利水平，应选择买进执行价格低的实值看涨期权 3 和执行价格高的虚值看涨期权 1，但执行价格低会导致初始投资提高。

⑤当标的资产价格上涨，$S > S_2$ 时开始亏损，$S \geqslant K_1$ 时亏损达到标的资产价格上涨时的最大值，且不随标的资产价格上涨而增加。

$$\begin{aligned} \text{亏损} &= [(K_3 + C_3) - S + (K_1 + C_1) - S] - 2 \times [-S + (K_2 + C_2)] \\ &= (K_3 + C_3) + (K_1 + C_1) - 2 \times (K_2 + C_2) \\ &= (K_3 + K_1 - 2K_2) + (C_3 + C_1 - 2C_2) \end{aligned}$$

标的资产价格上涨至 K_1 以上，该策略亏损达到右侧亏损的最大值，买进的看涨期权 1 和 3 的执行价格越高。当标的资产价格上涨时，该策略的亏损越大。

当标的资产价格上涨时，买进的看涨期权 1 和 3 的执行价格越高，该蝶式策略的亏损越大。

如果 $K_1 + K_3 = 2K_2$，则标的资产价格大幅上涨和大幅下跌时的亏损相同，等于初始投入的权利金价差 $C_1+C_2-2C_2$。

【例 6－23】2015 年 2 月 16 日，上证 50ETF 的收盘价为 2.394 元，交易者认为标的基金的价格不会大幅波动，于 2015 年 2 月 16 日临近收盘时，利用上证 50ETF 看涨期权构建了多头蝶式价差期权。

以 0.209 和 0.0294 元的价格分别买进 1 张 510050C1503M02200 和 510050C1503M02500 合约，同时卖出 2 张 510050C1503M02400 合约，卖出价为 0.0659 元，并计划持有到期，分析期权到期时该策略对应 1 份标的基金的损益结果（一张期权的标的为 10 000 份基金）。

建仓时，交易者的初始投入 $=0.209+0.0294-2\times0.0659$

$=0.1066$（元）

期权到期时，如果标的基金价格如其所料，没有产生较大幅度波动，以 2.4 元收盘，该交易者损益结果为：

损益 $=K_2+2C_2-(K_3+C_3+C_1)$

$=2.4+2\times0.0659-(2.2+0.209+0.0294)=0.0934$（元）

0.0934 元也是此策略的最大盈利。

如果标的基金以 2.0 元的价格收盘，即标的资产价格低于 K_3，该策略损益结果为：

损益 $=(-0.209-0.0294)+2\times0.0659=-0.1066$（元）

即亏损 0.1066 元，为标的基金价格大幅下跌时的最大亏损，等于该策略初始投入的资金。

该策略的损益平衡点：

左侧 $S_1=K_3+C_3+C_1-2C_2$

$=2.2+0.209+0.0294-2\times0.0659=2.3066$（元）

右侧 $S_2=2\times(K_2+C_2)-(K_3+C_3+C_1)$

$=2\times(2.4+0.0659)-(2.2+0.209+0.0294)=2.4934$（元）

因此，期权到期时，标的基金价格在 2.3066 元和 2.4934 元之间，交易者可以盈利，等于 2.400 元时盈利最大，为 0.0934 元。

标的基金价格下跌至 2.3066 元时该策略损益平衡，标的基金价格进一步下跌，亏损增加，下跌至 2.2 元时达到左侧亏损最大值，亏损 0.1066 元，并不再随标的基金价格下跌而增加。

标的基金价格上涨至2.4934元时该策略损益平衡，标的基金价格进一步上涨，亏损增加，上涨至2.5元时达到右侧亏损最大值，亏损0.0066元，并不再随标的基金价格上涨而增加。

以上结果可见，标的基金价格大幅上涨或下跌时，该策略均会亏损，但亏损情况不同。由于低执行价格期权的执行价格与标的基金价格的差大于高执行价格期权的执行价格与标的基金价格的差，所以下跌空间大，大幅下跌时的损失也大。

2015年3月25日，为上证50ETF 3月到期的期权最后交易日和行权日，标的基金的收盘价为2.604元，即标的资产价格高于K_1。该策略最终结果为亏损，损失0.0066元，1个蝶式组合（各执行价格的期权均为1张）损失66元（0.0066×10 000）。

期权头寸处理方式为：3月26日为该期权的行权交收日，按照交易所的规定，通过行权得到的合约标的在行权交收日下一交易日（3月27日）起可以卖出。假设期权多头以2.604元将行权得到的基金卖出，空头按2.604元买入基金履行期权合约。该策略结果为：

损益=(2.604－2.2－0.209)+(2.604－2.5－0.0294)+2×(－2.604+2.4+0.0659)=－0.0066（元）

1个该蝶式期权亏损=0.0066×10 000=66（元）

考虑交易费用时：

交易费用按每手10元收取，每份期权为10/10 000元；行权费为每手0.6元，每份期权为0.6/10 000元，行权费对行权的决定影响不大；行权后卖出标的基金的交易手续费按成交金额的万分之四收取，则：

买进期权1的权利金=0.0294+10/10 000=0.0304（元）

买进期权3的权利金=0.209+10/10 000=0.21（元）

卖出期权2的权利金仍为0.0659元（卖出开仓暂时不收取交易费用，包括交易所手续费和证券公司佣金）。

行权后卖出基金的价格=2.604×(1－4/10 000)=2.603（元）

当标的基金价格为2.604元时，该策略损益结果为：

损益=(2.603－2.2－0.21)+(2.603－2.5－0.0304)+2×(－2.603+2.4+0.0659)=－0.0086（元）

如果标的基金价格为2.4元时，该策略的损益结果为：

实现最大盈利 $=2.4+2\times0.064-(2.2+0.21+0.0304)=0.0876$（元）

由此可见，期权交易时，交易手续费对交易盈亏结果有一定影响，而且按照交易所规定，构建组合策略还要有一定的保证金要求，对组合策略的资金头寸也会构成较大影响。

【例6-24】 用执行价格更高的实值期权510050C1503M02300构建蝶式价差策略，该期权的价格为0.1281元，其他数据与上例相同，比较损益结果（$K_1+K_3=2K_2$）。

期权到期时：

如果标的基金价格为2.4元，该交易者损益结果：

损益 $=K_2+2C_2-(K_3+C_3+C_1)$

$=2.4+2\times0.0659-(2.3+0.1281+0.0294)=0.0743$（元）

0.0743元为此策略的最大盈利。

如果标的基金为2.0元（小于K_3时），该策略损益结果：

损益 $=(-0.1281-0.0294)+2\times0.0659=-0.0257$（元）

亏损0.0257元，为标的基金价格大幅下跌时的最大亏损，等于该策略初始投入的资金。

当标的基金价格为2.604元（大于K_1）时，该策略损益结果：

损益 $=(2.604-2.3-0.1281)+(2.604-2.5-0.0294)+2\times(-2.604+2.4+0.0659)=-0.0257$（元）

该策略的损益平衡点：

左侧 $S_1=K_3+C_3+C_1-2C_2$

$=2.3+0.1281+0.0294-2\times0.0659=2.3257$（元）

右侧 $S_2=2\times(K_2+C_2)-(K_3+C_3+C_1)$

$=2\times(2.4+0.0659)-(2.3+0.1281+0.0294)=2.4734$（元）

因此，期权到期时，标的基金价格在2.3257元和2.4734元之间，交易者可以盈利，等于2.400元时盈利最大。

标的基金价格下跌至2.3257元时该策略损益平衡，标的基金价格进一步下跌，亏损增加，下跌至2.2元时达到左侧亏损最大值，亏损0.0743元，并不再随标的基金价格下跌而增加。

标的基金价格上涨至 2. 4734 元时该策略损益平衡，标的基金价格进一步上涨，亏损增加，上涨至 2. 5 元时达到右侧亏损最大值，亏损 0. 0257 元，并不再随标的基金价格上涨而增加。

比较以上两例的结果，当购买的实值期权的执行价格提高，期权的权利金降低，损益平衡点提高。构建的蝶式价差期权的初始投资降低，标的资产价格大幅下跌时的亏损减小；但盈利水平降低，标的资产价格大幅上涨时亏损增加。

因此，构建蝶式价差期权时，要根据对未来标的资产价格上涨或下跌的可能、初始投资以及盈亏水平等，决定应买进的看涨期权。

2. 通过看跌期权构建多头蝶式价差期权

（1）构建。同时买进一个较低执行价格和一个较高执行价格的看跌期权，再卖出两个中间执行价格的看跌期权，中间执行价格的期权接近平值期权，低执行价格的看跌期权为虚值期权，高执行价格的看跌期权为实值期权。

如果标的资产价格在当前价位波动，即未来标的资产价格波动率很小时，运用该策略就会获利；标的资产价格有一定幅度的上涨或下跌，该策略会有少量损失。

与用看涨期权构建的多头蝶式价差期权相似，高执行价格的看跌期权为实值期权，权利金为时间价值和内涵价值之和，通常情况下价格高出平值和虚值看跌期权很多。因此，较低执行价格看跌期权的权利金与较高执行价格看跌期权的权利金之和大于平值看跌期权权利金的 2 倍，构建此策略也需要一定的初始资金。

建仓时，买进看跌期权 1 和 3，支付权利金 P_1+P_3，同时卖出 2 份看跌期权 2，得到权利金 $2P_2$。

建仓时权利金价差状况为支出，支出 $=P_1+P_3-2P_2$。

建仓时现金流状况：初始资金投入 $=P_1+P_3-2\times P_2$，与使用看涨期权构建的多头蝶式价差期权相似，该策略在标的资产价格有较大幅度上涨和下跌时均会产生亏损，大幅上涨时的最大亏损为初始投入的资金，大幅下跌时的最大亏损为 $2K_2-(K_3+K_1)+P_1+P_3-2P_2$。

如果 $2K_2-(K_3+K_1)<0$，则最大亏损不超过已经投入的初始资金，所以不需要对期权空头再收取保证金；如果 $2K_2-(K_3+K_1)>0$，除已经投入的初始资金外，交易者还需按组合头寸的最大损益状况缴纳保证金。

（2）到期日损益结构图。由图6－11可见，标的资产价格等于K_2时该策略盈利最大。由于建仓时标的资产价格接近K_2，所以标的资产价格不发生变化或小幅波动时该策略盈利，标的资产价格大幅变化时该策略亏损，但最大盈利和最大亏损均有限。

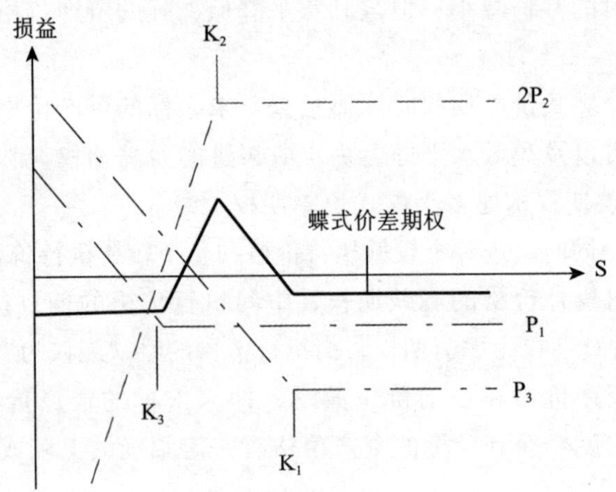

图6－11 看跌期权构建的多头蝶式价差期权损益状态

（3）损益分析。建仓时，分别买进1张看跌期权1和3，支付权利金P_1+P_3，同时卖出2份看跌期权2，得到权利金$2P_2$。与看涨期权策略相似，由于期权3为实值期权，权利金等于内涵价值与时间价值的和，平值期权和虚值期权的权利金等于时间价值，通常情况下，P_1+P_3应该大于$2P_2$。

$P_1+P_3-2P_2$即为建仓时需要的初始资金。

在期权到期时：

①如果标的资产价格在K_2与K_3之间，即：

当$K_3<S\leqslant K_2$时，损益$=S-2\times(K_2-P_2)+(K_1-P_1)-P_3$。

当$S=S_1=2\times(K_2-P_2)-(K_1-P_1)+P_3$时损益平衡，$S_1$为标的资产价格下跌时的损益平衡点，即左侧的损益平衡点。

②当标的资产下跌至S_1以下时开始亏损，下跌至期权3的执行价格以下时亏损达到左侧亏损的最大值，亏损不再随标的资产价格下跌而增加，即：

$S \leqslant K_3$ 时，亏损最大且不随标的资产价格变化而改变。

$$亏损 = 2 \times (K_2 - P_2) - [(K_3 - P_3) + (K_1 - P_1)]$$
$$= (2K_2 - K_3 - K_1) - (2P_2 - P_3 - P_1)$$

如果 $K_1 + K_3 = 2K_2$，则标的资产大幅下跌和大幅上涨时的亏损相同，等于初始投入的权利金价差 $P_1 + P_3 - 2P_2$。

对于看跌期权，执行价格越低、权利金越低，但执行价格降低值大于权利金降低值，即执行价格低的期权比执行价格高的期权的损益平衡点低。

例如，2015 年 2 月 16 日，2015 年 3 月到期，执行价格为 2.45 元和 2.50 元的上证 50ETF 看跌期权，期权价格分别为 0.1044 元和 0.1345 元，损益平衡点分别为 2.5544 元和 2.6345 元，即执行价格低的看跌期权的损益平衡点低。

因此，买进的看跌期权 1 和 3 的执行价格越低，标的资产价格下跌时该策略的亏损值越大。

③当 $K_2 \leqslant S < K_1$ 时，损益 $= 2P_2 + (K_1 - P_1) - P_3 - S$。

当 $S = S_2 = 2P_2 + (K_1 - P_1) - P_3$ 时损益平衡，S_2 为该策略当标的资产价格上涨时的损益平衡点，即右侧的损益平衡点。

④盈利区间 $2 \times (K_2 - P_2) - (K_1 - P_1) + P_3 < S < 2P_2 + (K_1 - P_1) - P_3$。

$S = K_2$ 时盈利最大，即该策略的最大盈利等于 $2P_2 - K_2 + (K_1 - P_1 - P_3)$。

期权 1 的执行价格越高、损益平衡点越高、实值程度越大，该策略的最大盈利越大；期权 3 的价格越高，即执行价格高，最大盈利越大。但看跌期权执行价格越高、期权的价格也越高，构建该策略的初始投资也越大。

⑤当标的资产价格上涨，$S > S_2$ 时开始亏损，$S > K_1$ 时亏损达到标的资产价格上涨时的最大值，且不随标的资产价格上涨而增加。

亏损 $= (P_3 + P_1) - 2P_2$，即当 S 大于 K_1 时会损失全部投入的初始资金，为标的资产价格上涨时的最大损失，损失不会随标的资产价格上涨而增加。

所以，当标的资产价格上涨时，看跌期权 1 和 3 的价格越高、该蝶式策略的亏损越大。

【例 2－25】 2015 年 2 月 16 日，上证 50ETF 的收盘价为 2.394 元，交易者认为标的基金价格不会大幅波动，于 2015 年 2 月 16 日临近收盘时，利用上证 50ETF 看跌期权构建了多头蝶式价差期权。

以0.1345和0.0159元的价格分别买进1张510050P1503M02200和510050P1503M02500合约，同时卖出2张510050P1503M02400合约，卖出价为0.073元，并计划持有到期，分析期权到期时该策略对应1份标的基金的损益结果（一张期权的标的为10 000份基金）。

建仓时，交易者初始投入 $=0.1345+0.0159-2\times0.073=0.0044$（元）

期权到期时，如果标的基金价格如其所料没有产生较大幅度的波动，以2.4元收盘，该交易者损益结果为：

盈利 $=2\times P_2-K_2+(K_1-P_1-P_3)=2\times0.073-2.4+(2.5-0.1345-0.0159)=0.0956$（元）

0.0956元是该策略的最大盈利。

如果标的资产价格下跌至2.2元以下，亏损达到标的资产价格下跌时的最大值。

亏损 $=2\times(K_2-P_2)-[(K_3-P_3)+(K_1-P_1)]$

$=2\times(2.4-0.073)-[(2.2-0.0159)+(2.5-0.1345)]$

$=0.1044$（元）

如果标的资产价格上涨至2.5元以上，亏损达到标的资产价格上涨时的最大值。

亏损 $=(P_3+P_1)-2\times P_2$

$=(0.0159+0.1345)-2\times0.073)=0.0044$（元）

亏损此时等于建仓时初始投入的资金。

损益平衡点 S_1 和 S_2 分别为：

$S_1=2\times(K_2-P_2)-(K_1-P_1)+P_3$

$=2\times(2.4-0.073)+0.0159-(2.5-0.1345)=2.3044$（元）

$S_2=2\times P_2+(K_1-P_1)-P_3$

$=2\times0.073-0.0159+(2.5-0.1345)=2.4956$（元）

因此，期权到期时，标的基金价格在2.3044元和2.4956元之间，交易者可实现盈利，等于2.400元时盈利最大。

标的基金价格下跌至2.3044元时该策略损益平衡，标的基金价格进一步下跌，亏损增加，下跌至2.2元时达到左侧亏损最大值，亏损0.1044元，并不再随标的基金价格下跌而增加。

标的基金价格上涨至2.4956元时损益平衡，标的基金价格进一步上涨，亏损增加，上涨至2.5元时达到右侧亏损最大值，亏损0.0044元，并不再随标的基金价格上涨而增加。

比较例6－23和例6－25，当预期标的资产在当前价位窄幅整理，可采用看涨或看跌期权构建多头蝶式价差期权，用看涨期权构建的多头蝶式价差期权的效果不如用执行价格相同的看跌期权构建的多头蝶式价差期权。

（二）空头蝶式价差期权

空头蝶式价差期权也称为卖空蝶式价差期权，该策略是一种波动率策略，适用于标的资产价格有一定波动幅度的情形。即预期标的资产价格波动率扩大时可以考虑此策略。与多头蝶式价差期权相似，该策略最大盈利和最大亏损也有限。

空头蝶式价差期权可以通过看涨期权构建，也可以通过看跌期权构建。

空头蝶式价差期权在建仓时可获得一定的权利金价差收益，因此被称为空头蝶式策略。与该策略相比，前面介绍的蝶式价差期权策略由于建仓时需要少量的资金投入，因此被称为多头蝶式价差期权。

空头蝶式价差期权与多头蝶式价差期权策略的主要不同为：

第一，构建策略不同，空头蝶式价差期权策略是在卖出一个较低执行价格和较高执行价格的看涨（或看跌）期权的同时，再买进两个中间执行价格的看涨（或看跌）期权。

第二，应用场景不同，空头蝶式价差期权策略适用于标的资产价格有一定波动幅度的情形，如果标的资产价格有较大幅度上涨或下跌，该策略便可获利，但盈利不会随标的资产价格大幅上涨或大幅下跌而增加。标的资产价格小幅震荡，该策略会有少量损失。

第三，建仓时资金流向不同，空头蝶式价差期权策略在建仓时卖出期权的权利金大于买进期权的权利金，所以建仓时会获得大于0的现金流入。

多头和空头蝶式价差期权策略所选择的期权，均为中间执行价格的期权接近平值期权，执行价格不同的两个期权一个为实值，另一个为虚值。

1. 通过看涨期权构建空头蝶式价差期权

（1）构建。在卖出一个较低执行价格和较高执行价格看涨期权的同时，再买进两个接近平值的中间执行价格的看涨期权。

由于较低执行价格看涨期权的权利金与较高执行价格看涨期权的权利金之和高于中间执行价格的看涨期权权利金的2倍，因此，该策略建仓时，收入的权利金大于支出的权利金，构建此策略会有一定的现金流入。

建仓时，卖出看涨期权1和3，得到权利金 C_1+C_3，同时买进2份看涨期权2，支付权利金 $2C_2$。由于期权3为实值期权，期权1和期权2为虚值和平值。通常情况下，C_1+C_3 大于 $2C_2$。

所以，建仓时权利金价差状况为收入，收入 $=C_1+C_3-2C_2$。

建仓时现金流状况：虽然买进2份看涨期权2可以控制看涨期权空头1和3的风险，但当标的资产价格不发生波动或波动幅度较小时仍然有一定的损失，为保证履约，应按组合头寸缴纳保证金。所以，虽然建仓时该策略有权利金价差收入，但考虑保证金要求，构建该策略仍然需要一定的初始资金。

（2）到期日损益结构图。由于该策略与通过看涨期权构建的多头蝶式价差期权的构建策略相反，所以，两策略的损益结构图互为镜像，损益结果刚好相反。

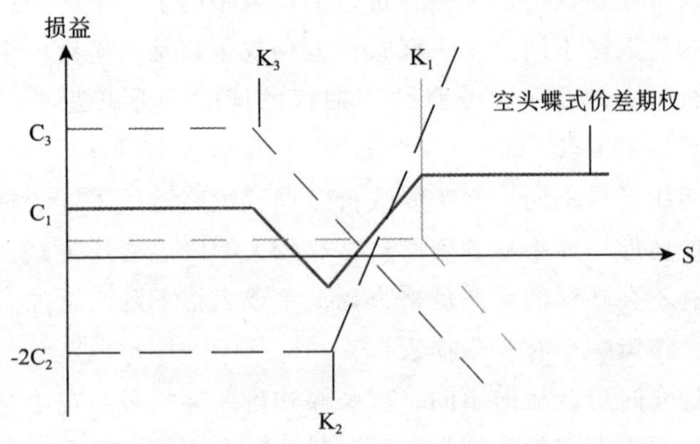

图6－12　看涨期权构建的空头蝶式价差期权损益状态

图6－12可见，标的资产价格等于 K_2 时该策略亏损最大。由于建仓时标的资产价格接近 K_2，所以标的资产价格不发生变化或小幅波动时该策略亏损，标的资产价格发生较大幅度变化时该策略盈利，但最大盈利和最大亏

损均有限。

（3）损益分析。该策略与通过看涨期权构建的多头蝶式价差期权相反，空头蝶式价差期权是卖出看涨期权 1 和 3，再买进 2 份看涨期权 2。所以，两种策略的损益平衡点相同，但盈亏结果相反。

建仓时，卖出看涨期权 1 和 3，得到权利金 C_1+C_3，同时买进 2 份看涨期权 2，支付权利金 $2C_2$。

$C_1+C_3>2\times C_2$

初始现金流入 $=C_1+C_3-2C_2$

在期权到期时，该策略的损益平衡点与通过看涨期权构建的多头蝶式价差期权相同，但盈亏结果相反。

①如果标的资产价格下跌至 K_2 与 K_3 之间，即：

当 $K_3<S\leqslant K_2$ 时，损益 $=(K_3+C_3)+C_1-2C_2-S$

当 $S=S_1=(K_3+C_3)+C_1-2C_2$ 时损益平衡，S_1 为标的资产价格下跌时的损益平衡点，即左侧的损益平衡点。

②当标的资产价格下跌至 S_1 以下时开始盈利，下跌至期权 3 的执行价格 K_3 以下时盈利达到左侧盈利的最大值。即：

$S\leqslant K_3$ 时，盈利最大且不随标的资产价格下跌而改变，盈利 $=(C_1+C_3)-2C_2$，该盈利值等于获取的权利金价差收益。

该结果表明，如果期权到期，标的资产价格下跌至实值期权 3 的执行价格 K_3 及以下，交易者收益为建仓时权利金的价差。所以，K_3 越小，达到左侧盈利最大值时标的资产价格下跌越多，但执行价格低时获取的权利金较小，策略的收入会降低。

③当 $K_2<S\leqslant K_1$ 时，损益 $=(K_3+C_3)+C_1-2\times(K_2+C_2)+S$。

当 $S=S_2=2\times(K_2+C_2)-(K_3+C_3+C_1)$ 时损益平衡，S_2 为标的资产价格上涨时的损益平衡点，即右侧的损益平衡点。

④亏损区间 $K_3+C_3+C_1-2C_2<S<2\times(K_2+C_2)-(K_3+C_3+C_1)$。

$S=K_2$ 时亏损最大，即该策略的最大亏损等于 $K_2+2C_2-(K_3+C_3+C_1)$。

⑤当标的资产价格上涨，$S>S_2$ 时开始盈利，$S\geqslant K_1$ 时盈利达到标的资产价格上涨时的最大值，不再随标的资产价格上涨而增加。

损益 $=(K_3+C_3)-(K_1+C_1)-2\times(K_2+C_2)$

标的资产价格上涨至 K_1 以上，该策略盈利达到右侧盈利的最大值，等于两个期权空头损益平衡点的和与期权多头损益平衡点 2 倍的差。

即当标的资产价格上涨时，卖出的看涨期权 1 的损益平衡点越低、看涨期权 3 的损益平衡点越高，标的资产价格上涨时该蝶式策略的盈利越大。

例如，例 6－23 中，如果交易者预期上证 50ETF 会大幅波动，则可通过构建空头蝶式价差期权获利。

以 0.209 元和 0.0294 元的价格分别卖出 1 张 510050C1503M02200 和 510050C1503M02500 合约，同时买进 2 张 510050C1503M02400 合约，买进价为 0.0659 元，收益平衡点与例 6－20 相同，但到期损益结果相反，每份权利的损益为：

建仓时交易者获得权利金价差收入 $= 0.209 + 0.0294 - 2 \times 0.0659$

$= 0.1066$（元）

该笔收入为标的基金价格下跌时的最大收入。

该策略左右测的损益平衡点分别为：

左侧 $S_1 = 2.3066$（元）

右侧 $S_2 = 2.4934$（元）

标的基金价格下跌至 2.3066 元时损益平衡，跌至该价格以下时开始盈利，跌至 2.2 元及以下时盈利达到最大，为建仓时获得的权利金收入；上涨至 2.4934 元时损益平衡，涨至该价格以上时开始盈利，涨至 2.500 元及以上时盈利达到最大，为 0.0066 元。

标的基金价格在 2.3066 元和 2.4934 元之间时亏损，等于 2.400 元时亏损达到最大，为 0.0934 元。

以上结果可见，标的基金价格大幅上涨和下跌时的盈利结果不同，标的基金价格大幅上涨时的盈利远大于大幅下跌时的盈利。由于低执行价格期权的虚值程度深，即执行价格与标的资产价格的差较大，标的基金价格下跌至该价格时的跌幅空间大，所卖出期权获利时盈利水平更高，但下跌至该价格以下的难度也大。

2. 通过看跌期权构建空头蝶式价差期权

（1）构建。与通过看跌期权构建的多头蝶式价差期权的构建策略相反，该策略为在卖出一个较低执行价格和较高执行价格看跌期权的同时，再买进

两个接近平值的中间执行价格的看跌期权。

与用看涨期权构建的空头蝶式价差期权相似，该策略在建仓时也有一定的现金流入。

建仓时，卖出看跌期权 1 和 3，得到权利金 P_1+P_3，同时买进 2 份看跌期权 2，支付权利金 $2P_2$。期权 2 为平值或接近平值，期权 1 和 3 分别为虚值和实值，通常情况下，$P_1+P_3>2P_2$。

因此，建仓时权利金价差状况为收入，收入 $=P_1+P_3-2P_2$。

建仓时现金流状况：虽然买进 2 张看跌期权 2 可以控制看跌期权空头 1 和 3 的风险，但当标的资产价格不发生波动或波动幅度较小时仍然有一定的损失，为保证履约，应按组合头寸缴纳保证金。所以，虽然建仓时该策略有权利金价差收入，但考虑保证金要求，构建该策略仍然需要一定的初始资金。

（2）到期日损益结构图。由于该策略与通过看跌期权构建的多头蝶式价差期权的构建策略相反，所以，两策略的损益结构图互为镜像，损益结果刚好相反。

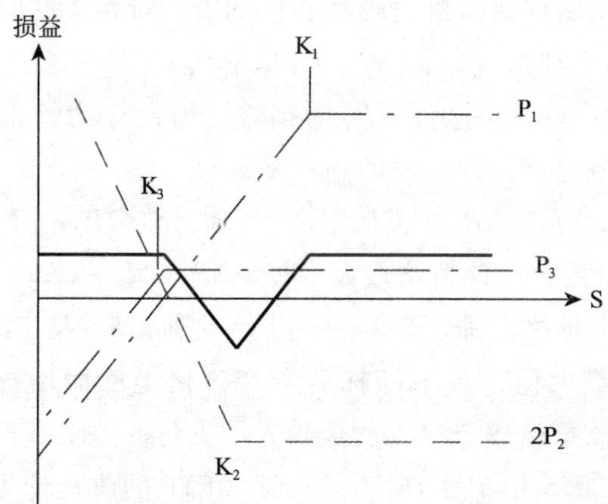

图 6－13　看跌期权构建的空头蝶式价差期权损益状态

图 6－13 可见，标的资产价格等于 K_2 时该策略亏损最大。由于建仓时标的资产价格接近 K_2，所以标的资产价格不发生变化或小幅波动时该策略亏损，标的资产价格发生较大幅度变化时该策略盈利，但最大盈利和最大亏

损均有限。

（3）损益分析。该策略的损益平衡点与用看跌期权构建的多头蝶式价差期权的损益平衡点相同，但盈亏结果相反。

建仓时，分别卖出 1 张看跌期权 1 和 3，获得权利金 P_1+P_3，同时买进 2 份看跌期权 2，得到权利金 $2P_2$，$P_1+P_3-2P_2>0$。

期权到期时：

①如果标的资产价格在 K_2 与 K_3 之间，即：

当 $K_3<S\leqslant K_2$ 时，损益 $=2\times(K_2-P_2)+P_3-(K_1-P_1)-S$。

当 $S=S_1=2\times(K_2-P_2)-(K_1-P_1)+P_3$ 时损益平衡，S_1 为标的资产价格下跌时的损益平衡点，即左侧的损益平衡点。

②当标的资产价格下跌至 S_1 以下时开始盈利，下跌至期权 3 的执行价格以下时盈利达到左侧盈利的最大值，且不再随标的资产价格下跌而增加，即：

$S\leqslant K_3$ 时，盈利最大且不随标的资产价格变化而改变：

盈利 $=2\times(K_2-P_2)-[(K_3-P_3)+(K_1-P_1)]$

所卖出的看跌期权执行价格越高，标的资产价格下跌时盈利值越大。

③当 $K_2\leqslant S<K_1$ 时，损益 $=2P_2+(K_1-P_1)-P_3-S$。

当 $S=S_2=2P_2+(K_1-P_1)-P_3$ 时损益平衡，S_2 为该策略当标的资产价格上涨时的损益平衡点，即右侧的损益平衡点。

④亏损区间 $2\times(K_2-P_2)-(K_1-P_1)+P_3<S<2P_2+(K_1-P_1)-P_3$。

$S=K_2$ 时亏损最大，该策略最大亏损 $=2P_2-K_2+(K_1-P_1-P_3)$。

⑤当标的资产价格上涨，$S>S_2$ 时开始盈利，$S>K_1$ 时盈利达到标的资产价格上涨时的最大值，且不随标的资产价格上涨而增加，盈利 $=(P_3+P_1)-2P_2$，等于该策略建仓时权利金收入和支付的差。

【例 2-26】 2015 年 2 月 16 日，上证 50ETF 的收盘价为 2.394 元，交易者认为标的基金的价格会大幅波动，于 2015 年 2 月 16 日临近收盘时，利用上证 50ETF 看跌期权构建了空头蝶式价差期权。

以 0.1345 和 0.0159 元的价格分别卖出 1 张 510050P1503M02200 和 510050P1503M02500 合约，同时买进 2 张 510050P1503M02400 合约，买进价为 0.0659 元，并计划持有到期，分析期权到期时该策略对应 1 份标的基金权利的损益结果。

建仓时权利金价差收入 =0.1345 +0.0159 −2 ×0.073 =0.0044（元）

期权到期时，当标的基金价格等于 2.4 元时，该交易者损益结果为：

亏损 $=2P_2-K_2+(K_1-P_1-P_3)$

$=2\times0.073-2.4+(2.5-0.1345-0.0159)=0.0956$（元）（为该策略的最大亏损）

如果标的资产价格下跌至 2.2 元以下，该策略盈利达到标的资产价格下跌时的最大值。

盈利 $=2\times(K_2-P_2)-[(K_3-P_3)+(K_1-P_1)]$

$=2\times(2.4-0.073)-[(2.2-0.0159)+(2.5-0.1345)]$

$=0.1044$（元）

如果标的资产价格上涨至 2.5 元以上，该策略盈利达到标的资产价格上涨时的最大值。

盈利 $=(P_3+P_1)-2P_2$

$=(0.0159+0.1345)-2\times0.073=0.0044$（元）

此时盈利等于建仓时权利金的价差收入。

损益平衡点 S_1 和 S_2 分别为：

$S_1=2\times(K_2-P_2)-(K_1-P_1)+P_3$

$=2\times(2.4-0.073)+0.0159-(2.5-0.1345)=2.3044$（元）

$S_2=2\times P_2+(K_1-P_1)-P_3$

$=2\times0.073-0.0159+(2.5-0.1345)=2.4956$（元）

2015 年 3 月 25 日期权到期时，标的基金价格为 2.604 元，所以该策略实现盈利，盈利为 0.0044 元。

通过该例结果可知，标的资产价格上涨或下跌幅度较大时该策略可以实现盈利，但由于买进了看跌期权，盈利最大值被锁定；而且由于该策略右侧损益平衡点与期权 3 的执行价格更接近，相比之下，左侧损益平衡点与期权 1 的执行价格差较大，导致标的基金价格上涨实现的最大盈利远低于标的资产价格下跌时实现的盈利。

四、日历价差期权和逆日历价差期权

前面几种价差期权均由相同标的、相同到期时间、不同执行价格的看涨

或看跌期权构建，价差期权也可以通过相同标的资产、相同执行价格但不同到期时间的看涨或看跌期权构建，用相同标的、相同执行价格不同到期时间的看涨或看跌期权构建的价差期权称为日历价差期权或逆日历价差期权。

（一）日历价差期权（Calendar Spreads）

1. 日历价差期权的构建。日历价差期权可通过看涨期权构建，也可通过看跌期权构建。

无论用看涨期权还是看跌期权构建，日历价差期权的构建策略均为：根据对标的资产价格变化趋势的分析，选择相同执行价格但期限不同的期权，出售一个期限较短的看涨（或看跌）期权 1，同时购买一个具有相同执行价格但期权较长的看涨（或看跌）期权 2，在期权 1 到期时，将期权 2 出售。

建仓时，卖出短期限期权 1，获得权利金 C_1（或 P_1）；同时买进期限较长的看涨期权 2，支付期权费 C_2（或 P_2）。在其他条件相同的情况下，期限长的看涨期权的价格通常高于期限短的期权价格，所以，建仓时权利金价差状况为支出，支出 $=C_2-C_1$（或 P_2-P_1），最大亏损通常不会超过已支出的权利金，所以，构建日历价差期权的资金投入应该不超过 C_2-C_1（或 P_2-P_1）。

2. 损益结构图。图 6－14 和图 6－15 分别为用看涨期权和看跌期权构建的日历价差期权在期限短的期权到期时的损益结构。

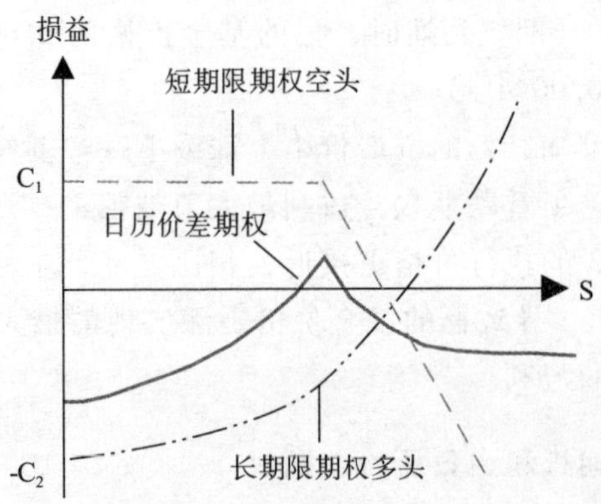

图 6－14 看涨期权构建的日历价差期权损益结构

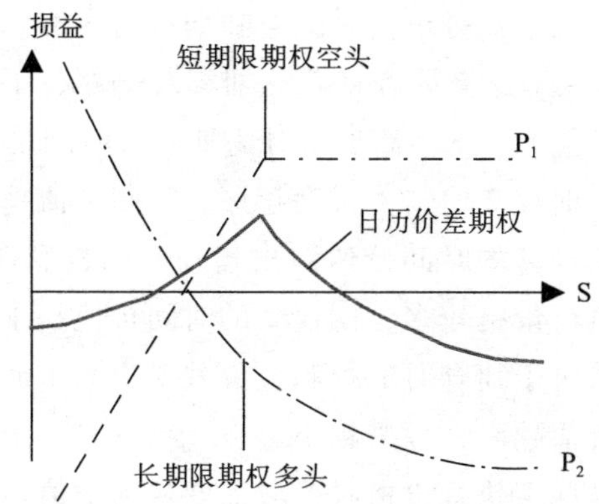

图 6－15　看跌期权构建的日历价差期权损益结构

图 6－14 和图 6－15 可见，当期限短的期权到期时，如果标的资产价格等于期权的执行价格，该策略可实现最大盈利，所以，建仓时应选择平值或接近平值的期权，当标的资产价格不变或小幅波动时盈利；标的资产价格大幅波动，远高于或远低于执行价格时均会亏损，但最大盈利和亏损均有限。当然，也可通过对标的资产价格的预期，选择执行价格与未来标的资产价格接近的期权建仓，当短期限期到期时，标的资产价格接近执行价格可实现盈利，与执行价格偏离较大时亏损，如此建仓比选择平值期权建仓难度高。

3. 损益分析。用相同执行价格不同到期时间的期权构建日历价差期权，损益主要由两个期权时间价值的关系和两个期权时间价值的衰减速度决定，组合策略的损益由建仓时两个期权价格的差与了结期权头寸时两期权的损益结果决定。

在其他条件相同的情况下，期权的剩余期限越长，价格应该越高（深度实值欧式看跌期权除外），因此，构建日历价差期权建仓时权利金价差为净支出。

权利金支出 $=C_2-C_1$，或权利金支出 $=P_2-P_1$

由于两个期权内在价值相等，所以两个期权价格的差也是两个期权时间价值的差。

在 T 日短期限期权头寸到期时，期权策略损益结果分析如下：

（1）用看涨期权构建的日历价差期权与标的资产价格的关系，见图 6－

15。当标的资产价格大于执行价格时，看涨期权为实值。看涨期权 1 被要求履约，履约损益 = K - S_T，交易者将看涨期权 2 平仓，平仓价格为 C_{2T}，C_{2T} 应该大于等于内在价值 S_T - K，高出部分为期权的时间价值，标的资产价格高出执行价格越多，期权 2 的实值程度越深，时间价值越小。交易者了结期权组合的盈利等于期权 2 的时间价值高出建仓时的权利金价差支出。所以，标的资产价格高出执行价格较多，期权 2 的时间价值趋于 0 或较小时，该策略亏损，亏损大小取决于建仓时的权利金价差支出和 T 时刻期权 2 时间价值的差，期权 2 时间价值越高，亏损越小。

当标的资产价格低于执行价格时，看涨期权为虚值。期权 1 作废，标的资产价格与执行价格的差越大，期权 2 的虚值程度越大，价格越低。因此，标的资产价格低于执行价格越多时，该策略亏损，亏损大小取决于建仓时的权利金价差支出和 T 时刻期权 2 价格的差，期权 2 价格越高，亏损越小。

当标的资产价格接近执行价格时，期权接近平值。期权 1 作废，或有很小的履约损益，期权 2 仍有较高的时间价值，当期权 2 的时间价值高于建仓时的权利金价差支出时，该策略便可实现盈利。所以，只有当标的资产价格在执行价格附近时，用看涨期权构建的日历价差期权才可获利，标的资产价格高于或低于执行价格，该策略均会亏损。

【例 6 - 27】 某交易者于 2015 年 2 月 16 日临近收盘时，以 0.0659 元的价格卖出 510050C1503M02400，同时以 0.0962 元的价格买进 510050C1504M02400，分析 3 月合约到期时该策略的损益结果。

建仓时交易者的初始投资 = 0.0962 - 0.0659 = 0.0303（元）

3 月期权到期时，基金的价格为 2.604 元。

期权 1 接受买方行权，以 2.604 元的价格买进标的基金并按执行价格履约卖出时：

履约损益 = 2.4 - 2.604 = - 0.204（元）

3 月 25 日，4 月合约 510050C1504M02400 的权利金为 0.2222 元，交易者将该合约平仓：

平仓损益 = 0.2222 - 0.204 = 0.0182（元）

该策略损益 = 0.0182 - 0.0303 = - 0.0121（元）

由于期权 1 到期时，标的基金价格高出执行价格较多，构建的日历价差

期权亏损。

（2）用看跌期权构建的日历价差期权与标的资产价格的关系，见图 6－16。用看跌期权构建的日历价差期权的损益结果与用看涨期权构建的日历价差期权相似。

在 T 日，期限短的期权 1 到期时，如果标的资产价格低于执行价格，看跌期权为实值。看跌期权 1 被要求履约，履约损失 $=S_T-K$，交易者将看跌期权 2 平仓，平仓价格为 P_{2T}，通常情况下，P_{2T}大于等于内在价值 $K-S_T$（对于欧式看跌期权，也不排除 $P_{2T}<0$ 的情形），高出部分为期权的时间价值，标的资产价格高出执行价格越多，期权 2 的实值程度越深，时间价值越小。所以，标的资产价格高于执行价格较多时，该策略亏损，亏损大小取决于建仓时权利金价差支出和期权 2 时间价值的差，期权 2 时间价值越高，亏损越小。

当标的资产价格高于执行价格时，看跌期权为虚值。期权 1 作废，标的资产价格高出执行价格越多，期权 2 的虚值程度越大，价格越低。因此，标的资产价格低于执行价格较多时，该策略亏损，亏损大小取决于建仓时权利金价差支出和期权 2 价格的差，期权 2 价格越高，亏损越小。

当标的资产价格接近执行价格时，期权接近平值。期权 1 作废，或有很小的履约损益，期权 2 仍有较高的时间价值；当期权 2 的时间价值高于建仓时的权利金价差支出时，该策略便可实现盈利。所以，与用看涨期权构建的日历建仓期权相似，只有当标的资产价格在执行价格附近时，用看跌期权构建的日历价差期权盈利，标的资产价格高于或低于执行价格，该策略均会亏损。

【例 6－28】 2015 年 2 月 16 日，上证 50ETF 的收盘价为 2.394 元，某交易者预期 3 月底该基金的价格有可能上涨至 2.600 元，如果买进看涨期权，支付的权利金较高，卖出看跌期权又担心风险过大，于是决定通过构建日历价差期权获利。

交易者于 2015 年 2 月 16 日，以 0.0986 元的价格卖出 1 份 510050P1503M02600，同时以 0.1346 元的价格买进 1 份 510050P1504M02600，分析 3 月合约到期时该策略的损益结果。

该策略对应每份基金的损益状况为：

建仓时交易者的权利金支出 =0.1346 -0.0986 =0.036（元）

2015 年 3 月 25 日为 3 月期权到期日，该日标的基金的价格为 2.604 元，接近以上两期权的执行价格。

该期权对应每份基金的行权费为 0.6/10 000 元，因此，对期权多头，标的基金为 2.604 元时仍有行权价值。当 3 月合约看涨期权买方提出行权，该交易者被指定履约时：

履约损益 = -2.604 +2.6 = -0.004（元）

4 月合约的价格为 0.3428 元，交易者按该价格将 4 月合约卖出。扣除建仓时的权利金差价支出以及短期期权的履约损失：

该日历价差期权的损益 =0.3428 -0.004 -0.036 =0.3028（元）

因此，当结束期权策略时，标的基金价格方执行价格接近，所构建的日历价差期权盈利。

比较多头蝶式价差期权策略和日历价差期权策略的损益特点。对于多头蝶式价差期权，了结期权组合时，当标的资产价格等于两个接近平值期权的执行价格时可以获利，标的资产价格远离执行价格时亏损；对于日历价差期权，了结期权组合时，当标的资产价格与期权的执行价格相等或相近时可以获利，标的资产价格远离执行价格时亏损。所以，两策略损益情形相似，损益结构图相像，即中间盈利，两侧亏损，且盈利和亏损均有限。

虽然构建方式不同，但标的资产价格变化对两策略损益影响相似。

多头蝶式价差期权由到期时间相同、执行价格不同的四个类型相同（看涨或看跌）的期权组成，包括一个较高执行价格和一个较低执行价格的期权多头和两个执行价格相等的期权空头。期权空头的执行价格相等且与标的资产价格相近，即两个执行价格相等的期权空头接近平值，期权多头一个为实值一个为虚值；标的资产价格不波动或小幅波动时组合策略盈利，所以，期权到期时，标的资产价格等于两个接近平值的期权空头的执行价格时组合策略盈利最大；标的资产价格上涨或下跌幅度较大时，组合策略亏损。

日历价差期权由执行价格相同但到期时间不同的两个类型相同（看涨或看跌）的平值或接近平值的期权构建，了结期权头寸时（即期权 1 到期，将期权 2 对冲平仓），标的资产价格小幅波动时盈利，大幅波动时亏损（如果建仓时选择的期权为实值或虚值，了结期权时，期权为平值时盈利，为实值或虚值时亏损)。

(二) 逆日历价差期权 (Reverse Calendar Spreads)

逆日历价差期权，是指通过购买期限较短的期权，同时出售执行价格相同的期限较长的期权构建的价差期权。此策略与日历价差期权的损益状态刚好相反，但期限较短的期权到期时，如果标的资产价格远高于或远低于期权的执行价格，投资者便可获得少量利润；如果标的资产价格与期权的执行价格接近时，会导致一定的损失。

逆日历价差期权的损益状态与日历价差期权互为镜像，损益分析可借鉴日历价差期权的分析。了结期权头寸时组合策略的损益见图 6－17 和图 6－18。

建仓时，卖出期限长的看涨（或看跌）期权，买进期限短的看涨（或看跌）期权，所以，权利金价差状况为收入，收入 $= C_2 - C_1$（或 $P_2 - P_1$）。

短期限期权到期时，如果标的资产价格等于 K，该策略亏损，为保证履约，应按组合策略缴纳保证金，且保证金可能高于权利金价差收入。所以，虽然建仓时权利金价差收支大于 0，但构建该策略也需要一定的初始资金。

图 6－16、图 6－17 可见，当短期限期权到期时，如果标的资产价格接近 K，该策略亏损，与 K 有较大差距时，该策略盈利，但最大亏损和最大盈利也有限。

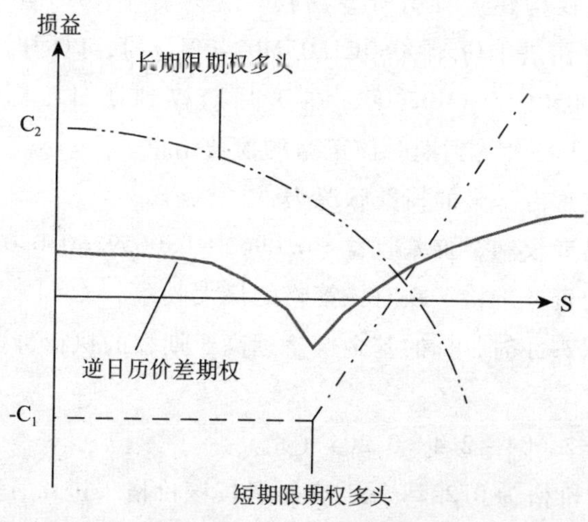

图 6－16　看涨期权构建的逆日历价差期权损益结构

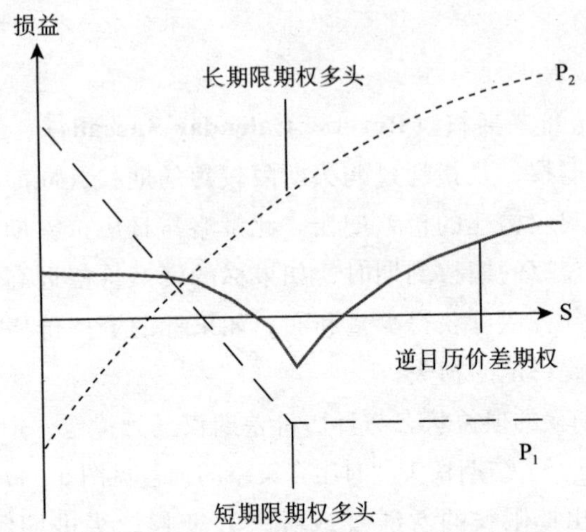

图 6－17 看跌期权构建的逆日历价差期权损益结构

【例 6－29】 针对例 6－28 的情形，如果通过构建逆日历价差期权获利，说明构建策略并分析损益结果。

交易者认为标的基金价格会上涨至 2.6 元，决定选择接近平值的看涨或看跌期权构建逆日历价差期权。交易者分别使用执行价格为 2.4 元的看涨和看跌期权构建了逆日历价差期权，损益结果如下：

①用看涨期权构建逆日历价差期权。交易者于 2015 年 2 月 16 日，以 0.0659 元的价格买进 1 份 510050C1503M02400 合约，以同时 0.0962 元的价格卖出 1 份 510050C1504M02400，在 3 月期权到期日，标的基金价格为 2.604 元，分析 3 月合约到期时该策略的损益结果。

该策略对应每份基金的损益状况为：

建仓时交易者权利金价差收益＝0.0962－0.0659＝0.0303（元）

这也是标的资产价格下跌时该策略的最大收益。

在了结期权头寸时，标的基金价格远高于期权的执行价格，交易者执行期权 1：

行权收益＝2.604－2.4＝0.204（元）

4 月合约的价格为 0.2222 元，交易者按该价格买进 4 月合约平仓。

该日历价差期权的损益＝0.204＋0.0303－0.2222＝0.0121（元）

当远月看涨期权 2 平仓时的价格低于建仓时权利金价差收益与期权 1 的行权收益的，该策略便可盈利。

②用看跌期权构建逆日历价差期权。2015 年 2 月 16 日，交易者以 0.073 元的价格买进 510050P1503M02400 合约，同时以 0.099 元的价格卖出 510050P1504M02400 合约。

该策略对应每份基金的损益状况为：

建仓时交易者权利金价差收益 = 0.099 - 0.073 = 0.026（元）

2015 年 3 月 25 日 3 月期权到期时，期权 1 作废，4 月合约的价格为 0.0165 元，交易者按该价格买进 4 月合约平仓。

该日历价差期权的损益 = 0.026 - 0.0165 = 0.0095（元）

上例表明，使用相同执行价格的接近平值的看涨期权或看跌期权构建逆日历价差期权。由于结束期权组合策略时，标的基金的价格较执行价格高出较多，所以以上两策略构建的逆日历价差期权均为盈利。策略①和②相比，初始资金流入较低，但最终收益较高。

在构造日历价差期权时，如果选用不同执行价格的期权，则称为对角价差期权。即：对角价差期权是用相同类型、不同执行价格和不同到期期限的看涨或看跌期权构建的期权组合。通常情况下，买进期权的到期日要比卖出期权的到期日远，主要是防止卖出未持保的期权所面临的潜在风险。如果预期标的资产在大幅波动之前还有一段时间，使用对角价差期权策略比用日历价差期权要好。如果所卖出的期限较短的期权在到期时没有价值而作废，交易者还可以再卖出一个期限较短的期权，以进一步降低继续持有期权的成本。如果在套利建立初期，两个期权到期日之间有若干个月份，则可以多次不断就持有的期限较长期权多头匹配期限较短的期权空头。

日历价差期权由执行价格相同、到期期限不同但类型相同的期权构成，在期权行情表上，执行价格相同、到期期限不同、类型相同的期权在同一行中显示，所以，日历价差期权又称水平价差期权；而相同类型、相同到期期限、不同执行价格的期权在行情表的同列中显示，所以，牛市价差期权和熊市价差期权又称垂直价差期权。

对于价差期权，除了前面介绍的由数量相同的多头和空头看涨或看跌期权构建，还可以构建不同数量的多头和空头看涨或看跌期权，可以构建牛市价差期权和熊市价差期权的组合。

五、比率价差期权和反比率价差期权

由类型相同数量不同的多头和空头期权构建的期权组合称为比率价差或反比率价差期权。

比率价差期权策略和反比率价差期权分别称为比率套利策略和反比率套利策略。与价差期权相似，比率和反比率价差期权也是由看涨期权多头和空头或看跌期权多头和空头构建的，不同的是价差期权买卖期权的数量相同，而比率和反比率价差期权买卖期权的数量不同。比率价差期权买入期权的数量小于卖出期权的数量，反比率价差期权买入的期权数量多于卖出的期权数量。比率和反比率价差期权买卖期权的比例一般为2∶1或3∶2。

（一）比率价差期权

比率价差期权可以由看涨期权多头和空头构建，也可以由看跌期权多头和空头构建。该策略卖出期权的数量多于买入期权的数量，是净卖出策略，其潜在的收益有限，潜在风险很大。

1. 看涨期权比率价差策略。该策略由一定数量的看涨期权多头和数量较多、执行价格较高的看涨期权空头构建，可以看作是牛市看涨期权价差策略与卖出未持保看涨期权的组合。

如果构建比例是2∶1，即用一份较低执行价格的看涨期权多头和两份较高执行价格的看涨期权空头构成；如果构建比例为3∶2，即用两份执行价格较低的看涨期权多头和三份执行价格较高的看涨期权空头构建。

【例6－30】 交易者在2015年2月16日以0.209元的价格买进1张510050C1503M02200合约1，同时以0.0294元的价格卖出2张510050C1503M02500合约2，当日标的基金价格为2.394元，分析交易者在期权到期时的损益状况。

建仓时权利金收支 $=2C_2-C_1=2\times 0.0294-0.209=-0.1502$（元）

期权到期时：

当 $S\leqslant 2.2$ 元时，两个执行价格的看涨期权均不会被执行。

该策略损益为 -0.1502 元，即标的资产价格较低时该策略亏损，标的

资产价格下跌至2.2元时即达到该亏损值，该亏损是标的资产价格下跌时的最大损失，等于建仓时的权利金价差损益，且不随标的资产价格降低而改变。

当 $2.2 < S \leqslant 2.5$ 元时，交易者执行看涨期权多头，执行价格较高的看涨期权空头不用履约。

该策略损益 $=2\times0.0294-2.2+S-0.209$，标的资产价格提高对持仓有利。当 $S=(K_1+C_1)-2C_2=2.3502$ 元时该策略损益平衡，2.3502元为该策略的左侧损益平衡点。标的资产价格在2.3502元以下时亏损，在2.3502～2.5元之间时盈利，且盈利随标的资产价格提高而增加，标的资产价格等于2.5元时该策略盈利达到最大。

$$\begin{aligned}\text{最大盈利} &= -2.2+2.5-0.209+2\times2.5-2\times2.5+2\times0.0294\\ &=0.1498\text{（元）}\end{aligned}$$

建仓时权利金为净支出。

当 $S\geqslant2.5$ 元时，交易者执行看涨期权多头，同时履约看涨期权空头。

该策略损益 $=-2.2+S-0.209+2\times2.5-2\times S+2\times0.0294$，标的资产价格提高对持仓不利。当 $S=2(K_2+C_2)-(K_1+C_1)=2.6498$ 元时该策略损益平衡，2.6498元为该策略的右侧损益平衡点。标的资产价格在2.5～2.6498元之间时，随着标的资产价格提高盈利减少，标的资产价格高于2.6498元时亏损，且亏损随标的资产价格提高而增加。

2015年3月25日期权到期时，上证50ETF基金的价格为2.604元，低于2.6498元，该策略盈利，盈利 $=-2.2+2.604-0.209+2\times2.5-2\times2.604+2\times0.0294=0.0458$ 元。

由于该策略最大盈利为0.1498元，低于建仓时的支付，而且标的资产价格大幅上涨时损失更大。因此，本例所构建的比率看涨期权策略是不成功的。

以上分析可知，如果标的资产价格较低，该策略亏损，但最大损失有限；标的资产价格大幅提高时，该策略也亏损，且亏损随标的资产价格提高而增加；只有当标的资产价格有较少涨幅，在较高的执行价格的一定范围时，该策略盈利。

所以，看涨期权比率价差期权属于谨慎看多策略，且标的资产价格大幅上涨时损失很大，可以说是标的资产上行该策略风险无限。因此不适宜标的资产价格大幅上涨和大幅波动的情形。

2. 看跌期权比率价差策略。该策略由一定数量的看跌期权多头和数量较多、执行价格较低的看跌期权空头构建，可以看作是熊市看跌期权价差策略与卖出未持保看跌期权的组合。

如果构建比例是2:1，即用一份较高执行价格的看跌期权多头和两份较低执行价格的看跌期权空头构成；如果构建比例为3:2，即用两份执行价格较高的看跌期权多头和三份执行价格较低的看跌期权空头构建。

【例6-31】 交易者在2015年2月16日以0.1345元的价格买进1张510050P1503M02500合约1，同时以0.0159元的价格卖出2张510050P1503M02200合约2，分析交易者在期权到期时的损益状况。

建仓时权利金收支 $=2P_2-P_1=2\times0.0259-0.1345=-0.0827$（元）

建仓时权利金为净支出。

期权到期时：

当 $S\geq2.5$ 元时，两个执行价格的看跌期权均不会被执行。

该策略损益为 -0.0827 元，标的资产价格较高时该策略亏损，上涨至2.5元时即达到该亏损值。该亏损是标的资产价格上涨时的最大亏损，等于建仓时的权利金价差损益，且不随标的资产价格上涨而改变。

当 $2.2\leq S<2.5$ 元时，交易者执行看跌期权多头，执行价格较低的看跌期权空头不用履约。

该策略损益 $=2\times0.0159+2.5-S-0.1345$，标的资产价格下跌对持仓不利。当 $S=(K_1+P_1)-2P_2=2.3973$ 元时该策略损益平衡，2.3973元为该策略的右侧损益平衡点。标的资产价格在2.3973元以上时亏损，在2.3973~2.2之间时盈利，且盈利随标的资产价格降低而增加，标的资产价格等于2.2元时该策略盈利达到最大。

$$
\begin{aligned}
\text{最大盈利}&=2.5-2.2-0.1345-2\times2.2+2\times2.2+2\times0.0159\\
&=0.1973\ (\text{元})
\end{aligned}
$$

当 $S<2.2$ 元时，交易者执行看跌期权多头，同时履约看跌期权空头。

该策略损益 $=2.5-S-0.1345-2\times2.2+2\times S+2\times0.0159$，标的资产价格下跌对持仓不利。当 $S=2(K_2-P_2)-(K_1-P_1)=2.0027$ 元时该策

略损益平衡，2.0027 元为该策略的左侧损益平衡点。标的资产价格在 2.0027 ~2.2 元之间时，随着标的资产价格降低盈利减少标的资产价格低于 2.0027 元时亏损，且亏损随标的资产价格降低而增加，标的资产价格跌至 0 时该策略损失最大，损益 = 2.5 - 0.1345 - 2 × 2.2 + 2 × 0.0159 = -2.0027 元。

如果交易者判断正确，在到期日，标的基金价格由建仓时的 2.394 元降至 2.2 元，交易者获得 0.1973 元，等于初始投入的 238.57%。

但是，2015 年 3 月 25 日期权到期时，标的基金价格为 2.604 元，高于 2.397 元，所以该策略亏损，但损失仅限于 0.0827 元。

以上分析可知，如果标的资产价格较高时，该策略亏损，但最大损失有限；标的资产价格大幅降低，该策略也亏损，且亏损随标的资产价格降低而增加；只有当标的资产价格在较低的执行价格的一定范围时，该策略盈利。

所以，该策略属于谨慎看空策略，且标的资产价格大幅下跌时损失很大。因此不适宜标的资产价格大幅下跌和大幅波动的情形。

无论用看涨期权还是用看跌期权构建比率价差期权，由于卖出的期权多于买入的期权，所以初始投入的成本较低，属于杠杆策略。如果构建成功，该策略可以获得较高的收益率。

（二）反比率价差期权

反比率价差期权策略是比率套利的反向策略，也称反比率套利策略；同样的，该策略也可以由看涨期权或看跌期权的多头和空头构建，但买入期权的数量多于卖出期权的数量，是净买入策略，其潜在风险有限，潜在收益很大。虽然是净买入策略，但由于支付的期权费有限而获得的潜在收益无限，而且当标的资产价格变化对交易者有利时，其收益率往往远高于投资标的资产的收益率，所以该策略也是杠杆策略的一种。

1. 看涨期权反向比率价差策略。该策略由一定数量看涨期权空头和数量较多、执行价格较高的看涨期权构建。可以看作是牛市看涨期权价差策略与买入看涨期权的组合，是对标的资产价格强烈看多的策略，标的资产价格上涨越多、波动率越高，对该策略越有利。

【例 6 - 32】 交易者在 2015 年 2 月 16 日以 0.209 元的价格卖出 1 张

510050C1503M02200 合约 1，同时以 0.0294 元的价格买进 2 张 510050C1503M02500 合约 2，分析交易者在期权到期时的损益状况。

建仓时权利金收支 $= C_1 - 2C_2 = 0.209 - 2 \times 0.0294 = 0.1502$（元）

建仓时权利金为净收入。

期权到期时：

当 $S \leqslant 2.2$ 元时，两个执行价格的看涨期权均不会被执行。

该策略损益 $= 0.1502$ 元，即标的资产价格较低时该策略盈利，下跌至 2.2 元时即达到该盈利值。该盈利为标的资产价格下跌时的最大盈利，等于建仓时的权利金价差损益，且不随标的资产价格降低而改变。

当 $2.2 < S \leqslant 2.5$ 元时，交易者所持看涨期权多头不会行权，执行价格较低的看涨期权空头需要履约。

该策略损益 $= -2 \times 0.0294 + 2.2 - S + 0.209$，标的资产价格提高对持仓不利。当 $S = (K_1 + C_1) - 2C_2 = 2.3502$ 元时该策略损益平衡，2.3502 元为该策略的左侧损益平衡点。标的资产价格在 2.3502 元以下时盈利，在 2.3502 ~ 2.5 元之间时亏损，且亏损随标的资产价格提高而增加，标的资产价格等于 2.5 元时该策略亏损达到最大。

$$
\begin{aligned}
\text{最大亏损} &= -2.2 + 2.5 - 0.209 + 2 \times 2.5 - 2 \times 2.5 + 2 \times 0.0294 \\
&= 0.1498 \text{（元）}
\end{aligned}
$$

当 $S > 2.5$ 元时，交易者执行看涨期权多头，同时履约看涨期权空头。

该策略损益 $= 2.2 - S + 0.209 - 2 \times 2.5 + 2 \times S - 2 \times 0.0294$，标的资产价格提高对持仓有利。当 $S = 2(K_2 + C_2) - (K_1 + C_1) = 2.6498$ 元时该策略损益平衡，2.6498 元为该策略的右侧损益平衡点。标的资产价格在 2.5 ~ 2.6498 元之间时，随着标的资产价格提高，该策略亏损减少，标的资产价格高于 2.6498 元时盈利，且盈利随标的资产价格提高而增加。

2015 年 3 月 25 日期权到期时，标的基金的价格为 2.604 元，低于 2.6498 元，该策略亏损：

$$
\begin{aligned}
\text{损益} &= 2.2 - 2.604 + 0.209 - 2 \times 2.5 + 2 \times 2.604 - 2 \times 0.02944 \\
&= -0.0458 \text{（元）}
\end{aligned}
$$

以上分析可知，如果标的资产价格较低，该策略盈利，但最大盈利有限；如果标的资产价格大幅提高，该策略也盈利，且盈利随标的资产价格提

高而增加；只有当标的资产价格有较少涨幅，在较高执行价格的一定范围时，该策略亏损。

所以，该策略适宜标的资产价格大幅上涨或大幅下跌、波动率高的情形，但大幅上涨或下跌时盈利情形不同。标的资产价格下行该策略收益有限而大幅上涨时收益无限，所以，该策略对标的物后市是强烈看多的，标的资产价格波动率越高对持仓越有利。标的资产价格在较高执行价格的一定范围时该策略亏损。

2. 看跌期权反比率价差策略。该策略由一定数量的看跌期权空头和数量较多、执行价格较低的看跌期权多头构建，可以看作是熊市看跌期权价差策略与看跌期权多头的组合。是对标的资产价格强烈看空的策略，标的资产价格下跌越多、波动率越高，对该策略越有利。

【例 6 - 33】 交易者在 2015 年 2 月 16 日以 0.1345 元的价格卖出 1 张 510050P1503M02500 合约 1，同时以 0.0159 元的价格买进 2 张 510050P1503M02200 合约 2，分析交易者在期权到期时的损益状况。

建仓时权利金收支 $=P_1-2P_2=0.1345-2\times0.0159=0.1027$（元）

建仓时权利金为净收入。

期权到期时：

当 $S\geqslant2.5$ 元时，两个执行价格的看跌期权均不会被执行。

该策略损益 =0.1027 元，标的资产价格较高时该策略盈利，上涨至 2.5 元时即达到该盈利值，该盈利是标的资产价格上涨时的最大盈利，等于建仓时的权利金价差损益，且不随标的资产价格上涨而改变。

当 $2.2\leqslant S<2.5$ 元时，交易者不会执行其看跌期权多头，执行价格较高的看跌期权空头需要履约。

该策略损益 $=-2.5+S+0.1345-2\times0.0159$，标的资产价格下跌对持仓不利。当 $S=(K_1-P_1)+2P_2=2.3973$ 元时该策略损益平衡，2.3973 元为该策略的右侧损益平衡点。标的资产价格在 2.3973 元以上时盈利，在 2.3973 ~ 2.2 元之间时亏损，且亏损随标的资产价格降低而增加，标的资产价格等于 2.2 元时该策略亏损达到最大。

$$\text{最大亏损}=2.5-2.2-0.1345-2\times2.2+2\times2.2+2\times0.0159$$
$$=0.1973\text{（元）}$$

当 $S<2.2$ 元时，交易者执行看跌期权多头，同时履约看跌期权空头。

该策略损益 $=-2.5+S+0.1345+2\times 2.2-2S-2\times 0.0159=2(K_2-P_2)-(K_1-P_1)-S$，标的资产价格下跌对持仓有利。当 $S=2(K_2-P_2)-(K_1-P_1)=2.0027$ 元时该策略损益平衡，2.0027 元为该策略的左侧损益平衡点。标的资产价格在 2.0027～2.2 元之间时，随着标的资产价格降低亏损减少，标的资产价格低于 2.0027 元时盈利，且盈利随标的资产价格降低而增加，当标的资产价格跌至 0 时该策略盈利最大：

盈利 $=-2.5+0.1345+2\times 2.2-2\times 0.0159=2.0027$（元）

期权到期时，标的基金价格为 2.604 元，高于 2.5 元，所以该策略盈利，盈利为建仓时权利金价差收益。

以上分析可知，如果标的资产价格较高时，该策略盈利，但最大盈利有限；如果标的资产价格大幅降低，该策略也盈利，且盈利随标的资产价格降低而增加，最大盈利为 2.0027 元；只有当标的资产价格在较低执行价格的一定范围时，该策略亏损。

所以，该策略适宜标的资产价格大幅上涨或大幅下跌、波动率高的情形，但大幅上涨或下跌时盈利情形不同。标的资产价格上行该策略收益相对较低，且当标的资产价格达到最高执行价格时，盈利不随标的资产价格上涨而增加；标的资产价格大幅下跌时该策略盈利更大，且盈利随标的资产价格下跌而增加。所以，该策略对标的物后市是强烈看空的，标的资产价格波动率越高对持仓越有利。标的资产价格在较低执行价格的一定范围时该策略亏损。

六、飞鹰式价差期权和反飞鹰式价差期权

飞鹰式价差期权与蝶式价差期权相似，也是由相同类型的 4 个期权构成的组合。买两边执行价格的期权，卖中间两个执行价格的期权，称为多头飞鹰式价差期权；卖两边执行价格的期权，买两个中间执行价格的期权，称为空头飞鹰式价差期权。蝶式价差期权是由三个执行价格的期权构建的，即中间两个期权的执行价格相同；而飞鹰式价差期权是由四个不同执行价格的期权构建的。

(一) 多头飞鹰式价差期权

多头飞鹰式价差期权可以用看涨期权构建，也可以用看跌期权构建。

1. 用看涨期权构建多头飞鹰式价差期权。该价差策略是由一个较低和一个较高执行价格的看涨期权多头和两个中间的不同执行价格的看涨期权空头构建。该策略被称为多头飞鹰式看涨价差期权，可以看作是牛市看涨期权价差策略与熊市看涨期权价差策略的组合。

【例6-34】 交易者在2015年2月16日分别以0.209元和0.0294元的价格买进1张510050C1503M02200合约1和1张510050C1503M02500合约4，同时分别以0.1281元和0.0659元的价格卖出1张510050C1503M02300合约2和1张510050C1503M02400合约3。

建仓时权利金收支 $= C_2 + C_3 - C_1 - C_4$

$= 0.1281 + 0.0659 - 0.0294 - 0.209 = -0.0444$（元）

建仓时权利金为净支出。

期权到期时：

如果 $S \leqslant 2.2$ 元时，四个期权均不被执行。

该策略损益为 -0.0444 元，为标的基金价格下跌时的最大亏损，等于建仓时的权利金支出。即标的基金价格较低时该策略亏损，当标的基金价格等于最低执行价格时即达到该亏损值，且不随标的基金价格降低而改变。

当 $S > 2.5$ 元时，四个期权均被执行，即交易者执行看涨期权多头并履约看涨期权空头。

该策略损益 $= -K_1 + S - C_1 - K_4 + S - C_4 + K_2 - S + C_2 + k_3 - S + C_3$

$= K_2 + K_3 - K_1 - K_4 + C_2 + C_3 - C_1 - C_4$

$= 2300 + 2400 - 2200 - 2500$

$= 0.1281 + 0.0659 - 0.209 - 0.0294 = -0.0444$（元）

标的资产价格较高时该策略也亏损，以上结果为标的基金价格较高时的最大亏损，标的资产价格上涨至最高执行价格时即达到该亏损值，且不随标的基金价格提高而改变。

当 $2.2 < S \leqslant 2.3$ 时，交易者执行行权价格为2.2元的看涨期权，另外3

个期权不被执行。

该策略损益 $= -K_1 + S - C_1 - C_4 + C_2 + C_3$

$= -2.2 + S - 0.209 - 0.0294 + 0.1281 + 0.0659$

标的基金价格提高对持仓有利，当 $S = 2.2 - (0.1281 + 0.0659 - 0.0294 - 0.209) = 2.2444$ 元时损益平衡，低于 2.2444 元亏损，高于 2.2444 元盈利，2.2444 元为该策略左侧损益平衡点。

当 $2.3 < S \leqslant 2.4$ 时，交易者执行行权价格为 2.2 元的看涨期权，履约行权价格为 2.3 元的看涨期权，两外 2 个期权不被执行。

该策略损益 $= -K_1 + S - C_1 - C_4 + K_2 - S + C_2 + C_3$

$= -2.2 + S - 0.209 - 0.0294 + 2.3 - S + 0.1281 + 0.0659 = 0.0556$（元）

当 $2.4 < S \leqslant 2.5$ 时，交易者执行行权价格为 2.2 元的看涨期权，履约行权价格为 2.3 元和 2.4 元的看涨期权，执行价格为 2.5 元的看涨期权作废。

该策略损益 $= -K_1 + S - C_1 - C_4 + K_2 - S + C_2 + K_3 - S + C_3$

$= -2.2 + S - 0.209 - 0.0294 + 2.3 - S + 0.1281 + 2.4 - S + 0.0659 = 2.4556 - S$

标的基金价格提高对持仓不利，低于 2.4556 元时盈利，低于 2.4556 元时亏损，2.4556 元为该策略右侧损益平衡点。

因此，用看涨期权构建的多头飞鹰式价差期权，标的资产价格在中间两个期权执行价格之间时盈利最大，且不随标的资产价格增减而改变；标的资产价格低于最低执行价格时亏损达到左侧最大值；标的资产价格高于最高执行价格时达到右侧亏损最大值。因此，该策略适宜标的资产价格窄幅整理的情形，标的资产价格大幅上涨或下跌均会导致亏损，但亏损有限，盈利也有限。

与使用看涨期权构建的多头蝶式价差策略相同的是，两种策略均适用于标的资产波动率收窄的行情，存在标的资产上行和下行的风险，但风险有限。不同的是，该策略最大盈利为一个区间段，而蝶式价差策略的最大盈利在标的资产价格等于中间期权的执行价格时，但两策略的最大盈利也有限。

2. 用看跌期权构建多头飞鹰式价差期权策略。该价差策略是由一个较

低和一个较高执行价格的看跌期权多头和两个中间不同执行价格的看跌期权空头构建。该策略被称为多头飞鹰式看跌价差期权，可以看作是牛市看跌期权价差策略与熊市看跌期权价差策略的组合。

该策略的应用情形和损益结构与使用看涨期权构建的飞鹰式价差期权相似。标的资产价格在两个中间执行价格区间时盈利最大，但有利有限；标的资产价格大幅波动时亏损，而亏损也有限。

（二）空头飞鹰式价差期权

空头飞鹰式价差期权同样是用 4 个不同执行价格的看涨期权或看跌期权构建。无论用看涨期权或看跌期权构建，均为卖出两边执行价格的期权，买进中间两个执行价格的期权。标的资产价格大幅波动时盈利，所以，该策略适合标的资产价格大幅波动的情形，但最大盈利有限；标的资产价格在中间两个执行价格之间时亏损最大，但最大亏损也有限。

该策略构建时为权利金净收入，但考虑保证金要求时，构建此策略仍需要一定的初始资金。

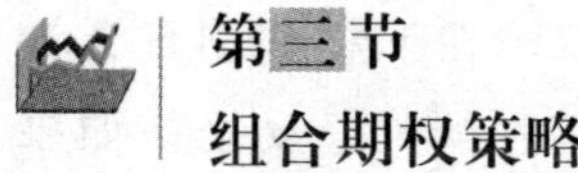

第三节　组合期权策略

组合期权策略是通过相同标的的看涨期权和看跌期权来构建。常用的组合期权策略有：跨式期权、Strips 期权、Straps 期权和宽跨式期权等。组合期权策略是在预期标的资产大幅波动时采用，通过构建组合期权，无论标的资产上涨还是下跌均可获利；或预期标的资产波动幅度较小时采用，通过构建组合策略，在标的资产价格小幅震荡时获利。

组合期权策略与价差期权策略的主要不同在于，价差期权策略是通过买进并同时卖出两个或多个看涨期权构成组合，或买进并同时卖出两个或多个看跌期权构成组合，目的是减少买进期权的权利金支出，或锁住期权空头损失，但在实现上述目的的同时，也封闭了期权多头的获利空间或降低了期权空头的权利金收益。即通过构建价差期权，风险可控但也限定了盈利空间。因此，价差策略适用于风险防范意识较强的投资者。

而组合策略不同，除适用的市场环境有一定差异外，两类期权组合适用的投资者风险偏好也不相同。构建组合策略后，投资者的收益会随标的资产价格涨跌而变化，但需付出多个期权权利金的代价；或同时收入看涨和看跌期权的权利金，而承受标的资产价格大幅上涨和大幅下跌的风险。所以，下面介绍的组合期权策略适宜追求更高收益，但能够承受较大风险的投资者。

一、跨式期权（straddle）

跨式期权也叫马鞍式期权、等量同价对敲期权、双向期权。当预期标的资产价格大幅波动时，可以考虑多头跨式期权策略，当预期标的资产价格窄幅整理时，可考虑空头跨式期权策略。跨式期权策略是非常普遍的组合期权策略。

（一）适用标的资产价格大幅波动情形的多头跨式期权

1. 构建。多头跨式期权的构建策略是同时买入具有相同执行价格、相同到期日、同种标的资产的看涨期权和看跌期权。在期权到期日，如果标的资产价格非常接近执行价格，该策略就会产生损失；反之，如果标的资产价格在任何方向上大幅偏离执行价格时，投资者就会获取较高收益。

当预期标的资产价格会大幅波动但不能判断变动方向时，可考虑此策略。

建仓时，同时买进看涨和看跌期权，支付权利金 C + P，所支付的权利金为该策略的最大亏损，也是该策略建仓时所需要的初始资金。由于建仓时为买入期权，所以称为多头跨式策略。

2. 到期日损益结构图。多头跨式期权的到期日损益状态见图 6 – 18（a）。

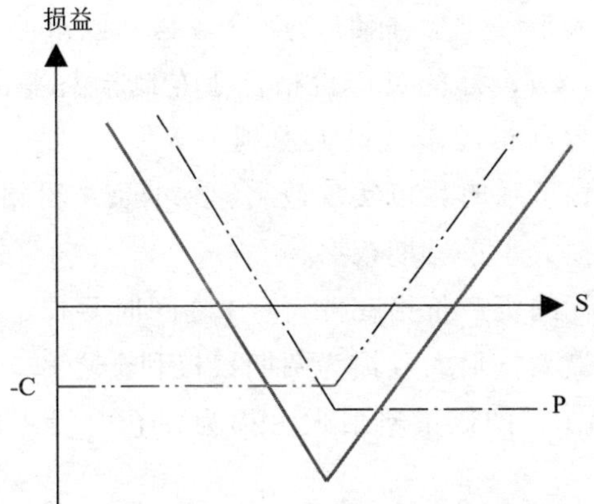

图 6－18（a）　多头跨式期权损益结构

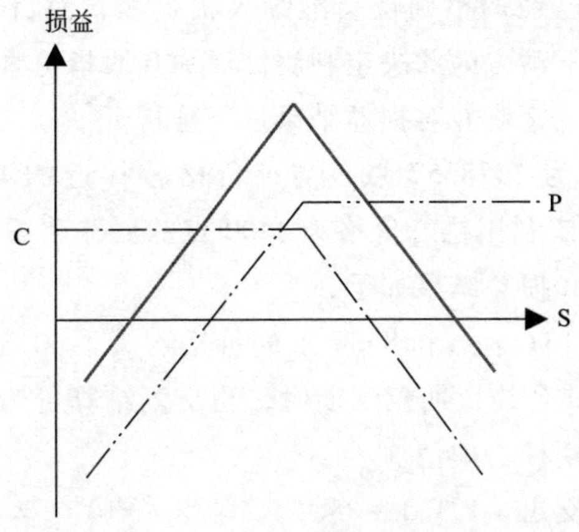

图 6－18（b）　空头跨式期权损益结构

3. 损益分析。期权到期时：

①当标的资产价格低于左侧损益平衡点 S_1 时可实现盈利。

左侧损益平衡点 $S_1 = K - P - C$，由于买进了看涨期权，降低了单一看跌期权多头的损益平衡点，即标的资产价格下跌程度更大时，组合策略才可能比单一看跌期权多头有利。

②当标的资产价格高于右侧损益平衡点 S_2 时可实现盈利。

右侧损益平衡点 $S_2 = K + C + P$，由于买进了看跌期权，提高了单一看涨期权多头的损益平衡点，即标的资产价格上涨程度更大时，组合策略才可能比单一看涨期权多头有利。

标的资产价格大于 S_2 时，标的资产价格越高该策略盈利越多，最大盈利为 $S_T-(K+C+P)$；标的资产价格低于左侧损益平衡点 S_1 时，标的资产价格越低该策略盈利也越多，最大盈利为 $K-P-C$。所以，当标的资产价格大幅上涨或大幅下跌时均可实现盈利，标的资产价格在两个损益平衡点之间时亏损，且亏损大于单一期权多头。

③亏损区间。标的资产价格在 S_1 和 S_2 之间时亏损，当标的资产价格等于执行价格时亏损最大，最大亏损为两期权权利金之和。

最大亏损 $=P+C$，即该策略最大亏损为建仓时投入的看涨和看跌期权的权利金。

【例 6－35】 2015 年 3 月 6 日，沪深 300 指数为 3478.52 点，交易者认为股市在当前价格已经调整到位会继续大幅上涨，而目前价位已经处于高位，也有可能大幅下跌，因此决定利用沪深 300 股指仿真期权构建多头跨式期权获利，说明构建策略并对损益结果进行分析。

当时标的指数为 3478.52 点，与该价格较接近的期权的执行价格为 3400 点，交易者决定利用执行价格为 3400 点的看涨和看跌期权构建多头跨式期权，构建策略和损益结果如下：

交易者分别以 131.1 点和 83.4 点的价格购买了 IO1503－C－3400 合约和 IO1503－P－3400 合约，期权到期时，当交割结算价为 3886.79 点，看涨期权为实值，看跌期权为虚值。

建仓时权利金支出 $=131.1+83.4=214.5$（点）

期权到期时，看跌期权作废，交易所以交割结算价执行看涨期权：

交易者行权收益 $=3\,886.79-3\,400=486.79$（点）

该策略损益 $=486.79-214.5=272.29$（点）

不考虑交易费用和行权费的投资收益率 $=126.94\%$。

由于建仓至合约到期时标的指数价格大幅上涨，所以该策略盈利，收益率达 126.94%。如果不买进看跌期权，收益率会更高，但如果标的指数大幅下跌，不仅不会盈利，还会损失投入的权利金。

（二）适用标的资产价格不波动或小幅波动情形的空头跨式期权

1. 构建。跨式期权的另一种构建策略是同时卖出具有相同执行价格、

相同到期日、同种标的资产的看涨期权和看跌期权。由于建仓时为卖出期权，所以称为空头跨式策略。

在期权到期时，如果标的资产价格接近执行价格，该策略盈利，高于或低于执行价格一定程度时该策略亏损，且亏损随标的资产价格涨跌而增加。

当预期标的资产价格波动范围非常小时，可考虑此策略。

图 6－18（b）可见，卖出看涨期权的同时卖出相同标的、相同到期期限、相同执行价格的看跌期权，虽然建仓时会收入权利金，但由于该策略由看涨和看跌期权空头构成，需要按裸看涨和看跌期权缴纳保证金，而且当行情发生不利变化时要按规定追加保证金，因此，构建该策略要有较大的资金支持。

2. 到期日损益结构图。空头跨式期权策略的到期日损益状态见图 6－19（b）。

3. 损益分析。如果与多头跨式期权使用相同的期权构建空头跨式期权，则两期权组合的损益结构图互为镜像，损益平衡点相同，盈亏结果相反。

左侧损益平衡点（S_1）$=K-P-C$

右侧损益平衡点（S_2）$=K+C+P$

期权到期时，标的资产价格在右侧损益平衡点 S_2 以上亏损，标的资产价格越高亏损越多：

最大亏损 $=S_T-(K+C+P)$

标的资产价格在左侧损益平衡点 S_1 以下亏损，标的资产价格越低亏损越多：

最大亏损 $=K-P-C$

所以，当标的资产价格大幅上涨或大幅下跌时该策略均为亏损，标的资产价格在两个损益平衡点之间时盈利。

标的资产价格等于执行价格时盈利最大，最大盈利 $=C+P$，即该策略最大盈利为建仓时收入的权利金。

二、Strips 和 Straps 期权策略

当预期标的资产价格大幅上涨或大幅下跌且机会较为均等时，适宜构建多头跨式期权策略。如果预期标的资产价格可能会大幅波动，但上涨或下跌的可能性不同时，则适宜构建 Strips 期权策略或 Straps 期权策略。Strips 和

Straps 期权策略分别被称为条式和带式组合期权策略。

如果标的资产价格会有较大幅度波动，但标的资产价格下跌可能性大于上涨的可能性时，适宜采用 Strips 期权策略。该策略由相同执行价格和相同到期日的一个看涨期权和两个看跌期权的多头组成。

如果标的资产价格会有较大幅度波动，但标的资产价格上涨可能性大于下跌可能性时，适宜采用 Straps 期权策略。该策略由相同执行价格和相同到期日的两个看涨期权和一个看跌期权的多头组成。

Strips 和 Straps 期权策略，在建仓时，支付权利金 $C+2P$ 或 $2C-P$，所支付的权利金为该策略的最大亏损，也是该策略建仓时所需要的初始资金。

【例 6－36】 例 6－35 中，交易者认为标的指数会大幅波动，但下跌或上涨的可能性不同，分别考虑下跌可能性大于上涨可能性和上涨可能性大于下跌可能性的策略及损益结果。

①如果交易者认为下跌可能性大于上涨可能性。

在 2015 年 3 月 6 日，利用沪深 300 股指期权构建了 Strips 期权策略。

交易者分别以 131.1 点的价格购买了 1 张 I01503－C－3400 合约，同时以 83.4 点的价格购买了 2 张 I01503－P－3400 合约，期权到期时，当交割结算价为 3886.79 点，交易者损益结果为：

建仓时权利金支出＝131.1＋2×83.4＝297.9（点）

期权到期时，看跌期权作废，交易所以交割结算价执行看涨期权，则：

交易者行权收益＝3 886.79－3 400＝486.79（点）

该策略损益＝486.79－297.9＝188.89（点）

不考虑交易费用和行权费的投资收益率＝63.41%

由于标的指数价格大幅上涨，所以该策略盈利，但由于交易者对标的指数波动幅度的方向判断错误，所构建的组合策略不适宜，盈利水平低于多头跨式策略的盈利水平。

②如果交易者认为上涨可能性大于下跌可能性时：

2015 年 3 月 6 日，利用沪深 300 股指期权构建了 Straps 期权策略。

交易者分别以 131.1 点的价格购买了 2 张 I01503－C－3400 合约，同时以 83.4 点的价格购买了 1 张 I01503－P－3400 合约，期权到期时，当交割结算价为 3886.79 点，交易者损益结果为：

建仓时权利金支出 =2 ×131. 1 +83. 4 =345. 6 （点）

期权到期时，看跌期权作废，交易所以交割结算价执行看涨期权：

交易者行权收益 =2 × （3 886. 79 –3 400） =973. 58 （点）

该策略损益 =973. 58 –345. 6 =627. 98 (点)

不考虑交易费用和行权费的投资收益率 =181. 71%

在标的指数价格大幅上涨时，该策略盈利，且盈利水平高于多头跨式策略的盈利水平。

Strips 期权策略和 Straps 期权策略到期日损益结构见图 6 –19 和图 6 –20。

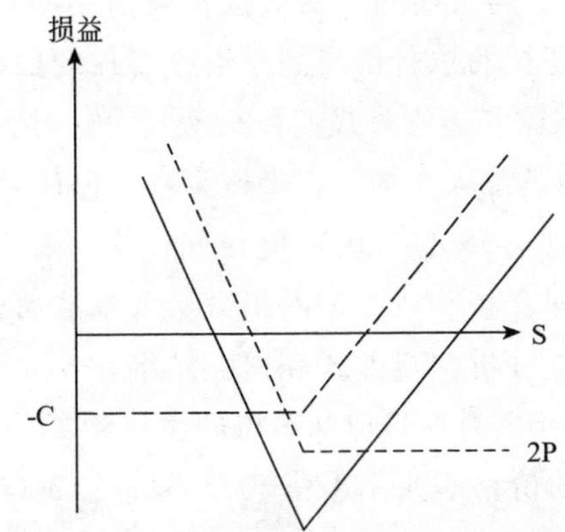

图 6 –19 Strips 期权策略到期日损益结构

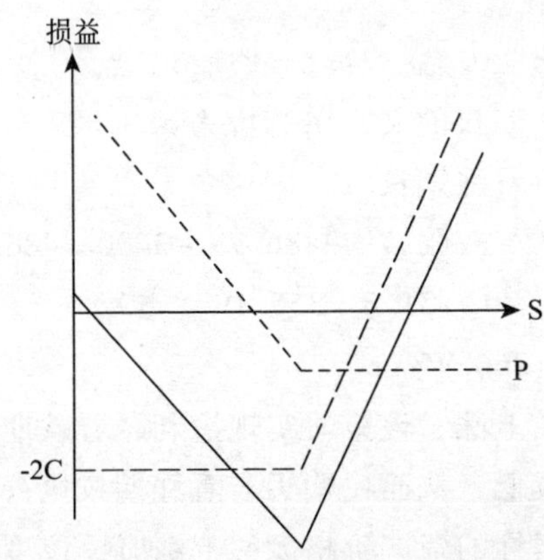

图 6 –20 Straps 期权策略到期日损益结构

三、宽跨式期权策略

如果预期标的资产价格会大幅波动，但上涨或下跌的可能性不同时，适宜构建 Strips 期权策略或 Straps 期权策略，也可考虑多头宽跨式期权策略；如果预期标的资产价格不会大幅波动，可通过空头跨式策略获得看涨和看跌两个期权的权利金收益，也可考虑空头宽跨式期权策略。

（一）多头宽跨式期权策略

1. 构建。多头宽跨式期权策略也被称为底部垂直价差组合（Bottom Vertical Combinnation），购买相同到期日但执行价格不同的一个看跌期权和一个看涨期权，看涨期权的执行价格高于看跌期权的执行价格。

多头宽跨式期权策略和多头跨式期权相似，建仓时支付权利金 C + P，所支付的权利金为该策略的最大亏损，也是该策略建仓时所需要的初始资金。

【例 6 - 37】 与例 6 - 35 的市场环境相同，交易者对标的指数变化趋势的判断也基本相同，即交易者认为标的指数会大幅波动，决定通过构建多头宽跨式期权策略获利，分析构建方式和损益结果。

该交易者于 2015 年 3 月 6 日以 0.5 点的价格购买了 IO1503 - P - 2600 合约，同时以 131.1 点的价格购买了 1 张 IO1503 - C - 3400 合约，看跌期权合约的执行价格较当时标的指数低，看涨期权的执行价格与标的指数相近。

建仓时：

交易者权利金支出 = 0.5 + 131.1 = 131.6（点）

期权合约到期时，期权的交割结算价为 3886.79 点，看跌期权作废，交易所按交割结算价执行看涨期权：

该看涨期权多头的行权收益 = 3886.79 - 3400 = 486.79（点）

该策略盈利 = 486.79 - 131.6 = 355.19（点）

该策略的收益率 = 266.9%

由于标的指数大幅上涨，该策略实现盈利，看跌期权执行价格的实值程度较深，所以期权费较低，从而比购买与看涨期权执行价格相同的看跌期权可节省支出。所以，当标的资产价格大幅上涨时，该策略的盈利水平高于用相同执行价格的看涨和看跌期权构建的多头跨式组合期权策略。

【例 6-38】 如果交易者购买一个与标的资产价格相近的看跌期权，同时买进一个较低执行价格的看涨期权，分析损益结果。

交易者于 2015 年 3 月 6 日以 83.4 点的价格购买了 I01503-P-3400 合约，同时以 842.6 点的价格购买了 1 张 I01503-C-2600 合约。

建仓时：

交易者权利金支出 = 83.4 + 842.6 = 926（点）

期权合约到期时，期权的交割结算价为 3886.79 点，看跌期权作废，交易所按交割结算价执行看涨期权：

该看涨期权多头的行权收益 = 3886.79 - 2600 = 1286.79（点）

该策略盈利 = 1286.79 - 926 = 360.79（点）

该策略的收益率 = 38.96%

由于建仓时看涨期权为实值，所以权利金较高，导致建仓时期权费支出较高。标的资产价格上涨时，两例所采用的策略盈利水平虽然相当，但例 6-38 策略的收益率远低于例 6-37 策略的收益率。所以，当标的资产价格上涨的可能较大时，不适合采用例 6-38 构建的多头宽跨式期权策略。

当期权到期时，标的指数下跌至例 6-38 策略的损益平衡点（左侧损益平衡点 $S_1 = K_P - P - C = 3400 - 83.4 - 842.6 = 2474$ 点）以下时，该策略才可能盈利。如果期权的交割结算价为 2400 点，例 6-37 和例 6-38 中的看涨期权均作废，交易所会自动执行看跌期权。

例 6-37 中盈利 = 2 600 - 2 400 - 131.6 = 68.4（点）

收益率 = 68.4/131.6 × 100% = 51.98%

例 6-38 中：盈利 = 3 400 - 2 400 - 926 = 74（点）

收益率 = 74/926 × 100% = 7.99%

当有一定幅度下跌时，两例的收益率均低于例 6-37 上涨时的收益率，例 6-38 更低。

当交割结算价为 2000 点时：

例 6-37 中：盈利 = 2 600 - 2 000 - 131.6 = 468.4（点）

收益率 = 468.4/131.6 × 100% = 355.93%

例 6-38 中：盈利 = 3 400 - 2 000 - 926 = 474（点）

收益率 = 474/926 × 100% = 51.19%

因此，例6－38构建的策略由于建仓时看涨期权为实值，权利金较高，导致建仓时期权费支出较高，标的资产价格大幅上涨或大幅下跌收益率均低于例6－37所构建的策略。例6－37所构建的策略无论大幅上涨还是大幅下跌，收益率均较高。

所以，多头宽跨式期权策略只适合采用例6－37策略构建，即买进一个较高执行价格的看涨期权，同时卖出较低执行价格的看跌期权，看涨期权的执行价格与标的资产价格相近，则看跌期权为实值期权。当预期标的资产价格波动幅度较大时，可以实现较大盈利。

2. 到期日损益结构图。多头宽跨式期权策略到期日损益结构见图6－21（a）。

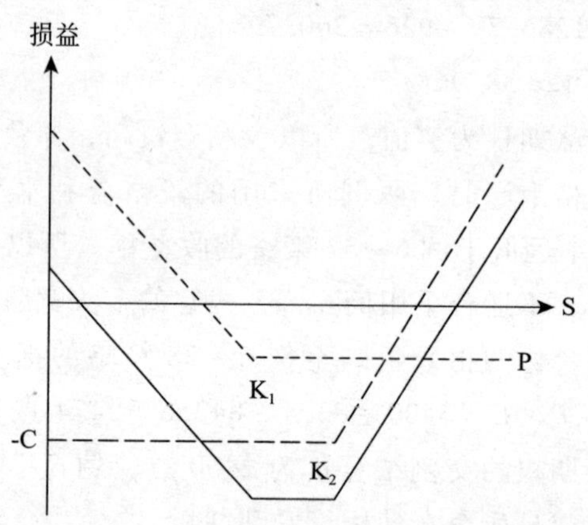

图6－21（a） 多头宽跨式期权策略到期日损益结构

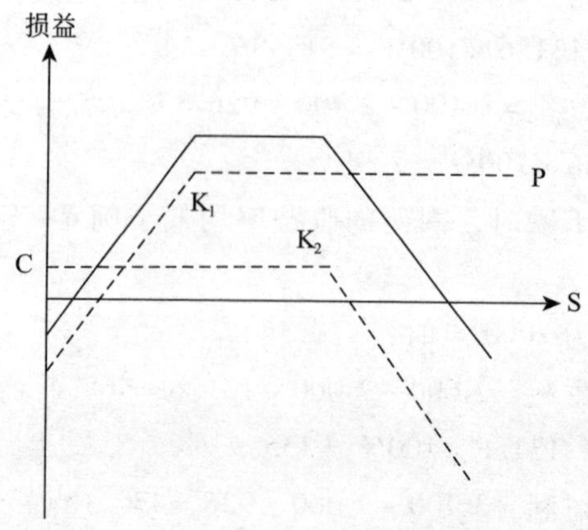

图6－21（b） 空头宽跨式期权策略到期日损益结构

3. 损益分析。建仓时，买进执行价格为 K_1 的看跌期权，同时买进执行价格为 K_2 的看涨期权，权利金支出 = C + P。因此，该策略需要一笔初始投资，看涨和看跌期权的价格越高，即看涨期权的执行价格越低，看跌期权的执行价格越高，初始投资越大。

①期权到期时，如果标的资产价格高于右侧损益平衡点 S_2，便可实现盈利，盈利水平随标的资产价格上涨而增加。

右侧损益平衡点 $S_2 = K_2 + C + P_2$，损益平衡点趋高时，只有当标的资产有更大幅度上涨时才可获利。

②如果标的资产价格低于左侧损益平衡点 S_1，该策略也可实现盈利，盈利水平随标的资产价格下跌而增加，最大盈利 = $K_1 - P - C$。

左侧损益平衡点 $S_1 = K_1 - P - C$，看跌期权执行价格越低，看涨期权价格越高，左侧损益平衡点越低，即只有当标的资产有较大跌幅时该策略才可实现盈利。

③标的资产价格在 S_1 与 S_2 之间时，该策略亏损。两期权执行价格差距越大，亏损区间越大。

④适用情形。当预期标的资产价格波动幅度较大时，可通过构建多头跨式期权策略，也可通过构建多头宽跨式策略实现盈利。

多头宽跨式期权策略与多头跨式期权策略相似，当投资者预期标的资产价格会大幅波动，但不能确定是上升还是下降时可考虑采用此策略。与多头跨式期权策略不同的是，多头宽跨式期权策略中标的资产价格变动程度要大于多头跨式期权策略中的标的资产价格变动程度时，投资者才能获利。

当标的资产价格有更大幅度上涨或下跌可能时，采用多头宽跨式期权策略比多头跨式期权策略获得的收益率更高，但多头宽跨式期权策略的亏损区间较大，如果标的资产价格有可能小幅波动时，多头宽跨式期权策略亏损的可能性更大。

（二）空头宽跨式期权策略

1. 构建。当预期标的资产价格窄幅整理时，可采用空头宽跨式期权策略。

该策略比空头跨式期权策略获得的收益率更高，但其亏损区间较大，如果标的资产价格小幅波动时，亏损的可能性更大。

与多头宽跨式期权策略相对应，空头宽跨式期权策略被称为顶部垂直价差组合（Top Vertical Combinnation）。该策略的构建方式为卖出相同到期日但执行价格不同的一个看跌期权和一个看涨期权，标的资产价格在看涨期权与看跌期权之间，而看涨期权的执行价格高于看跌期权的执行价格。

该策略在建仓时得到权利金 P + C，但看涨和看跌期权空头均需要缴纳保证金，所以该策略需要一定量的初始资金。

2. 到期日损益结构。该策略到期日损益结构见图 6 – 21（b）。

3. 损益分析。

①最大盈利。建仓时，分别卖出执行价格为 K_1 和 K_2 的看跌期权和看涨期权。因此，构建此策略时会有资金流入，资金流入 $= P + C$，$P + C$ 也是该策略的最大盈利。

与空头跨式期权策略相似，虽然建仓时会得到权利金收入，但由于该策略由看涨和看跌期权空头构成，所以需要按裸看涨和看跌期权缴纳保证金，而且要考虑追加的保证金要求，所以，构建该策略要有较大的资金支持。

②损益平衡点。期权到期时，当标的资产价格在 S_2 以上时该策略亏损，$S_2 = K + C + P$，S_2 为该策略的右侧损益平衡点，随着标的资产价格上涨，亏损加大，最大亏损为 $S_T -（K + C + P）$。

当标的资产价格在左侧损益平衡点以下时，该策略亏损，$S_1 = K_1 - P - C$，随着标的资产价格降低，亏损加大，最大亏损 $= K_1 - P - C$。

③最大盈利区间。当标的资产价格在 K_1 与 K_2 之间时，该策略可实现最大盈利，K_1 与 K_2 的差越大，即 K_1 越小、K_2 越大，该策略的盈利区间越大，但 K_1 越小，P 越低；K_2 越大，C 越小，该策略的最大盈利越低。

所以，当预期标的资产价格在 K_1 与 K_2 之间波动时，可考虑此策略；如果波动范围非常小或几乎不波动，则空头跨式期权策略更合适。

该策略与单一看涨期权空头或看跌期权空头相比，建仓时获得的权利金更高，但与单一看涨期权空头相比，损益平衡点左移；与单一看跌期权空头相比，损益平衡点右移。即与单一看涨或看跌期权相比，只有当标的资产价格上涨或下跌幅度更小时有利。

第四节 期权合成策略和合成期权策略

期权作为一种独特的金融工具，特别是其非线性损益结构，使期权可以作为构建其他各种金融工具的基石，即期权与其他金融工具合成，或期权与期权合成，可以构建成另一种金融工具。

本节介绍的合成策略也是组合策略，与期权有关的合成策略常用的有使用期权合成标的资产，或使用标的资产合成期权，也可以利用期权头寸合成另一种期权头寸，还可以对标的资产和期权头寸进行组合，通过合成策略实现标的资产与期权头寸的互相转换。

由于金融资产如股票、股票价格指数期货等在买进、卖出时更便利，所以用股票合成股票期权或用股票期权合成股票，以及用股指期货合约合成股指期权或用股指期权合成股指期货合约是常用的合成策略。

一、不同期权头寸的组合

由不同期权头寸可以组成标的资产，或组成另一种期权头寸。

（一）看涨期权多头与看跌期权空头组合，构建标的资产多头

1. 构建。购买看涨期权的同时，卖出相同标的、相同到期时间、相同执行价格的看跌期权，相当于构建了标的资产多头头寸。

如果预期标的资产价格上涨，可直接购买标的资产获利，也可购买该标的资产的看涨期权，但直接购买标的资产初始资金投入大，购买看涨期权同时卖出看跌期权，比仅购买看涨期权的初始资金更少，但如果判断错误，即标的资产价格有一定幅度下跌，则不如仅购买看涨期权。

2. 到期日损益结构。看涨期权多头与看跌期权空头构成的组合到期日损益结构见图 6－22。

3. 损益分析。建仓时，买进执行价格为 K 的看涨期权，支付权利金 C；

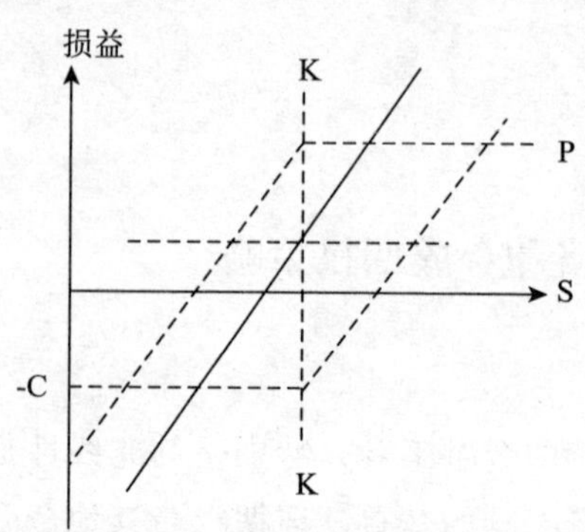

图 6－22 “看涨期权多头＋看跌期权空头”到期日损益结构

卖出看跌期权，得到权利金 P，建仓时权利金价差损益 $=P-C$。如果 P 大于 C，损益大于0。在不考虑交易成本和保证金要求的情况下，该策略建仓时有一定的现金流入。

但由于看涨期权多头不能形成对看跌期权空头的保护，所以构建该策略需要缴纳保证金。即无论 P 和 C 哪个高，建仓时都需要初始资金。

期权到期时，标的资产价格大于 K 时，看跌期权作废，交易者执行看涨期权，行权损益 $=S-K$，该策略损益 $=S-K+P-C$。

如果标的资产价格小于 K，看涨期权作废，看跌期权空头被指定履约时，履约损益 $=S-K$，该策略损益 $=S-K+P-C$。

如果标的资产价格等于 K，看涨期权和看跌期权均作废，该策略损益 $=P-C$。

当 $S=K-P+C$ 时损益平衡，即：$S>K-P+C$ 时，盈利；$S<K-P+C$，亏损。

损益平衡点 $=K-P+C$

期权到期时，交易者能够或必须按执行价格买进标的资产，因此，该策略相当于持有了成本为 $K-P+C$ 的标的资产多头。

在期权有效期内，标的资产价格上涨时，看涨期权价格应该上涨，看跌期权价格应该下跌，对看涨期权多头头寸和看跌期权空头头寸均有利；反之，标的资产价格下跌时，看涨期权价格应该下跌，看跌期权价格应该上

涨，对看涨期权多头头寸和看跌期权空头头寸均不利。标的资产价格变化对期权组合头寸的影响与持有标的资产多头情形相似。

所以，由看涨期权多头和看跌期权空头可以合成为标的资产多头，也称为合成标的资产多头策略。

通过 ETF 期权、股指期货期权、股票期权等均可构建相关标的多头，如果看多股市，又不能持有股票价格指数，则可通过买进股指看涨期权同时卖出看跌期权实现持有标的指数的目的。

但期权价格涨跌幅通常大于标的资产价格涨跌幅，如果在期权到期前了结持仓，期权组合的损益率可能远大于标的资产的涨跌幅。

【例 6－39】 2015 年 2 月 16 日，上证 50ETF 的收盘价为 2.394 元，交易者认为标的基金价格会继续上涨，计划以当前价格买进该基金。比较用执行价格为 2.4 元的看涨期权多头和空头构建上证 50ETF 多头，和直接购买上证 50ETF 的区别。

交易者以市场价格 0.0659 元买进 510050C150CM02400，同时以 0.073 元的价格卖出 510050P1503M02400 合约。

建仓时的权利金价差损益 = 0.073 − 0.0659 = 0.0071（元）

由于该损益大于 0，所以在不考虑交易成本和保证金要求的情况下，该策略建仓时有少量的现金流入。

由于看涨期权多头不能对冲看跌期权空头风险，所以看跌期权空头需要缴纳保证金。

看跌期权空头保证金计算如下（由于在临近收盘时购买，所以直接计算维持保证金）：

认沽期权义务仓维持保证金 = Min[合约结算价 + Max(12% × 合约标的收盘价 − 认沽期权虚值,7% × 行权价),行权价] × 合约单位

12% × 合约标的收盘价 − 认沽期权虚值 = 12% × 2.394 − 0

= 0.2873（元）

7% × 行权价 = 7% × 2.4 = 0.168（元）

每张看跌期权的维持保证金 = [合约结算价 + 12% × 合约标的收盘价] × 合约单位

= (+ 0.24328) × 10 000 = 3 091.8（元）

每份期权的保证金＝3 091.8/10 000＝0.3092（元）

初始投入＝0.3092－0.0071＝0.3021（元）

投入0.3021元即可持有1份标的基金。

2015年3月25日期权到期时，交易者能够或必须按2.4元的价格买进标的基金，减去建仓时的权利金价差收入，则：

交易者持有基金的成本＝2.4－0.0071＝2.3929（元）

所以，通过执行价格为2.4元的看涨期权多头和空头，构建买入成本为2.3929元的标的基金多头。

交易者在市场上直接购买基金，需支付2.394元。所以，通过以上期权策略持有标的基金的初始投入，比直接购买基金少，持有基金的成本低。

例6－39表明，通过看涨期权多头和看跌期权空头构建标的资产多头：

第一，如果持有期权至到期，无论标的资产价格高低，期权头寸必须或能够按固定成本转换成标的资产多头；

第二，初始资金占用少；

第三，持有标的资产的成本可低于直接购买标的资产的价格。

（二）看涨期权空头与看跌期权多头组合，构建标的资产空头

1. 构建。购买看跌期权的同时卖出相同标的、相同到期时间、相同执行价格的看涨期权，相当于构建了标的资产空头头寸。如果预期标的资产价格下跌，可考虑构建此策略。

特别是，对于合约标的为股票价格指数的期权，由于无法持有或不方便持有标的指数，可通过此策略构建标的资产空头头寸，从而可获取标的资产价格下跌的收益，或通过构建标的资产空头头寸实施套期保值策略。

2. 到期日损益结构。看跌期权多头与看涨期权空头构成的组合到期日损益结构见图6－23。

3. 损益分析。建仓时，买进执行价格为K的看跌期权，支付权利金P；卖出看涨期权，得到权利金C，建仓时权利金价差损益＝$C-P$。如果C大于P，损益大于0。在不考虑变为成本和保证金要求的情况下，该策略建仓时有少量现金流入。

由于看跌期权多头不能形成对看涨期权空头的保护，所以构建该策略需

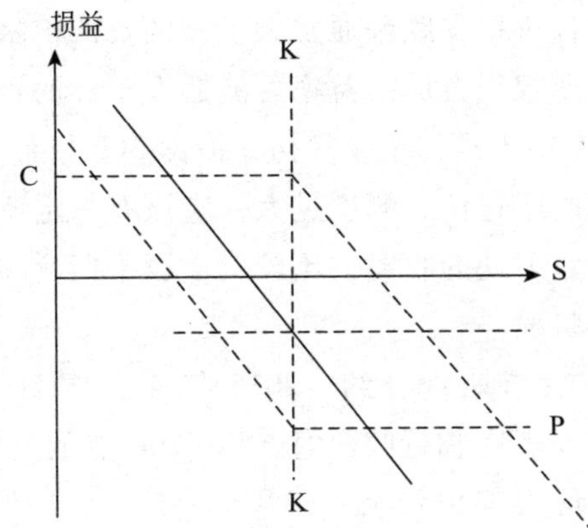

图 6 - 23　“看跌期权多头 + 看涨期权空头”损益结构

要缴纳保证金。

期权到期时，标的资产价格大于 K 时，看跌期权作废，看涨期权空头被要求履约，履约损益 $=K-S$，该策略损益 $=K-S+C-P$。

如果标的资产价格小于 K，看涨期权作废，交易者执行看跌期权，行权损益 $=S-K$，该策略损益 $=K-S+C-P$。

如果标的资产价格等于 K，看涨期权和看跌期权均作废，该策略损益 $=C-P$。

当 $S=K-P+C$ 时损益平衡，即：$S>K+C-P$ 时，亏损；$S<K-P+C$ 时，盈利。

损益平衡点 $=K+C-P$

期权到期时，交易者能够或必须按执行价格卖出标的资产，因此，该策略相当于持有了卖出价为 K - P + C 的标的资产空头头寸。

在期权有效期内，标的资产价格上涨时，看涨期权价格应该上涨，看跌期权价格应该下跌，对看涨期权空头头寸和看跌期权多头头寸均不利；反之，标的资产价格下跌时，看涨期权价格应该下跌，看跌期权价格应该上涨，对看涨期权空头头寸和看跌期权多头头寸均有利。标的资产价格变化对期权组合头寸的影响与持有标的资产空头情形相似。

所以，由看涨期权空头和看跌期权多头可以合成为标的资产空头，也称为合成标的资产空头策略。

同样的，由于期权价格涨跌幅通常大于标的资产价格涨跌幅，如果在期权到期前了结持仓，期权组合的损益率可能远大于标的资产的涨跌幅。

【例 6－40】 2015 年 3 月初至 4 月初，沪深 300 指数上涨了近 20%，某交易者认为股市上涨速度过快、幅度过大，应该有一定调整，希望能够卖空指数相关产品获取指数下跌的收益，比较卖空股指期货和通过股指期权构建标的指数空头的损益状况。

①卖空沪深 300 股指期货合约。2015 年 4 月 3 日，沪深 300 指数以 4 170.54 点收盘，交易者在临近收盘时，以 4206 点的价格卖出 1 张 IF1504 合约，该合约的结算价为 4161.2 点。

如果保证金按成交金额的 10% 收取：

交易者需缴纳保证金 $=4161.2\times10\%\times300=124\ 836$（元）

②通过沪深 300 股指仿真期权构建标的指数空头。由于沪深 300 股指期货合约的合约乘数为 300 元/点，股指仿真期权合约的合约乘数为 100 元/点。期货合约的合约乘数是期权合约的 3 倍，1 张期货合约与 3 张期权合约相对应。

在同一时间，交易者以收盘价 160.0 点的价格卖出 3 张 IO1504－C－4150 合约，同时以 113.3 点的价格买进 3 张 IO1504－P－4150 合约，以上两期权的结算价分别为 152.8 点和 127.1 点，分析该策略的损益结果。

建仓时权利金价差 $=160.0-113.3=46.7$（点）

由于看涨期权的价格高于看跌期权，所以，该策略建仓时有一定的现金流入。

初始现金流入 $=46.7\times100\times3=14\ 010$（元）

期权到期时：

通过该期权策略卖出标的指数的价格 $=K-P+C=4150+46.7$

$=4196.7$（点）

标的指数在此价格以下时该策略便可盈利。

构建期权策略除建仓时投入的初始资金或得到的初始现金流入外，期权空头还需缴纳保证金。

每手看涨期权交易保证金 =（股指期权合约当日结算价 × 合约乘数）+ max（标的指数当日收盘价 × 合约乘数 × 股指期权合约保证金调整系数 － 虚

值额，最低保障系数×标的指数当日收盘价×合约乘数×股指期权合约保证金调整系数）

其中，沪深300股指期权合约保证金调整系数为15%，最低保障系数为0.667。

建仓时标的指数收盘价=4170.54点，执行价格=4150点，所以看涨期权为实值。

标的指数当日收盘价×合约乘数×股指期权合约保证金调整系数－虚值额=4170.54×100×15%－100×（4170.54－4150）=60504.1

最低保障系数×股指期权合约行权价格×合约乘数×股指期权合约保证金调整系数=0.667×4150×100×15%=41520.75

对应每点的保证金=41 520.75/100=415.2071点，高于看涨期权的权利金。

该策略建仓时需要的初始资金=（415.2－46.7）×100×3

=110 550（元）

因此，通过期权策略构建标的指数空头，比卖出股指期货合约需要的初始资金少。

4月24日为沪深300股指期货合约和股指仿真期权合约的最后交易日和到期日，如果合约到期时，标的指数较当前价格下跌10%，交割结算价为3753.5点时，中国金融期货交易所按照交割结算价结算股指期货合约和股指仿真期权合约的盈亏，不考虑追加保证金的要求，期货合约和期权组合的损益结果分别为：

①沪深300股指期货合约损益。

损益=（4170.54－3753.5）=417.04（点）

收益=417.04×300=125 112（元）

通过卖空股指期货合约，可以赚取标的指数下跌的收益。而且，由于期货交易的保证金制度，投资收益率远高于标的指数的跌幅，收益率等于股指跌幅与杠杆倍数的乘积。

②沪深300股指仿真看涨期权空头和看跌期权多头组合的损益。

由于交割结算价低于执行价格，所以看涨期权作废，交易者履行看跌期权，则：

组合策略的损益 $= K - P + C - S$

$$= (4150 - 3753.5) \times 300 + 46.7 \times 300 = 132\ 960 \text{（元）}$$

期权策略收益高于卖空期货合约的收益。

所以，通过以上期权策略，可以实现标的指数下跌带来的收益。达到了构建标的指数空头的目的，收益与卖空股指期货合约的收益相当，而且通过期权策略构建的标的指数空头比通过期货合约构建的标的指数空头的初始投入更低。

【例 6－41】 在例 6－40 的市场环境下，交易者希望能够赚取上证 50 指数的下跌收益，于是决定卖出上证 50ETF 看涨期权同时买进看跌期权策略构建标的基金空头，实现在当前价位卖空上证 50ETF 的目的，分析建仓策略及损益结果。

2015 年 4 月 3 日，上证 50ETF 的收盘价为 2.773 元，由于认为市场调整是短期的，所以选择当月合约。2015 年 4 月到期的执行价格为 2.75 元的看涨和看跌期权的结算价分别为 0.0997 元和 0.0787 元。

如果直接买进看跌期权也可实现标的指数下跌的收益，但看跌期权价格与指数涨跌不一致，而且买进看跌期权需支付权利金。

利用看涨期权空头和看跌期权多头策略构建标的基金空头，建仓时可以获得期权的价差收入，但必须考虑期权空头要求缴纳的保证金，初始资金投入或比单一期权多头还要多。

交易者以等于当日结算价的价格建仓，由于所选择的看涨期权价格高于看跌期权价格：

权利金价差收入 $= 0.0997 - 0.0787 = 0.021$（元）

看涨期权空头应该缴纳保证金的计算如下：

认购期权维持保证金 = [合约结算价 + Max(12% × 合约标的收盘价 － 认购期权虚值，7% × 合约标的收盘价)] × 合约单位

12% × 合约标的收盘价 － 认购期权虚值 $= 12\% \times 2.773 - 0 = 0.33276$

7% × 合约标的收盘价 $= 7\% \times 2.773 = 0.19411$

每张看涨期权的维持保证金 = [合约结算价 + 12% × 合约标的收盘价] × 合约单位

$$= (0.0997 + 0.33276) \times 10\ 000$$

=4 324.6（元）

每份期权的保证金=4 324.6/10 000=0.4325（元）

由于保证金大于权利金价差收入，所以建仓时需要一笔初始资金，且初始资金高于相关看跌期权多头的权利金。

2015 年 4 月 22 日期权合约到期时（到期月份的第四个星期三），标的基金的价格如交易者所料下跌，如果较建仓日下跌 15%，下跌至 2.357 元，交易者头寸处理方式和损益结果为：

看涨期权作废，执行看跌期权，按市场价买进标的基金，然后行权卖出：

该期权策略损益=(2.75-2.357)+0.021=0.414（元）

该策略意味着，交易者在建仓时以 K+C-P=2.75+0.021=2.771 元的价格卖空标的基金，在期权到期日以市场价格 2.357 元买进基金将空头平仓。

所以，该策略实现了卖空标的基金的目的，损益与基金市场涨跌基本一致。建仓时缴纳的保证金可视为融入标的基金时要缴纳的保证金，低于融券保证金。

如果交易者对市场趋势判断错误，标的基金价格大幅上涨，该策略比单独买进看跌期权损失高。

二、期权头寸与标的资产的组合

期权头寸与标的资产进行组合，可以组成另一种期权头寸。

（一）看涨期权多头与标的资产空头组合，构建看跌期权多头

1. 构建。卖空标的资产同时购买该标的看涨期权，相当于构建了该标的资产看跌期权多头。

此策略构建的前提是标的资产可以卖空，所以适用于可融券卖空标的股票或卖空股指期货合约的股票期权、ETF 期权和股指期货期权。

2. 到期日损益结构。看涨期权多头与标的资产空头构成的组合，在期权到期日的损益结构见图 6-24。

3. 损益分析。建仓时，买进执行价格为 K 的看涨期权，支付权利金 C；卖出标的资产，得到资金 S_0，看涨期权的价格不会高于标的资产的价格，

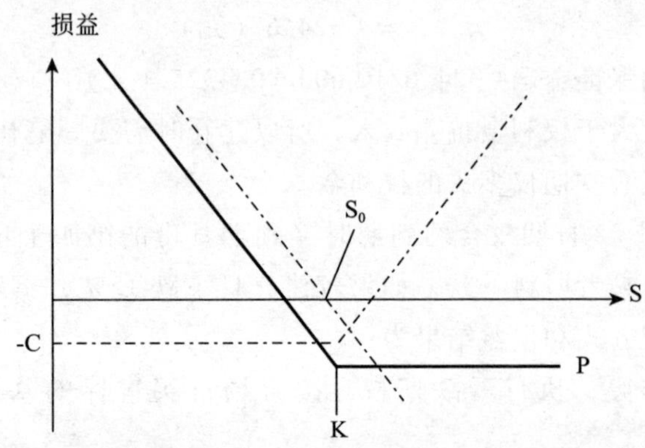

图6－24 “看涨期权多头＋标的资产空头”损益结构

在不考虑交易成本和融券保证金要求的情况下，建仓时有现金流入 $= S_0 - C$。

期权到期时，如果标的资产价格大于 K，交易者执行看涨期权，以执行价格买进标的资产，并将标的资产空头了结，该策略损益 $= -K + S_0 - C$，为该策略的最大亏损。

如果标的资产价格小于等于 K，看涨期权作废，交易者买进标的资产将空头平仓，该策略损益 $= -S_T + S_0 - C$。当 $S_T < S_0 - C$ 时，该策略盈利，$S_T = S_0 - C$ 时损益平衡，$S_T > S_0 - C$ 时该策略亏损。当 $S_T = K$ 时，该策略亏损达到最大，最大损失 $= S_0 - K - C$，且不随标的资产价格上涨而改变。

该策略与执行价格等于 K，损益平衡点 $= S_0 - C$，价格 $P = K - (S_0 - C)$ 的看跌期权多头的到期损益相同。

所以，用看涨期权多头和标的资产空头可以构建看跌期权多头。如果卖空标的资产的价格 S_0 与看涨期权的执行价格相等，则所构建的看跌期权的权利金等于看涨期权的权利金，S_0 越低，看跌期权的权利金越大；反之亦然。

【例6－42】 在例6－40的市场环境下，交易者希望能够获取股指下跌的收益，比较买进沪深300股指看跌期权和用股指看涨期权多头与股指期货合约空头构建看跌期权多头的损益结果及策略差异。

①通过股指看涨期权和股指期货合约空头构建看跌期权多头。2015年4月3日，沪深300指数以4170.54点收盘，交易者在临近收盘时，以收盘价4206点的价格卖出1张IF1504合约，该合约的结算价为4161.2点。

如果保证金按成交金额的10%收取：

交易者需缴纳保证金 =4161.2 ×10% ×300 =124 836（元）

同时，交易者以收盘价 160.0 点的价格买进 3 张 IO1504 – C – 4150 合约。

权利金支出 =160 ×100 ×3 =48 000（元）

建仓时所需初始资金 =124 836 +48 000 =172 836（元）

期权到期时，如果交割结算价在 4150 点及以上，交易所以交割结算价与执行价格的差结算看涨期权，同时以交割结算价与期货合约建仓价结算期货合约盈亏：

该策略损益 =（ –4150 +4206 –160） ×300 = –31 200（元）

即该策略最大亏损为 31 200 元，且不随交割结算价上涨而改变。如果构建 3 张看跌期权，每点 100 元，则：

看跌期权的价格 =31 200/(100 ×3) =104（元）

如果交割结算价 S_T 在 4150 点以下，看涨期权作废，交易者在市场上以等于 S_T 的价格买进股指期货合约将空头持仓平仓：

该策略损益 = $-S_T + (S_0 - 3C) = -S_T + 3\ 726$

损益平衡点 =3726 点

如果交割结算价下跌至 3680 点，该策略盈利 =3726 –3680 =46 点。

每点 300 元，盈利 13 800 元。

该策略视同构建了执行价格 4150 点，权利金为 104 点的看跌期权。

②分析与策略①相当的股指看跌期权多头的损益结果。2015 年 4 月 3 日，IO1504 – P –4150 合约的价格为 113.3 点，考虑与股指期货合约损益匹配，交易者购买 3 张该看跌期权：

需要初始资金 =339.9 ×100 =33 990（元）

期权到期时，如果交割结算价为 3680 点：

该策略损益 =(4150 –3680 –113.3) =356.7（点）

盈利 =356 ×100 ×3 =107 010（元）

策略②的盈利水平略高于策略①。

最大亏损为 113.3 点，损益平衡点 =4150 –113.3 =4036.7 点。

以上两结果的损益差 9.3 点，即由于市场上执行价格为 4150 点的看跌期权价格比构建的看跌期权价格高 9.3 点，损益平衡点低 9.3 点，当标的指

数下跌时，权利金高的收益高，两策略的损益结果差 9.3 点。

用以上期权和标的资产构建的看跌期权对头与直接购买看跌期权相比，建仓时策略①较策略②需要的初始资金多，盈利水平略高，最大亏损略低。

但只有标的资产可以卖空的期权才可构建此策略，如股票期权、ETF 期权和股指期货期权。股票价格指数期权如果标的指数有期货合约，且期货合约的最后交易日和交割结算价与期权合约相同，也可通过该策略构建看跌期权多头。

（二）看跌期权多头与标的资产多头组合，构建看涨期权多头

1. 构建。买进标的资产同时买进该标的看跌期权，相当于构建了该标的资产看涨期权多头。

2. 到期日损益结构。看跌期权多头与标的资产多头构成的组合，在期权到期日的损益结构见图 6-25。

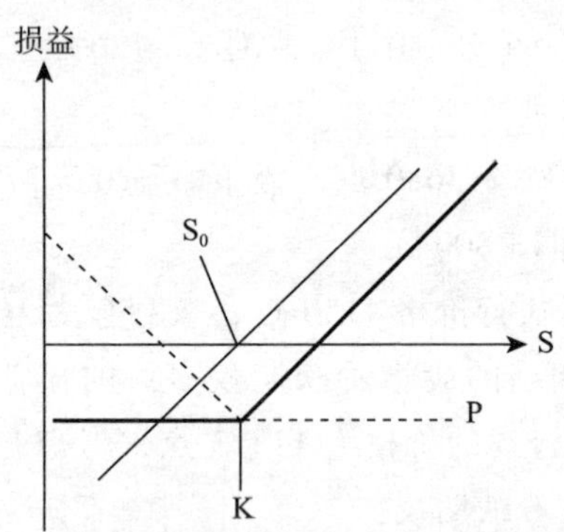

图 6-25 “看跌期权多头 + 标的资产多头”损益结构

3. 损益分析。建仓时，买进执行价格为 K 的看跌期权，支付权利金 P；买进标的资产，支付标的资产价格 S_0。构建此策略需要较多的初始资金，初始资金 $= S_0 + P$。

期权到期时，如果标的资产价格低于 K，执行看跌期权，以执行价格卖出标的资产，将标的资产多头了结，该策略损益 $= K - (S_0 + P)$。如果 $K < (S_0 + P)$，该策略亏损，亏损 $= (S_0 + P) - K$，为该策略的最大亏损。

如果标的资产价格 $\geqslant K$，看跌期权作废，交易者将标的资产卖出平仓，

该策略损益 = S_T - （S_0+P）。当 $S_T>S_0+P$ 时，该策略盈利；$S_T=S_0+P$ 时，损益平衡；$S_T<S_0+P$ 时，该策略亏损；当 $S_T=K$ 时，该策略亏损达到最大，最大损失 = K - （S_0+P），且不随标的资产价格减小而改变。

该策略与执行价格等于 K，损益平衡点 = S_0+P，价格 C = K - （S_0+P）的看涨期权多头的到期损益相同。

所以，用看跌期权多头和标的资产多头可以构建看涨期权多头。

【例 6 - 42】 在例 6 - 40 的市场环境下，交易者希望能够获取股指上涨的收益，比较买进沪深 300 股指看涨期权和用股指看跌期权多头与股指期货合约多头构建看涨期权多头的损益结果及策略差异。

①通过股指看跌期权和股指期货合约多头构建看涨期权多头。

2015 年 4 月 3 日，沪深 300 指数以 4170.54 点收盘，交易者在临近收盘时，以收盘价 4206 点的价格卖出 1 张 IF1504 合约，该合约的结算价为 4161.2 点。

如果保证金按成交金额的 10% 收取：

交易者需缴纳保证金 = 4161.2 × 10% × 300 = 124 836（元）

同时，交易者以收盘价 113.3 点的价格买进 3 张 IO1504 - P - 4150 合约。

建仓时期货合约和期权权利金投入合计 = 4206 × 300 + 113.3 × 100 × 3
= 158 826（元）

期权到期时，如果交割结算价在 4150 点及以下：

该策略损益 = 4150 - （4206 + 113.3） = - 169.3（点）

此数为该策略最大亏损，且不随交割结算价下跌而改变。

如果交割结算价 S_T 在 4150 点以上，该策略损益 = S_T - （4206 + 113.3）。

损益平衡点 = （4206 + 113.3） = 4319.3（点）

如果交割结算价上涨至 4319.3 点以上，该策略盈利，上涨越多，盈利越大。

该策略视同构建了执行价格为 4150 点、权利金为 169.3 点的看涨期权多头。

②分析与策略①相当的股指看涨期权多头的损益结果。

2015 年 4 月 3 日，IO1504 - C - 4150 合约的价格为 160.0 点，交易者购

买 3 张该看涨期权：

需要初始资金 = 160 × 100 × 3 = 48 000（元）

期权到期时，如果交割结算价 = 4150 点及以下，该策略亏损，亏损 = 160 点，亏损 160 × 100 × 3 = 48 000 元，略低于策略①的最大损失。

损益平衡点 = 4150 + 160 = 4310（点）

以上两结果的损益差 9.3 点，即由于市场上执行价格为 4150 点的看涨期权价格比构建的看涨期权价格低 9.3 点，损益平衡点低 9.3 点，当标的指数上涨时，损益平衡点低的收益高，两策略的损益结果差 9.3 点。

用以上看跌期权和标的资产构建的看涨期权比直接买进看涨期权，建仓时策略①较策略②需要的初始资金多，且收益略低而最大亏损略高。所以，构建策略必须综合考虑初始投资、是否需要追加保证金以及盈亏结果比较。

除以上合成策略外，还可以同时用标的资产与看涨期权和看跌期权进行组合，用一份标的资产多头与一份虚值看跌期权多头和一份虚值看涨期权空头进行组合，组合策略被称为领圈策略。

（三）领圈策略

在买入标的资产时，买入看跌期权防范标的资产价格下跌的风险，卖出看涨期权来减轻买入看跌期权的成本。通常情况下，用看跌期权来保护所持标的资产多头头寸时，成本往往较高，特别是在牛市行情中，买入看跌期权往往损失权利金。为了降低购买看跌期权的成本，可考虑在购买一份虚值看跌期权的同时，卖出一份虚值看涨期权来降低购买保险的成本，这样通过放弃部分标的资产价格上涨的盈利，也得到了对标的资产价格下跌的保护。由于买入的看跌期权提供了在下行方向上的保护，该策略的潜在亏损有限，又因为卖出了看涨期权，在上行方向上的潜在盈利也有限。当标的资产价格下跌时，看跌期权的执行价格越接近标的资产的价格，越能提供更好的保护，但为之付出的权利金也越高。卖出的看涨期权的执行价格越低，投资者越保守，上行方向上的盈利空间越小。

【例 6 - 43】 2015 年 2 月 16 日，交易者认为股票市场仍有一定上涨空间，以 2.394 元的价格买进了 10000 份上证 50ETF，但为规避股市下跌风险，以 0.0659 元的价格购买了 1 张 510050P1503M02400 合约 1，为冲抵购

买看跌期权的成本，又以 0.0294 元的价格卖出 1 张 510050C1503M02500 合约 2（考虑到未来购买标的基金的上涨空间，他想卖出执行价格更高的看涨期权，但当日推出的 2015 年 3 月到期的期权最高执行价格为 2.5 元）。如果交易者计划持有组合头寸至期权到期，分析其损益结果。

交易者支付 0.0659 元买进执行价格为 2.4 元的看跌期权，便锁定了标的基金的最低卖价 2.4 元，执行价格越高，其能够卖出标的基金的最低价也越高，但付出的期权费也会越高；同时卖出执行价格为 2.5 元的看涨期权，获得期权费 0.0294 元，可以部分弥补买进看跌期权的支出，但也封闭了标的基金上涨的获利空间，看涨期权的执行价格越高，其获利空间越大，但获得的期权费越低。

期权到期时：

如果标的基金价格不能如期上涨，当 $S<2.4$ 元时，交易者执行看跌期权，将标的基金以 2.4 元的价格卖出，看涨期权多头不会行权：

损益 $=2.4-2.394-0.0659+0.0294=-0.0305$（元）

损失率 $=0.0305/2.394\times100\%=1.27\%$

如果标的基金价格大幅上涨，当 $S>2.5$ 元时，看涨期权多头行权，交易者被指定履约时：

损益 $=2.5-2.394-0.0659+0.0294=0.0695$（元）

收益率 $=0.0695/2.394=2.9\%$

当 $2.4\leqslant S\leqslant2.5$ 元时，看涨期权和看跌期权多头均不应该行权，交易者将标的基金以市场价格卖出：

损益 $=S-2.394-0.0659+0.0294$

该策略的损益平衡点为 2.431 元，低于 2.431 元亏损，高于 2.431 元盈利。但标的基金大幅上涨和大幅下跌时，交易者的盈亏均不会扩大，即交易者最多损失 1.27%，最大收益为 2.9%。

由于上证 50ETF 期权执行价格的区间较窄，会影响组合策略的构建效果，甚至不能实施。

如果交易者对标的资产价格后市看跌而卖空标的资产，为规避风险，在卖出期货合约的同时，买进相关标的看涨期权，再卖出对应的看跌期权降低购买看涨期权的成本，但同时也封闭了标的资产价格下跌的盈利空间。该策略是在预期标的资产价格有一定下跌幅度时使用的策略，所以也可称为空头领圈策略。与之相对应，买进标的资产所实施的领圈策略称为多头领圈策略。

空头领圈策略仅适用于标的资产可以卖空的情形，如股票期货合约或股指期货合约以及标的资产可以融券卖出并同时推出了期权合约的市场。例如，在融券卖出上证 50ETF 时，可考虑买进上证 50ETF 看涨期权同时卖出上证 50ETF 看跌期权。

由于卖空的限制，卖空标的资产匹配看涨期权多头和看跌期权空头的空头领圈策略没有买进标的资产匹配看跌期权多头和看涨期权空头的多头领圈策略应用广泛。

第七章

期权的风险参数及应用

本章主要介绍期权的风险参数 Delta、Theta、Vega、Rho、Gamma 等希腊字母的含义、特点、决定因素及在风险管理中的应用，以及波动率和波动率微笑的含义、特点和应用。

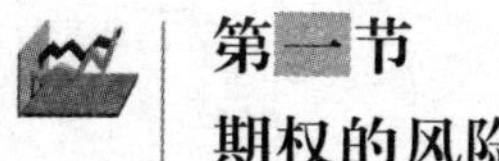

第一节 期权的风险参数

目前国际金融市场上不同因素对期权价格的影响分别用不同的希腊字母表示，包括标的物价格、距离到期日时间、波动率、利率等对期权价格的影响。以上因素对期权价格的影响分别用 Delta、Theta、Vega、Rho、Gamma 等表示。

期权价格风险主要发生在卖权上，裸看涨期权和看跌期权均存在较大的价格风险。与其他金融工具对冲目的相似，期权的价格风险也可以采取相应的措施加以规避或对冲。期权的风险参数可用于调整和控制期权及组合的价格风险。

一、期权的 Delta

（一）Delta 的含义和计算

期权或资产组合的 Delta（Δ 或 δ）被定义为期权或资产组合价格变动对其标的资产价格变动的比率，数学上看是期权价值对标的资产价格的偏导数，是期权价格与标的资产价格关系曲线的斜率。

$$\Delta = \frac{\partial f}{\partial S}$$

式中：f——期权或资产组合的价格；S——标的资产的价格。

Delta 可通过二叉树无套利定价模型求得，也可通过 Black - Scholes 期权定价模型求得。

利用 Black - Scholes 期权定价模型，不支付红利的看涨和看跌期权的 Δ 计算如下 ：

$$\Delta_c = N(d_1) \tag{7-1}$$

$$\Delta_p = -N(-d_1) = N(d_1) - 1 \tag{7-2}$$

如果标的资产支付收益，且收益率为 q，(7 - 1) 和 (7 - 2) 分别为：

$$\Delta_c = e^{-qT}N(d_1) \qquad \Delta_p = -e^{-qT}N(-d_1) = e^{-qT}[N(d_1) - 1]$$

式中 d_1 的计算参见 Black - Scholes 期权定价模型。

$N(d_1)$ 由正态分布表查得。

（二）期权的 Delta 风险

期权的 Delta 风险是指标的资产价格变化引起的期权价格的波动。不仅期权有 Delta 风险，远期、期货等衍生产品同样也有 Delta 风险。对于金融资产，通常情况下，期货和远期与标的资产的价格关系为：$F = Se^{r(T-t)}$。所以，远期合约和期货合约的 $\Delta = e^{r(T-t)}$，原生标的资产的 Δ = 1。

看涨期权 Delta 值随标的资产价格变化的情形见图 7 - 1。

通过调整期权或资产的 Delta 值，使组合头寸的 Delta 等于 0，Delta 为 0 的投资组合被称为 Delta 中性。Delta 中性的组合不存在 Delta 风险，即组合头寸的价值不随标的资产价格变化而变化。

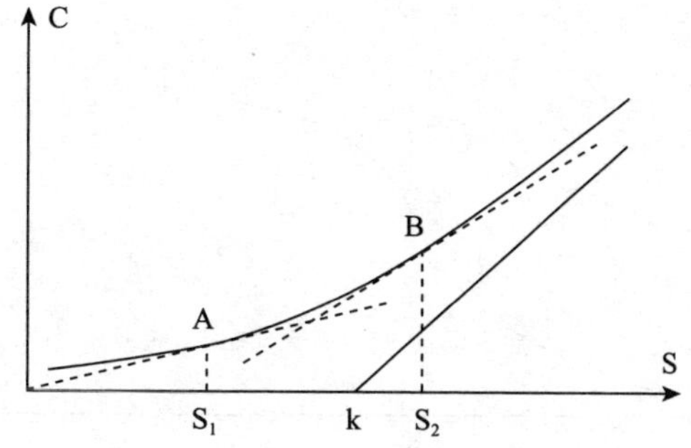

图 7 - 1　欧式看涨期权的 Delta

（三）期权 Delta 的取值范围和期权各要素对 Delta 值的影响

1. 期权 Delta 取值范围。从计算公式看出，期权 Delta 绝对值的范围在 0 ~ 1 之间，欧式看涨期权的 Delta 值总是大于 0 小于 1，而看跌期权的 Delta 值位于 - 1 ~ 0 之间，这意味着标的资产价格变动总是大于由其引起的期权价格的变动。

Delta 的线性特征：对于一个组合价值为 Π 的投资组合，$\Pi = \sum W_i \cdot C_i$，组合的 Delta 值等于每种资产的 Delta 的线性和，即：

$$\Delta = \sum_{i=1}^{n} w_i \Delta_i$$

其中，W_i表示组合中包含的第 i 种期权的数量。Delta 值大于 0 的投资组合被称为牛市组合，Delta 值小于 0 被称为熊市组合。

2. 标的资产价格与期权 Delta 的关系。标的资产价格与看涨和看跌期权 Delta 的关系见图 7 - 2（a）和图 7 - 2（b）。

（1）对于看涨期权，当期权处于深度虚值，多头几乎不存在行权机会，期权价格非常小，且几乎不随标的资产价格上涨而上涨。当期权虚值程度减弱时，期权价格会随着标的资产价格上涨而上涨，且上涨速度会加快，期权的 Delta 值不断增大。

当标的资产价格接近行权价格，即期权接近平值时，标的资产价格稍稍变动都会导致期权虚值和实值的转换，因此在上涨接近执行价格时期权价格随标的资产价格上涨程度加大，期权的上涨速度加快，期权的 Delta 值变大，在平值附近时 Delta 最大。

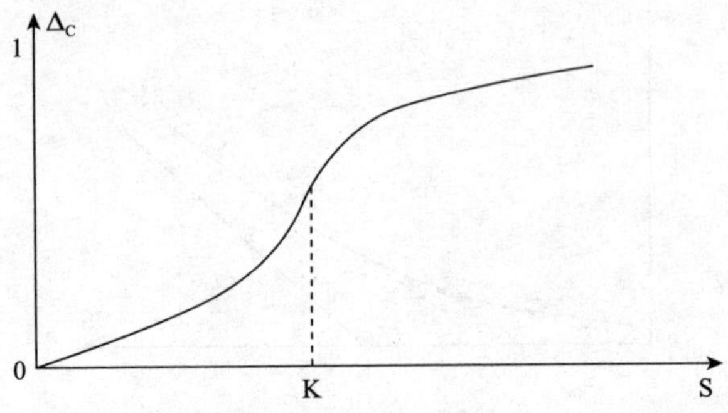

图 7-2（a） 看涨期权 Delta 与标的资产价格的关系

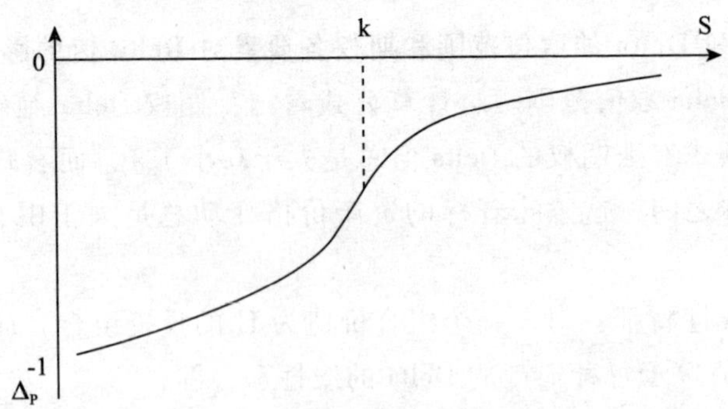

图 7-2（b） 看跌期权 Delta 与标的资产价格的关系

标的资产价格在行权价格以上时，随着标的资产价格的上涨，期权价格会随之上涨。当标的资产价格超过行权价格很多，即期权处于深度实值时，标的资产价格进一步上涨将变得困难，期权价格接近内在价值，期权价格与标的资产价格上涨幅度保持一致，Delta 值趋近于 1，期权价格随标的物价格上涨速度减慢，即 Delta 增大速度变缓。

所以，对于看涨期权，随着标的资产价格上涨，Delta 变化的速度有一个先变大再变小的过程，接近执行价格时的 Delta 变动速度最快。

（2）对于看跌期权，由于标的物价格变动方向与期权价格变动方向相反，所以看跌期权的 Delta 为负值。随着标的资产价格的下跌，期权 Delta 的绝对值不断增大，即标的物价格下跌，期权价格上涨，标的物价格接近执行价格时 Delta 值变化速度最快。

由于期权 Delta 的绝对值在 0～1 之间，所以期权价格变化的绝对值始终小于标的资产价格变化值。

【例 7－1】 看涨期权和看跌期权 Delta 与标的资产价格的关系实例，以上证 50ETF 期权为例。

2015 年 2 月 26 日，2015 年 3 月到期、执行价格为 2.5 元的上证 50ETF 期权的基本参数如下：

$K=2.5$ 元，剩余期限 37 天，$T-t=37/365$ 年，假设无风险年利率 $r=4\%$，标的资产价格年波动率（也是资产的标准差）$\sigma=25\%$，用 Black－Scholes 期权定价模型计算的看涨期权和看跌期权 Delta 与标的资产价格关系见图 7－3（a）和图 7－3（b）。

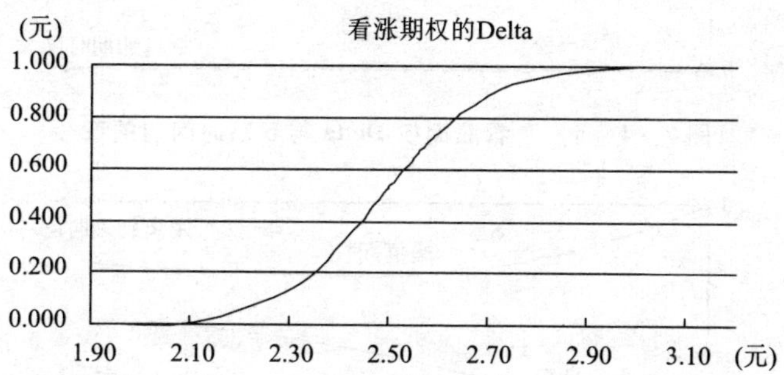

图 7－3（a）　看涨期权 Delta 与标的资产价格的关系

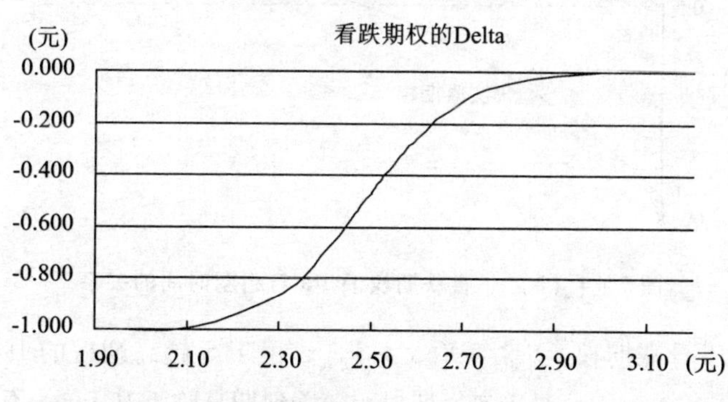

图 7－3（b）　看跌期权 Delta 与标的资产价格的关系

图 7－3 可见，标的资产价格越高，看涨期权的 Delta 值越大，最大为 1；看跌期权 Delta 的绝对值越大，最大为 1。

3. 到期时间对期权 Delta 的影响。期权剩余期权对看涨期权和看跌期权 Delta 的影响见图 7－4（a）和图 7－4（b）。

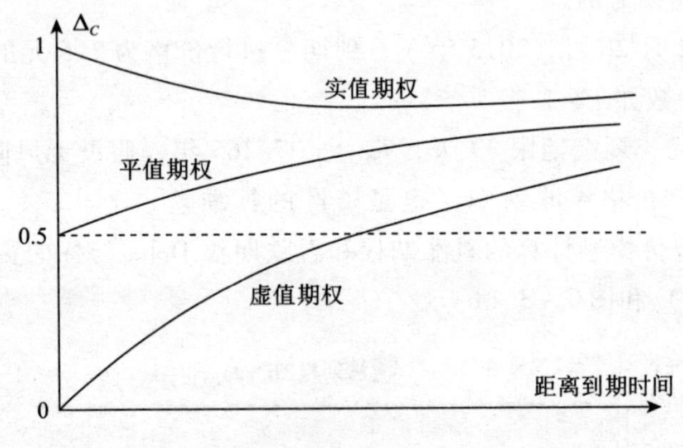

图 7－4（a） 看涨期权 Delta 与到期时间的关系

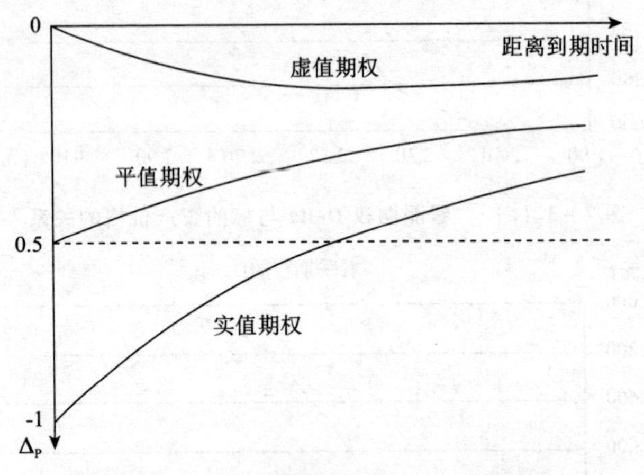

图 7－4（b） 看跌期权 Delta 与到期时间的关系

（1）对于看涨期权，$S_{实值}>S_{平值}>S_{虚值}$，由于 S 越高期权的 Delta 值越大，所以 $\Delta_{实值}>\Delta_{平值}>\Delta_{虚值}$。对于实值期权，随着到期日临近其 Delta 不断增大，直至等于 1；对于虚值期权，随着到期日临近 Delta 不断变小。例如，一个处于深度实值的期权，在其他条件不变的情况下，随着到期日临近，其处于实值以上的概率会越来越大，期权价格变化和标的资产价格变化趋于一致，Delta 趋于 1。

对于虚值看涨期权，随着到期日临近标的物价格涨到执行价格以上的可能性越小，因此，越接近到期其 Delta 越小，而且随时间推移期权的时间价值加速下降，标的资产价格变化已难影响到期权价格，期权的 Delta 值趋于零或等于零。

对于平值看涨期权，无论何时，其价格向上或向下的概率基本相同，因此平值期权的 Delta 理论上等于 0.5。但是由于标的资产价格不可能小于 0，其价格上行的空间要远大于价格下行的空间，因此标的资产价格略低于执行价格时看涨期权的 Delta 值等于 0.5，平值看涨期权的 Delta 会略高于 0.5。例 7－1 中，当标的资产价格等于 2.5 元时，平值看涨期权的 Delta 等于 0.536，标的资产价格等于 2.482 元的虚值看涨期权的 Delta 等于 0.5。平值期权的 Delta 是近似线性的，在到期日 Delta 接近 0.5。

（2）对于看跌期权，Delta 小于 0，$S_{实值} < S_{平值} < S_{虚值}$，S 越低期权 Delta 值的绝对值越大，考虑绝对值，$\Delta_{实值} > \Delta_{平值} > \Delta_{虚值}$。对于实值期权，随着到期日的临近其 Delta 的绝对值不断增大，直至等于 1；对于虚值期权，随着到期日的临近 Delta 由负值向 0 趋近。

对于平值看跌期权，理论上 Delta 的绝对值等于 0.5。同样，由于标的资产价格不可能小于 0，其价格上行的空间要远大于价格下行的空间，因此标的资产略低于执行价格时看跌期权 Delta 的绝对值等于 0.5，平值看跌期权 Delta 的绝对值会略低于 0.5。例 7－1 中，当标的资产价格等于 2.5 元时，平值看跌期权的 Delta 等于－0.464，标的资产价格等于 2.482 元的实值看跌期权的 Delta 等于 0.5。

4. 波动率对期权 Delta 的影响。之前对 Delta 的讨论都是基于 Black－Scholes 期权定价模型，基于波动率不变的前提，但是标的资产价格波动率对期权价格有一定影响，所以对期权的 Delta 也会产生影响。

波动率对看涨期权价格的影响见图 7－5。

标的资产的波动率越小，看涨期权的时间价值较低，因此在虚值状态期权价格对标的资产价格的变动并不敏感，Delta 会很小，但是在实值状态，期权的 Delta 值会变得很大。

标的资产波动率高时，期权处于虚值状态的情形对标的资产价格的变化会相对敏感，而在实值状态下反应相对迟钝。

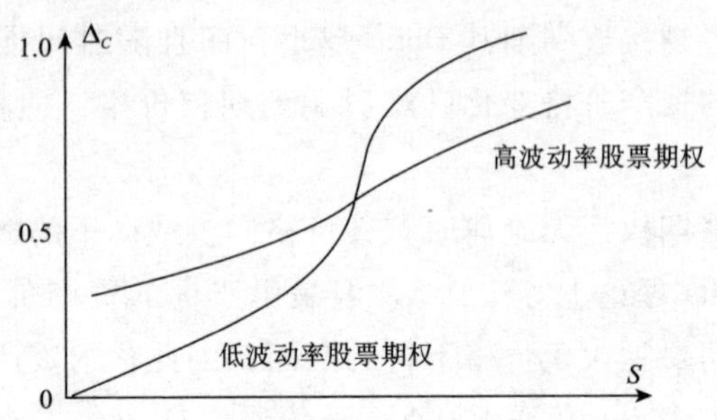

图 7－5　波动率对看涨期权 Delta 的影响

（四）Delta 在风险管理中的应用——Delta 对冲

1. 利用 Delta 计算对冲期权头寸风险的套保比率

【例 7－2】 2015 年 2 月 16 日，上证 50ETF 的收盘价为 2.394 元。某金融机构以 0.0429 元的价格卖出 700 张该标的 2015 年 3 月到期、执行价格为 2.5 元的看涨期权，收入 30.03 万元。该期权的剩余期限为 37 天（0.1014 年），标的基金的期望收益率为 20%，年波动率为 25%，假设无风险年利率为 4%。计算该金融机构期权头寸的 Delta，并据此分析金融机构看涨期权空头的风险、设计风险对冲策略。

该例基本信息包括：$S_0 = 2.394$ 元，$K = 2.5$ 元，$r = 4\%$，$\sigma = 25\%$，$T - t = 37$ 天 $= 0.1014$ 年，$\mu = 20\%$。

根据 Black－Scholes 期权定价模型：

$$d_1 = \frac{\ln(2.394/2.5) + (0.04 + 0.25^2/2) \times 0.1014}{0.25 \times \sqrt{0.1014}} = -0.454$$

该看涨期权的 $\Delta = N(d_1) = 0.325$

700 张期权的 $\Delta = 0.325 \times 700 \times 10\ 000 = 2\ 275\ 000$

金融机构 700 张看涨期权空头头寸的 Delta $= -0.325 \times 700 \times 0\ 000$

$= -2\ 275\ 000$

Delta 为 0.325，表明期权价格变化是标的基金价格变化的 0.325 倍。当标的基金价格上涨 10% 时，金融机构看涨期权空头持仓的价值将减少 544 635 元（10% ×2.394 ×2 275 000）；当标的基金价格下跌 10% 元时，金融机构看涨期权空头持仓的价值将增加 544 635 元。

以上分析可见，金融机构所持期权总头寸的变化等于标的基金价格变化

的 Delta 倍，但方向相反。

标的资产的 Delta 为 1，即每份基金的 Delta 等于 1，因此，2 275 000 份基金多头的 Delta 为 2 275 000，可与期权头寸的 Delta 抵消。

所以，金融机构买入 2 275 000 份基金，使用资金 5 446 350 元（2 275 000 ×2.394），可实现对冲 700 张看涨期权空头风险的目的。

当基金价格上涨 1 元，由 2.394 元上涨至 3.394 元时，期权价格应该由 0.0429 元上涨至 0.3679 元（0.0429 +0. 325），700 张期权空头损失2 275 000 元（0.325 ×700 ×10 000）；而基金多头盈利 2 275 000 元（1 ×2 275 000）。

如果基金价格由 2.394 元下跌 1 元至 1.394 元时，基金多头亏损 2 275 000 元，而期权价格不会下跌 0.3250 元，即期权价格最多跌至最低值 0.0001 元，或没有交易。如果期权价格下跌至最低价 0.0001 元，700 张期权空头盈利 299 600 元（0.0428 ×700 ×10 000）。由此可见，标的基金大幅下跌时，看张期权空头盈利不会继续增加，最大盈利为权利金。

以上情况看出，标的基金价格在一定范围内变化时，无论上涨还是下跌，组合均可实现盈亏相抵；但由于期权空头最大盈利为期权费，所以标的基金大幅下跌时，期权空头盈利将不能弥补标的基金多头损失。因此，需要通过不断调整组合头寸，才能实现对冲期权空头持仓风险的目的。

2. Delta 动态调整。期权头寸的 Delta 会随着标的资产价格的变化而变化，如果希望组合的 Delta 中性，即期权组合的价格不随标的资产价格变化而变化，需要不断调整组合的标的资产头寸，以使得组合头寸的 Delta 始终为 0。

【例 7 -3】 依据例 7 -2 数据，考虑资金成本和标的基金价格变化的动态调整策略。

买入标的基金的初始资金 =2.394 ×2 275 000 =5 446 350（元）

考虑持有至期权到期，如果借入资金的成本为 4%：

需支付利息 =5 546 350 ×4% ×(37/365) =22 083.83（元）

1 天后标的基金的价格上涨至 2.411 元，剩余时间为 36 天（0.0986 年），Delta 计算如下：

$$d_1 = \frac{\ln(2.411/25) + (0.04 + 0.25^2/2) \times 0.0986}{0.25 \times \sqrt{0.0986}} = -0.372$$

$$Delta = N(-0.372) = 0.355$$

对冲期权空头头寸所需标的基金数 = 0.355 × 700 × 10 000

= 2 485 000（份）

由于 Delta 提高，所以对冲期权空头头寸所需标的基金数增加，需增持 210 000 份（2 485 000 – 2 275 000）。

需补充资金 = 210 000 × 2.411 = 506 310（元）

不含利息支出的累计现金流 = 5 443 650 + 506 310 = 5 952 660（元）

增加利息支出 = 506 310 × 4% × 36/365 = 1 997.497（元）

根据标的基金的市场数据和对应的 Delta 值，对冲策略的调整见表 7 – 1。

表 7 – 1　　　　Delta 为 0 时的调整策略

时间		基金价格(元)	Delta	需要基金数量(份)	买卖基金数量(份)	买卖基金费用(千元)	累计现金流(千元)	利息费用(元)
2月	16 日	2.394	0.325	2 275 000	2 275 000	5 446.350	5 446.3500	22 083.830
	17 日	2.411	0.355	2 485 000	210 000	506.310	5 952.6600	1 997.497
	25 日	2.370	0.244	1 708 000	– 777 000	– 1 841.490	4 111.1700	– 5 650.599
	26 日	2.450	0.413	2 891 000	1 183 000	2 898.350	7 009.5200	8 575.940
3月	2 日	2.441	0.379	2 653 000	– 238 000	– 580.958	6 428.5620	– 1 464.332
	3 日	2.364	0.200	1 400 000	– 1 253 000	– 2 962.092	3 466.4700	– 7 141.482
	4 日	2.362	0.190	1 330 000	– 70 000	– 165.340	3 301.1300	– 380.508
	6 日	2.339	0.135	945 000	– 385 000	– 900.515	2 400.6150	– 1 875.045
	9 日	2.397	0.228	1 596 000	651 000	1 560.447	3 961.0620	2 736.126
	10 日	2.359	0.138	966 000	– 630 000	– 1 486.170	2 474.8920	– 2 443.019
	11 日	2.374	0.159	1 113 000	147 000	348.978	2 823.8700	535.418
	12 日	2.448	0.348	2 436 000	1 323 000	3 238.704	6 062.5740	4 614.044
	13 日	2.455	0.364	2 548 000	112 000	274.960	6 337.5340	361.591
	16 日	2.510	0.558	3 906 000	1 358 000	3 408.580	9 746.1140	3 361.887
	17 日	2.543	0.692	4 844 000	938 000	2 385.334	12 131.4480	2 091.252
	19 日	2.587	0.865	6 055 000	1 211 000	3 132.857	15 264.3050	2 059.961
	20 日	2.635	0.966	6 762 000	707 000	1 862.945	17 127.2500	1 020.792
	23 日	2.676	0.9999	6 999 300	237 300	635.015	17 762.2648	139.181
	24 日	2.638	1.000	7 000 000	700	1.847	17 764.1114	0.202
	25 日	2.604	1.000	7 000 000	0	0.000	17 764.1114	0.000
累计利息支出								30 622.735

表7-1可见，期权头寸的Delta随标的资产价格变化而变化，投资者的Delta策略（或Delta中性状态）只能维持短暂的时间，为持续保持组合头寸的Delta中性，需不断调整组合中的标的资产数量，直至期权到期。

Delta动态调整的特点：

第一，要维持Delta中性就要根据标的资产价格的变化而导致的Delta值的变化对标的资产持仓进行调整。

第二，当使用标的资产空头对冲看跌期权空头风险时，标的资产价格上涨时期权Delta的绝对值减少，需买入一定量的标的资产头寸保持组合的Delta中性；当标的资产价格下跌时Delat绝对值增大，需卖出更多的标的资产头寸对冲看跌期权空头风险。

因此，Delta动态调整的缺陷是追涨杀跌。

由于Delta度量的是标的资产价格变化引起的期权价格近似变化，在标的资产价格变化很小时，所得到的期权价格变化的结果较为近似；当标的资产价格变化幅度较大时，依据Delat得到的期权价格变化结果与实际变化差距较大。为更准确地度量标的资产价格变化对期权价格的影响，引入期权的Gamma（Γ）指标。

二、期权的Gamma（Γ）

（一）Gamma（Γ）的含义和计算

期权的Gamma是指期权或资产组合的Delta变化与标的资产价格变化的比率，是期权或资产组合关于标的资产价格的二级偏导数。Gamma也被称作期权价格与标的资产价格关系曲线的曲率。

$$\Gamma(\text{看涨和看跌}) = \frac{\partial\delta}{\partial S} = \frac{\partial^2 \Pi}{\partial S^2} = \frac{N'(d_1)}{S_0\sigma\sqrt{T}} \tag{7-3}$$

式中，Π——期权或资产的价格；S——标的资产的价格。

$N'(d_1)$ 的计算公式为：

$$N'(x) = \frac{1}{\sqrt{2\pi}}e^{-x^2/2} \tag{7-4}$$

例7-2中期权头寸的Gamma值等于1.889，表明当基金价格变化ΔS时，理论上期权的价格应变化0.325ΔS，Delta变化1.889ΔS。

Gamma 是度量 Delta 对标的资产价格波动敏感度的指标，Gamma 风险是指标的资产价格波动引起的期权 Delta 的波动。当 Gamma 的绝对值较大时，表明 Delta 对标的资产价格波动十分敏感，标的资产的微小变动会导致期权价格的大幅变动，期权的 Gamma 风险很大，此时若不对 Delta 中性投资组合的持仓进行调整就将产生较大的价格风险。调整的目标是使组合头寸的 Gamma 等于 0，Gamma 为 0 的投资组合被称为 Gamma 中性。

（二）期权 Gamma 取值范围和期权各要素对 Gamma 的影响

1. Gamma 的特点和取值范围

第一，同一标的资产的看涨期权和看跌期权的 Gamma 相等。

第二，随着标的资产价格的增长 Delta 值是不断变大的，所以 Delta 对标的资产价格的偏导数应为一个正值，即 Gamma 值总是大于 0。

第三，之前对 Delta 的分析可知，当标的资产价格在执行价格附近时，期权 Delta 的变动最快。所以平值期权的 Gamma 最大。

第四，对于期权多头，无论是看涨期权还是看跌期权，Gamma 值均大于 0；反之，对于期权空头，无论是看涨期权还是看跌期权，Gamma 值均小于 0。买入期权又被称为买入 Gamma，Gamma 为正值，买入期权即期权多头，买入 Gamma 包括买入看涨期权卖出和买入看跌期权；卖出期权被称为卖出 Gamma，Gamma 为负值，卖出 Gamma 包括卖出看涨期权和卖出看跌期权。

第五，与 Delta 一样，资产组合的 Gamma 值等于组合内各种衍生证券 Gamma 值的总和。对于远期、期货等收益曲线为线性的金融工具，其 Gamma 为 0。

2. 标的资产价格与期权 Gamma 的关系

标的资产价格与期权 Gamma 的关系也是期权 Delat 对标的资产价格波动的敏感度。

由于期权接近平值时 Delta 变化最快，所以接近平值期权的 Gamma 值最大。

【例 7－4】看涨期权和看跌期权 Gamma 与标的资产价格的关系实例。

续例 7－1，用 Black－Scholes 期权定价模型计算的看涨期权和看跌期权 Gamma 与标的资产价格关系见图 7－6。

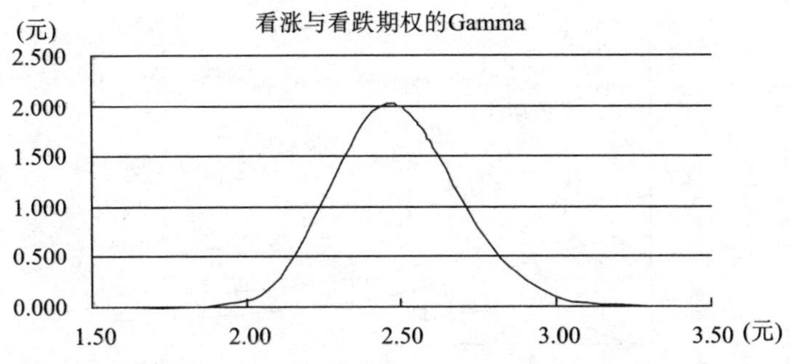

图 7-6　标的资产价格与看涨和看跌期权 Gamma 的关系

由图 7-6 可见，在平值附近，期权的 Gamma 最大，但并不是平值期权的 Gamma 最大。该例中，执行价格为 2.5 元，标的资产价格等于 2.465 元时 Gamma 最大，为 2.605 元，而标的资产价格等于 2.5 元的平值期权的 Gamma 为 1.9965。正如对 Delta 的分析，在接近平值时，期权价格随标的资产价格变化最快。

3. 到期时间对 Gamma 的影响。实值、平值、虚值期权受到期时间变化的影响不同。

依据 Delta 和标的资产价格的关系，随着标的资产价格的提高，Delta 的变化速度是先大后小，在平值期权附近 Delta 变化速度最大，所以接近平值时的 Gamma 值最大，虚值期权的 Gamma 高于与虚值程度相当的实值期权的 Gamma。

对于平值期权，期权价格会紧随标的资产价格变动而变动，越临近到期，Delta 变化越剧烈，其 Gamma 越高。因此平值期权在临近到期时，Gamma 的数值会变得很大。

当期权的到期时间还有很远时，标的资产价格变化对期权价格的影响相对较小，Delta 随时间变化十分缓慢而稳定，相对应的 Gamma 也比较稳定且数值不大。

Gamma 也可用来估计一个 Delta 中性的资产组合当价格变化时该资产组合价格的变动。

实值、虚值和平值期权的 Gamma 与期权剩余期限的关系见图 7-7。

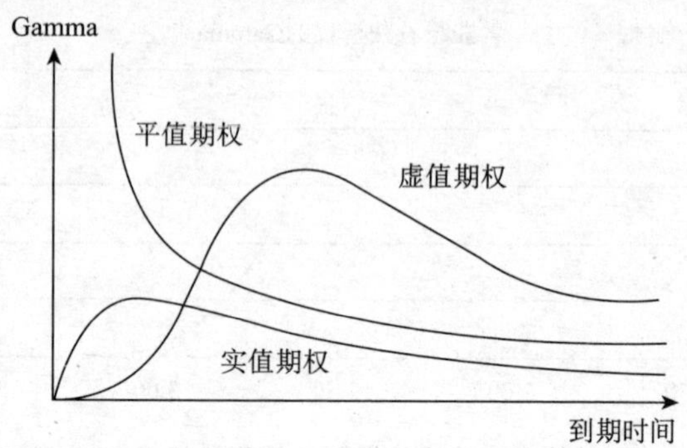

图 7-7 不同状态期权的 Gamma 与期权剩余期限的关系

（三）Gamma 在风险管理中的应用——Gamma 对冲

规避资产组合的价格风险，不仅要保持 Delta 中性，Delta 对标的资产变化比较敏感时，还要保持组合的 Gamma 中性。

由于标的资产及其衍生出来的期货和远期合约的 Gamma（二阶导数）等于 0，所以不能通过它们来改变资产组合的 Gamma。

要实现 Gamma 中性，只有使用价格与标的资产价格呈非线性关系的工具如期权进行对冲。当在组合中加入新的期权合约时，也改变了资产组合的 Delta 值。为了使资产组合重新实现 Delta 中性，还需要计算新的 Delta 值并利用标的资产或者标的资产的远期（期货）合约来对冲，以实现新的 Delta 中性状态。

Gamma 中性策略可以看作是 Delta 中性策略的一个补充。当标的资产价格变动较小的时候，Delta 中性即可为资产组合提供足够的保护；但是当标的资产价格发生较大的变化时，则需要利用 Gamma 中性来提供额外的保护。

【例 7-5】 如果某 Delta 中性的资产组合的 Gamma 值为 -4500，相同标的资产的看涨期权的 Gamma 值为 1.5，Delta 值为 0.51，请构建 Delta 中性和 Gamma 中性的组合。

由于证券组合的 Gamma 值为负，所以交易者可先购入期权使 Gamma 中性，然后计算加入新的期权多头后整个资产组合的 Delta 值，再选择相应数量与方向的标的资产进行 Delta 对冲。

如果实现该例的 Gamma 中性，需要买进 3 000 份（4 500/1.5）该标的资产的期权，看涨和看跌均可。如果买进看涨期权，买入期权后，新的组合的

Delta 值为 1 530（0.51×3 000）。为了实现新组合的 Delta 中性，需要卖空 1 530 份标的资产，由于标的资产的 Gamma 为 0，所以卖空标的资产不影响组合的 Gamma 值。因此，通过以上策略，实现了组合的 Delta 中性和 Gamma 中性。

与 Delta 对冲类似，Gamma 对冲也只能保持短时间的 Gamma 中性，要完全对冲 Gamma 风险也需要进行动态调整。

【例 7-6】 如果某 Delta 中性的资产组合的 Gamma 为 -10 000，当资产价格在极短的时间内发生 -1 或者 +1 的变动，该资产组合的价值将变动多少？如何构建 Delta 中性和 Gamma 中性的组合？

利用泰勒展开式，Gamma 和 Delta 的关系为：

$$d\Gamma = \Delta \times ds + \frac{1}{2} \times \frac{\partial^2 \Pi}{\partial S^2} \times ds^2 \qquad (7-5)$$

对于 $\Delta = 0$ 的组合，当 ds = -1 或 +1 时：

该资产组合价值的变动值 =（1/2）×10 000×1^2 =5 000

为对冲组合的 Gamma 风险，买进 10 000 份组合对应资产的看涨期权或看跌期权均可。如果采用看涨期权多头来实现 Gamma 中性，新组合的 Delta 会大于 0，需卖出一定量的标的资产来实现 Delta 中性；如果采用看跌期权多头来实现 Gamma 中性，新组合的 Delta 会小于 0，需买进一定量的标的资产来实现 Delta 中性。卖出或买进的标的资产的数量由看涨或看跌期权的 Delta 值决定。

三、期权的 Theta（θ）

（一）Theta 的含义和计算

期权或资产组合的 Theta 是指在其他条件不变时，期权或资产组合价值变化与时间变化的比率：

$$\theta = \frac{df}{dt}$$

Theta 也被称为时间的损耗。对于一个无股息股票的欧式看涨期权，根据 Black - Scholes 模型，期权的 Theta 为：

$$\theta(\text{欧式看涨}) = -\frac{S_0 N'(d_1)\sigma}{2\sqrt{T-t}} - rKe^{-rT}N(d_2) \qquad (7-6)$$

$$\theta(\text{欧式看跌}) = -\frac{S_0 N'(d_1)\sigma}{2\sqrt{T-t}} + rKe^{-rT}N(-d_2) \qquad (7-7)$$

在分析 Theta 时，时间通常以天为单位，因此 Theta 为在其他条件不变时，在一天过后期权或资产组合价值的变化，即剩余期限每缩短一天期权或资产组合价值的增减。Theta 大于零表示剩余期限减少一天，期权或组合价值的增加值；反之，Theta 小于零表示剩余期限减少一天期权或组合的减少值。上面计算公式中的参数通常是以年计的，所以，如果计算每日历天 Theta，将计算结果除以 365；如果计算交易日 Theta，将计算结果除以 252。

（二）Theta 的取值范围和期权相关要素的关系

1. Theta 的取值范围和特点。

第一，Theta 的损耗是非线性的，越临近到期日其损耗越快。

第二，Theta 用来衡量资产组合时间损耗的速度。随着组合持有时间的增长，到期日越来越近，期权的时间价值越来越小，因此买权和卖权多头的 Theta 值通常为负数。随着时间流逝，期权空头方将得到时间价值，所以买权和卖权空头的 Theta 值一般为正数。对于不支付红利的欧式看跌期权，存在时间价值小于零的情形，此情形下买权和卖权多头的 Theta 大于零。例如，与例 7 - 1 基本数据相同的上证 50ETF 期权，用 Black - Scholes 期权定价模型计算的结果为，看涨期权的 Theta 均小于等于 0。标的基金价格等于 2. 185 元时，看跌期权的 Theta 等于 0；标的基金价格大于 2. 185 元时，Theta 小于 0；标的基金价格小于 2. 185 元的实值看跌期权的 Theta 大于 0。

2. 标的资产价格与 Theta 的关系。

Theta 与标的资产价格的关系见图 7 - 8。

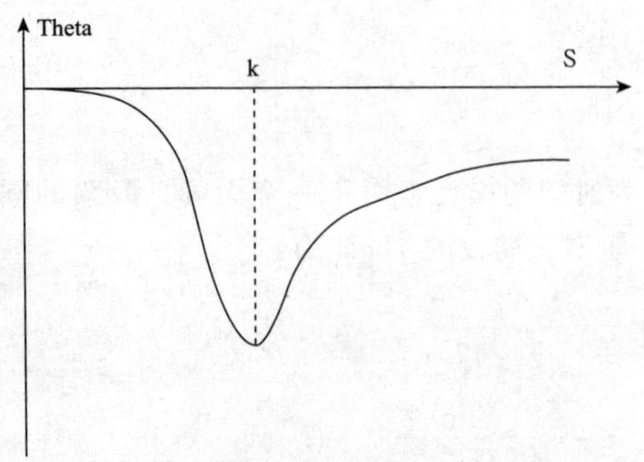

图 7 - 8　Theta 与标的资产价格的关系

Theta 和标的资产价格关系与 Gamma 和标的资产价格关系十分相似，在实际运用中 Theta 经常被当作是 Gamma 的镜像。对于 Delta 中性的投资组合，Gamma 和 Theta 是近似互为相反的两个值。当买入期权，也就是买入了 Gamma，但同时也就要承担时间价值即 Theta 的损失，也就是卖出了 Theta，因此这两者的操作是不可能同向的。

实值、虚值和平值期权的 Theta：

对于深度实值看涨期权，随着剩余期限的缩短，期权时间价值衰减速度加快，Theta 绝对值变大；随着到期日的临近，期权的时间价值趋于 0，期权价格逐渐接近内在价值，期权价格不再随期限缩短而衰减。Theta 的绝对值逐渐减小并趋于固定值。

依据 Black - Scholes 期权定价模型期权所得到的 Theta 计算公式，当 $T-t$ 趋于 0 时，对于处于深度实值和深度虚值的期权，公式的第一项为 0 [$N'(d_1)$趋于 0]。深度实值看涨期权第二项中的 N（d_2）趋于 1，e^{-rT}趋于 1，第二项趋于 rk。所以，深度实值看涨期权 Theta 值随着到期日的临近逐渐趋于固定值 - rk。

当期权处于深度虚值状态时，无论看涨期权还是看跌期权，期权内在价值为 0。随着剩余期限缩短，期权时间价值衰减速度加快，Theta 绝对值变大；随着到期日临近，期权的时间价值和价格均趋于 0，期权价格不再随剩余期权的缩短而衰减，Theta 的绝对值逐渐减小并趋于 0。

对于深度虚值看涨（看跌）期权，Theta 计算公式中的第二项 $N(d_2)$[$N(-d_2)$]也趋于 0，所以随着到期日的临近，深度虚值期权的 Theta 趋于 0。

对于平值期权，标的资产价格的任何变动都会带来期权价格的波动，但随着剩余期限缩短，期权多头的机会减少，期权时间价值衰减速度加快，越接近到期，衰减速度越快，Theta 绝对值越大。另据对 Theta 计算公式的分析，接近平值时，计算公式的第一项将变得很大［分子中的 N′（d_1）不为 0，而分母趋于 0］，所以平值期权 Theta 的绝对值在临近到期时会加速变大。

3. 期权的到期时间与 Theta 的关系。深度实值看跌期权与实值看涨期权相似，随着到期日临近，期权时间价值趋于 0，期权价格逐渐接近内在价值，期权价格不再随期限缩短而衰减。Theta 的绝对值逐渐减小并趋于固定值。Theta 计算公式中第二项的 N（$-d_2$）趋于 1，期权的 Theta 趋于 rk。所以，深度实值看跌期权 Theta 值随着到期日的临近逐渐趋于固定值 rk。由于深度实值看跌期权的 Theta 大于 0，此情形下期权价格随着剩余期限的缩短而增加（该结论适用于不支付红利资产的深度实值欧式看跌期权）。

实值、虚值、平值看涨期权的 Theta 与到期期限的关系见图 7－9。

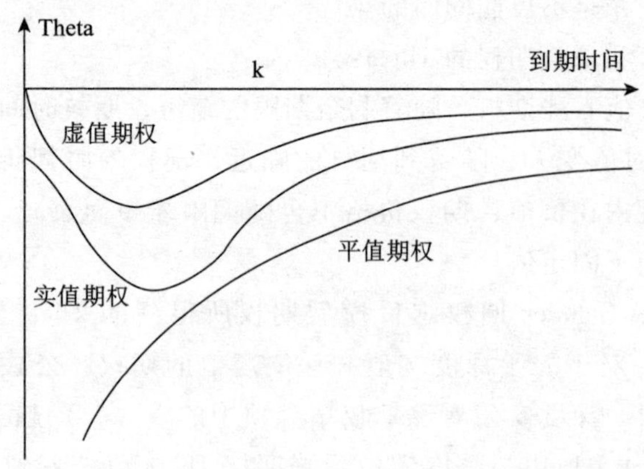

图 7－9 不同状态看涨期权的 Gamma 与期权到期期限的关系

【例 7－7】 计算例 7－2 期权的 Theta。例 7－2 的相关数据：基金价格为 2.394 元，K＝2.5 元，r＝4%，T＝37 天（0.1014 年），σ＝25%。计算该欧式看涨期权的 Theta（标的股票不支付股利）。

$$d_1 = \frac{\ln(2.394/2.5) + (4\% + 25\%^2/2) \times 0.1014}{25\% \times \sqrt{0.1014}} = -0.0454$$

$$d_2 = \frac{\ln(2.394/2.5) + (4\% - 25\%^2/2) \times 0.1014}{25\% \times \sqrt{0.1014}} = -0.533$$

$N(d_1) = 0.325$，$N(d_2) = 0.297$

$$N'(d_1) = N'(-0.0454) = \frac{1}{\sqrt{2\pi}} e^{-(-0.0454)^2/2} = 0.360$$

$$\theta = -\frac{2.394 \times 0.360 \times 25\%}{2\sqrt{0.1014}} - 4\% \times 2.5e^{-4\% \times 0.1014} \times 0.297 = -0.368$$

每日历天的 Theta = －0.368/365 = －0.00101

每交易日的 Theta = －0.368/252 = －0.00146

表明剩余期限每缩短一个交易日，期权的价值便降低 0.00146。

四、Delta（Δ）、Theta（θ）和 Gamma（Γ）之间的关系

Delta 是标的资产价格每变动 1 个单位期权价格的变化值。

Gamma 是标的资产价格每变动 1 个单位期权 Delta 的变化值。

Theta 是假设标的资产与其他参数不变期权价格每天的变化值。

当期权的 Theta 为负时，Gamma 为正；反之依然。由于在其他条件不变的情况下，期权的价值会随着期限的缩短而降低，通常情况下，买权的 Theta 为负值，而 Gamma 为正值。

依据 Black－Scholes 模型，标的资产不支付收益的期权和由衍生产品组成的资产组合的价格满足下式：

$$\frac{\partial \Pi}{\partial t} + rS\frac{\partial \Pi}{\partial S} + \frac{1}{2}\sigma^2 S^2 \frac{\partial^2 \Pi}{\partial S^2} = r\Pi \quad (7-8)$$

根据 Delta（Δ）、Theta（θ）和 Gamma（Γ）的定义，上式可变为：

$$\theta + rS\Delta + \frac{1}{2}\sigma^2 S^2 \Gamma = r\Pi \quad (7-9)$$

对于 Delta 中性的组合，Δ＝0，有：

$$\theta + \frac{1}{2}\sigma^2 S^2 \Gamma = r\Pi \quad (7-10)$$

上式表明，当 Theta 很大并为正时，期权或资产组合的 Gamma 很大但为负，反之亦然。同时也表明，对于 Delta 中性的组合，可以将 Theta 作为 Gamma 的近似。

五、期权的 Vega（υ）

（一）Vega 的含义和计算

在研究 Delta、Theta 和 Gamma 时，均假设期权的标的资产或构成资产组合的证券波动率为常数。但实际上，波动率会随时间变化，这意味着期权或资产组合的价值既会随标的资产价格与期限的变化而变化，也会随波动率变化而变化。

期权和资产组合的 Vage 被定义为期权或资产组合价值变化与标的资产波动率变化的比率。

$$v = \frac{\partial \Pi}{\partial \sigma}$$

无股息股票的欧式看涨和看跌期权的 Vega：

$$v = S_0 \cdot \sqrt{T} \cdot N'(d_1) \qquad (7-11)$$

【例 7-8】计算例 7-2 期权的 Vega。

期权和标的股票的基本数据为：$S = 2.394$ 元，$K = 2.5$ 元，$T - t = 0.1014$ 年，$N'(d_1) = 0.360$。

$$v = 2.394 \times \sqrt{0.1014} \times 0.360 = 0.274$$

该结果表明，当标的股票的波动率变化 1% 时，期权价格将变化 0.274%（0.274×1%）。

（二）Vega（υ）的取值范围以及相关要素对 Vega 的影响

1. Vega（υ）的取值范围和特点。

第一，在其他条件不变的情况下，标的资产的波动率越高，多头的机会越大，期权的价值越高。所以，对于期权多头，不论是看涨期权还是看跌期权，Vega 都是正值；而期权空头的 Vega 为负值。Vega 值为正表明波动率增大期权价值提高，Vega 值为负表明波动率降低期权价值提高。

第二，标的资产以及标的资产的远期合约、期货合约的 Vega 值均为 0。

第三，如果资产组合的 Vega 的绝对值很大，表明该组合的价值对波动率变化非常敏感；而 Vega 的绝对值很小时，表明波动率的变化对资产组合价值的影响很小。

2. 标的资产价格与 Vega 的关系。

标的资产价格接近执行价格时，期权的 Vega 最大。这是由于，当标的资产价格接近执行价格时，波动率稍稍改变都将引起期权从实值到虚值之间的转换，因此期权趋于平值时，Vega 值最大。对于深度实值或深度虚值的期权，波动率的变动并不能引起期权价值太大变动，Vega 值较低。标的资产价格与 Vega 的关系见图 7-10。

3. 期权的到期时间与 Vega 的关系。

当距离到期时间比较长，标的资产的波动率发生变动，标的资产价格会有充分的时间发生改变，从而影响期权价格，因此距离到期时间越长 Vega

越大。当临近到期，即使波动率变大，也无足够时间让标的资产价格发生变化，因此当接近到期时 Vega 值会迅速减少。实值、虚值和平值期权的 Vega 与到期时间的关系见图 7－11。

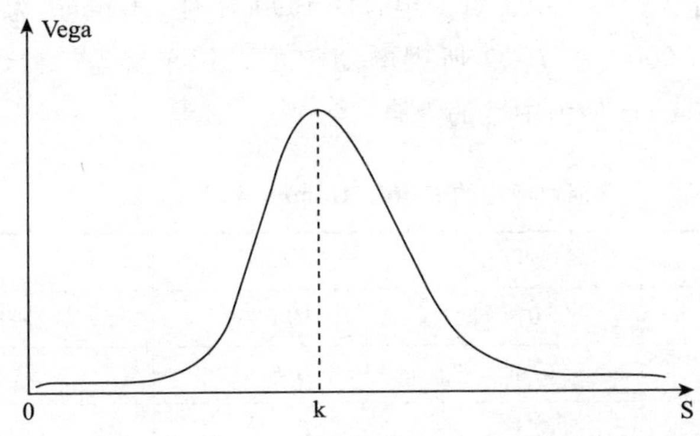

图 7－10　Vega 与标的资产价格的关系

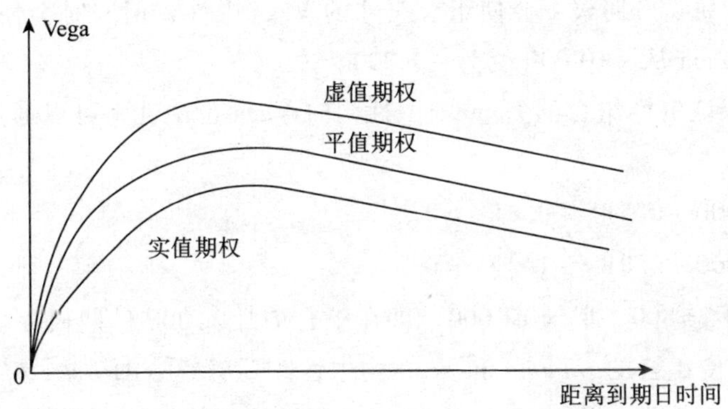

图 7－11　处于不同状态的期权的 Vega 与到期时间的关系

（三）Vega（v）对冲

如同对冲 Gamma 风险一样，要改变资产组合的 Vega，必须使用那些 Vega 不等于零的工具，比如期权。当调整期权头寸使资产组合处于 Vega 中性状态时，新期权头寸会同时改变资产组合的 Gamma 值与 Delta 值。因此，若套期保值者要使 Delta 中性的资产组合同时达到 Gamma 中性和 Vega 中性，至少要使用同一标的资产的两种期权。

同样的，一个 Gamma 中性的资产组合一般不会是 Vega 中性，反之亦然。投资者要想使一个资产组合同时达到 Gamma 和 Vega 中性，就必须引入与标的资产有关的两种不同衍生产品才能达到目的。

【例 7-9】 例 7-6 中，资产组合的 Delta 中性，Gamma 为 -10 000，如果 Vega 为 -16 000。表 7-2 所列的期权可以用来交易。构建 Vega 中性、Delta 中性和 Gamma 均为中性的组合。

表 7-2　　期权组合的 Delta、Gamma 和 Vega 值

	Delta	Gamma	Vega
组合	0	-10 000	-16 000
期权 1	0.6	0.5	2.0
期权 2	0.5	0.8	1.2

购买 8 000 份期权 1 会使组合头寸的 Vega 中性，但同时会使 Delta 增至 4 800，Gamma 从 -10 000 变为 -1 000。

为了保证资产组合的 Gamma 中性同时 Vega 也中性，可以通过下列组合实现：

$$-10\ 000 + 0.5W_1 + 0.8W_2 = 0$$

$$-16\ 000 + 2.0W_1 + 1.2W_2 = 0$$

解得 $W_1 = 800$，$W_2 = 12\ 000$，即在组合中加入 800 份期权 1 和 12 000 份期权 2，可使组合的 *Gamma* 和 *Vega* 均中性，此时组合的 *Delta* 为 6 480。

卖出 6 480 份标的资产，可使组合的 Delta 仍然保持中性。

六、期权的 Rho

（一）Rho 的含义和计算

期权或资产组合的 Rho 为期权或资产组合价值变化与利率变化的比率。

$$Rho = \frac{\partial \Pi}{\partial r}$$

Rho 用于衡量当其他变量保持不变时，资产组合价值对于利率变化的敏感性。对于无股息股票的欧式看涨期权和看跌期权，Rho 由以下公式给出：

$$Rho(看涨) = K(T-t)e^{r(T-t)}N(d_2) \quad (7-12)$$

$$Rho(看跌) = -K(T-t)e^{r(T-t)}N(-d_2) \quad (7-13)$$

【例 7-10】 对例 7-2 给出的看涨期权的数据，计算 Rho 值。

期权相关数据：K = 2.5 元，T - t = 0.1014 年，r = 4%，$N(d_2) = 0.297$

$$Rho = K(T-t)e^{r(T-t)}N(d_2) = 2.5 \times 0.1014 \times e^{0.04 \times 0.1014} \times 0.297 = 0.0756$$

对应的看跌期权的 Rho 值为：

$$Rho = -K(T-t)e^{r(T-t)}N(-d_2) = -2.5 \times 0.1014 \times e^{0.04 \times 0.1014} \times (1-0.297) = -0.1789$$

计算结果表明，当利率增加 1% 时，看涨期权价格相应增加 0.0756%（1% ×0.0756）；看跌期权的价格下跌 0.1789%。

Rho 的计算是在假设利率变化而其他变量保持不变时，期权价格的改变。当利率改变时，如果标的资产价格发生较大变动，所得到的 Rho 的前提与实际情况有较大出入，因此，与其他风险指标相比，Rho 的应用价值稍差。

构造以上风险指标的中性组合，开始时，期权或资产组合的一个或者几个风险变量是中性的，随着标的资产价格的变化，或期权剩余期权的缩短、利率及波动率的影响等，会改变指标的中性状况。即使能够使 Delta、Gamma、Vega、Theta、Rho 都达到中性状态，也只能是某一时刻的中性，其针对的只是价格发生微小变化的情况。当价格发生剧烈变动时，这些变量并不适用，或要进行动态调整。

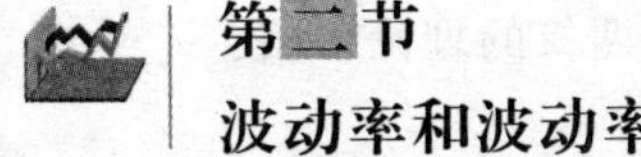

第二节 波动率和波动率微笑

标的资产价格波动率对期权价格影响较大，通过 Vega 的计算，能够度量期权或资产组合价值变化与标的资产波动率变化的关系。本节介绍波动率的特征与期权价格的关系。

一、波动率的含义和类型

（一）波动率的含义和度量

期权的波动率是指期权标的资产价格的波动率。

标的资产价格波动率用其收益率的标准差来度量。波动率反映了标的资产价格变动的不确定性，是衡量标的资产价格变动快慢的尺度。资产收益率分为百分比收益率和对数收益率，对数收益率假设资产价格是连续变动的，与期权定价模型假设更为一致，因而此处的计算多采用对数收益率。对于波动率的时间长度选择，默认的时间长度是1年，如股票的波动率是指按连续复利计算的1年期股票收益率的标准差。

（二）波动率的类型及作用

在使用 Black - Scholes 模型对期权进行定价时，除波动率外，期权的剩余期限、无风险利率、期权的行权价格、标的资产的市场价格等参数都是可以确定的，只有波动率是不确定的。所以，对期权进行定价，最关键的是确定一个合理的波动率，因此，波动率在期权定价中起着决定性作用。

波动率的类型有历史波动率、预期波动率、隐含波动率等。

1. 历史波动率。历史波动率通常是指标的资产的收益率在过去一段时间内的年化标准差。历史波动率是基于过去的统计分析而得出的，且假定未来是过去的延伸，通过计算标的资产过去一段时间的标准差获得。过去一段时间可以是最近的30天、90天或其他合适的天数。

2. 预期波动率。根据历史波动率和标的资产市场环境的变化对波动率进行预期，得到的波动率即为预期波动率，是交易者认为合理的波动率，将此波动率及其他要素带入期权定价公式中即可得到期权的理论价格。

3. 隐含波动率。

（1）隐含波动率的含义。标的资产价格、无风险利率、近期股息率、期权执行价格、期权剩余期限和波动率是影响期权价格的六个因素，把这六个参数代入公式就可以获得期权的理论价格。

如果将其他五个参数带入期权价格公式，根据期权的市场价格，可以反推出波动率，由此得到的波动率被称为隐含波动率。

期权价格是众多参与者竞争的结果，反推出的隐含波动率反映了市场对于未来波动率的预期，交易员有时以隐含波动率报价，从这一方面来说，交易期权也是交易波动率。

(2) 隐含波动率对期权价格的估计。根据历史波动率可以对未来波动率作出预测，得到预期波动率。然后与隐含波动率进行比较，如果隐含波动率远高于预期波动率，表明用期权价格推出的波动率过高，期权价格高估，隐含波动率变小的可能性较大；反之，如果隐含波动率低于历史波动率或预期波动率，表明期权的市场价格低于对应波动率的理论价格。

标的资产波动率提高，看涨期权和看跌期权多头的机会增大，买方愿意付出更多的价钱获得行权机会，所以期权的价格也越高。因此，看涨期权和看跌期权的价格与标的资产波动率正相关。当看涨期权和看跌期权价格提高时，以此推出的隐含波动率也会随之提高。

【例 7-11】 例 5-1 数据的基本信息如下：

2015 年 1 月 22 日，招商银行 H 股的价格为 18.32 港元，根据历史波动率估计的波动率，即预期的波动率为 $\sigma = 20\%$，$r = 4\%$，$T - t = 67$ 天，$K = 17.5$ 港元，标的股票在剩余期限内不支付红利，根据以上数据，用 B-S 模型计算的看涨期权的价格为 1.20 港元，当天该股票的市场价格为 1.59 港元。根据以上信息，计算标的股票的隐含波动率。

将除预期波动率的其他信息和期权市场价格带入期权定价公式中，反推出该价格对应的标的资产的波动率。推算出的波动率 = 34.41%，即隐含波动率为 34.41%。

如果预期的波动率是合理的，则期权价格应该等于 1.2 港元，而市场价格为 1.59 港元，表明期权价格被高估。而据此推出的隐含波动率也高于预期波动率或市场波动率。所以，当隐含波动率高于预期波动率时，表明期权市场价格被高估，有回归合理的可能。如果期权价格回归合理，隐含波动率会随之减小。

二、波动率微笑

（一）波动率微笑的含义

期权隐含波动率（Implied Volatility）与行权价格（Strike Price）之间的

关系称为波动率微笑（Volatility Smiles）。

“波动率微笑”的提法一开始是在外汇期权中引入的。之所以被称为“波动率微笑”，是因为虚值期权（Money）和实值期权（In the Money）的隐含波动率高于平值期权（At the Money）的隐含波动率，使得隐含波动率曲线呈现出中间低两边高的向上的半月形，也就是微笑的嘴形，称为波动率微笑。见图7－12。

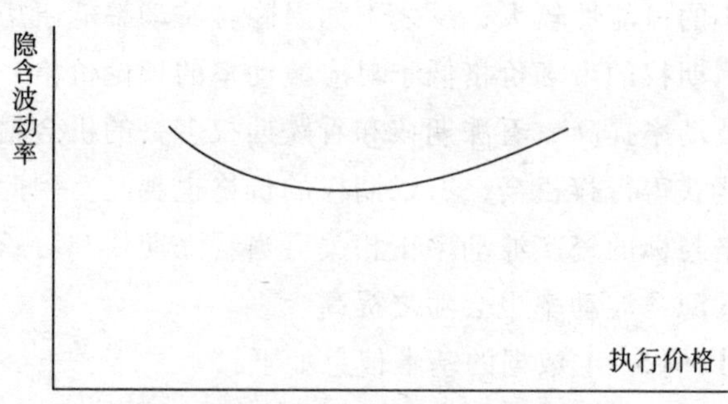

图7－12 隐含波动率与执行价的关系

（二）形成波动率微笑的原因

在用B－S模型对期权进行定价时，标准B－S模型假设标的资产价格服从对数正态分布，收益率服从正态分布。但实际上，金融资产的收益率呈尖峰肥尾特征，这种分布下，收益率出现极端情况的概率远高于正态分布的概率，因而传统模型低估了期权变为深度实值或深度虚值的概率，也低估了深度实值和深度虚值期权的价格。在此情形下，深度实值和深度虚值期权的理论价格往往低于期权的市场价格，由期权价格推出的隐含波动率高于预期波动率，即深度实值和深度虚值期权的隐含波动率存在溢价现象。

从市场看，平值期权以实值状态结束和以虚值状态结束的概率基本相同，其时间价值最大，供给和需求基本平衡，所以定价合理的可能性更大，隐含波动率溢价程度最低。深度实值期权的Delta接近于1，在投资中需求量很大；但是除非投资者预期标的资产价格会有一个根本性的变动，一般不会出售深度实值期权，供给量较小。因为此深度实值期权的溢价较高，其隐含波动率也较高。所以随着执行价格的提高，隐含波动率溢价增加，即深度实值和深度虚值期权的隐含波动率溢价较高。当市场价格大于理论价格时，根据市场价格得到的隐含波动率会大于相同条件下资产的实际波动率。市场价格高出理论价格越多，隐含波动率与实际波动率的差越大，即隐含波动率越大，波动率微笑特点越显著。

（三）股票期权隐含波动率的特点和原因

与外汇期权不同，股票期权存在波动率倾斜，即隐含波动率是执行价格的递减函数（见图 7－13）。也就是说，执行价格较低的期权对应的隐含波动率远高于执行价格较高的期权。这表明与突发性的大幅上涨相比，市场对于价格大幅下跌更为敏感。

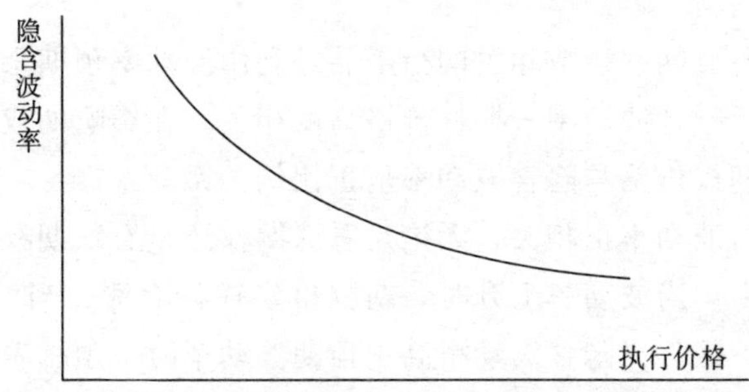

图 7－13　股票期权的隐含波动率与执行价格的关系

股票期权波动率倾斜现象存在的一种解释是杠杆效应，当股票价格下跌时，杠杆效应增加，这意味着股票风险增大，因此波动率增加；股票价格的上涨会降低杠杆比率，从而降低投资风险，波动率减少。另外一种可能的原因是交易员对于股票市场暴跌的恐惧，希望对标的资产价格下降提供保护，也愿意付出较高的价格。

股票的波动率倾斜出现在 1987 年股灾后。1987 年股市大崩溃后，由于交易员害怕市场会出现类似于 1987 年的大跌，寻求保护的投资者不是卖出股指期货，而是买进指数看跌期权，市场对于保护性看跌期权的需求增加。此外，出售裸指数看跌期权所需的保证金也提高了，特别是对于作为裸看跌期权的主要提供者做市商，这样对于指数看跌期权的需求增加，供给减少，导致虚值看跌期权较为昂贵，虚值看跌期权比虚值看涨期权和平值看跌期权贵。另外，机构交易者还通过出售虚值看涨期权为买入的指数看跌期权提供融资，导致看涨期权需求增加，虚值看涨期权变得便宜。所以，虚值看涨期权比平值看涨期权便宜。

（四）股指期权隐含波动率的特点和原因

股指期权的隐含波动率比单个股票期权的隐含波动率要低，但股票期权作为保险工具，成本比股指期权要低。主要原因是：经过波动率调整后，需要购买的指数期权数量更多，这使得购买保险的成本高于单个股票期权的成本。

三、波动率的应用

直接买卖与波动率指数相关的衍生品是利用波动率预期来获利的一种方式。此外，由于隐含波动率与期权价格高度相关，在影响期权的其他参数不变的情况下，期权价格与隐含波动率呈正比例关系。

期权价格与波动率正相关，无论是看涨期权还是看跌期权，波动率越大期权的价格越高。当波动率上升时，期权价格往往上涨；当波动率下降时，期权价格往往下跌。当隐含波动率高于预期波动率时，预示着期权价格有被高估的可能；反之，当隐含波动率低于预期波动率时，预示着期权价格有被低估的可能，也因此可以根据隐含波动率和预期波动率的关系买卖期权，并将买入期权称为买入波动率。

后　记

本书整体框架设计由刘宏负责，胡娜、曹博源协助完成，各章节撰写分工为：刘宏负责“第一章　股票期权和股指期权的产生和现状”、“第二章　期权基础”、“第七章　期权的风险参数及应用”；胡娜负责“第三章　期权价格及影响因素”、“第五章　期权定价”；曹博源负责“第四章　期权交易”、“第六章　股票期权和股指期权交易策略”。

深圳市福田区梅园小学语文教师张君玲参与本书的资料收集、语言规范、校对等工作，对本书的编写给予了大力支持，在此表示感谢。